V-Ray para Google SketchUp 8

Acabamento, Iluminação e Recursos Avançados para Maquete Eletrônica

Glauber Cavassani

V-Ray para Google SketchUp 8

Acabamento, Iluminação e
Recursos Avançados para Maquete Eletrônica

1ª Edição

érica | Saraiva

Dados Internacionais de Catalogação na Publicação (CIP)
(Câmara Brasileira do Livro, SP, Brasil)

Cavassani, Glauber

V-Ray para o Google SketchUp 8: acabamento, iluminação e recursos avançados para maquete eletrônica / Glauber Cavassani. -- São Paulo: Érica, 2012.

Bibliografia.
ISBN 978-85-365-0394-3

1. Computação gráfica - Programas de computador 2. Maquetes eletrônicas 3. Projeto arquitetônico 4. Sistemas computacionais de desenho 5. SketchUp 6. V-Ray I. Título.

12-01471 CDD-006.693

Índice para catálogo sistemático:
1. Acabamento, iluminação e recursos avançados para maquete eletrônica : Computação gráfica : Programas : Processamento de dados 006.693

Coordenação Editorial:	Rosana Arruda da Silva
Capa:	Maurício S. de França
Editoração e Finalização:	Graziele Karina Liborni
	Carla de Oliveira Morais
	Rosana Ap. Alves dos Santos
Avaliação técnica:	Claudia Campos Lima

1ª Edição

5ª Reimpressão: 2015

Editora Érica Ltda. | Uma Empresa do Grupo Saraiva
Rua Henrique Schaumann, 270
Pinheiros - São Paulo - SP - CEP: 05413-010
Fone: (11) 3613-3000
www.editoraerica.com.br

Fabricante

Produto: V-Ray for SketchUp 1.49

Fabricante: Chaos Software LTD

Site: www.vray.com

Requisitos de hardware e de software

Hardwares

- Processador de 600 MHz conforme fabricante, porém processadores com ao menos dois núcleos são o mínimo recomendável, como Core 2 Duo, Core 2 Quad, entre outros da AMD equivalentes;
- 128 MB de memória RAM conforme fabricante, mas é recomendado ao menos 2 GB;
- 128 MB de espaço em disco rígido livre para instalação, mas tenha ao menos 512 MB para esta finalidade;
- Placa de vídeo com 128 MB de memória dedicada conforme fabricante. A placa de vídeo deve suportar OpenGl 1.5 ou superior. Recomenda-se uma placa de vídeo com, ao menos, 512 MB;
- Unidade leitora de DVD-ROM;
- Mouse de boa resolução;
- Resolução de monitor mínima de 1024x768 pixels. Recomenda-se 1280x800 pixels para mais conforto e espaço em tela;
- Internet para ativação do produto e acesso a serviços on-line.

Softwares

- Microsoft Windows XP, Windows Vista Home Premium ou Windows 7 Home Premium;
- V-Ray for SketchUp versão 1.49. Versões anteriores diferem na interface do programa;
- Google SketchUp Free ou Pro, nas versões 7 ou 8;
- Browser para navegar na Internet de sua preferência;
- Software WinZip;
- Acrobat Reader 9.

Sobre o material disponível na Internet

O site da Editora Érica contém arquivo PDF com as respostas dos exercícios, cenas de Sketchup, textura e arquivos .IES de luzes. Para utilizar os arquivos, é necessário que você possua os requisitos de hardware e software listados na página 5.

Arquivo_1.exe- 4.48 MB

Arquivo_2.exe- 3.77 MB

Procedimento para download

Acesse o site da Editora Érica Ltda.: www.editoraerica.com.br. A transferência dos arquivos disponíveis pode ser feita de duas formas:

- **Por meio do módulo pesquisa.** Localize o livro desejado, digitando palavras-chave (nome do livro ou do autor). Aparecem os dados do livro e os arquivos para download. Com um clique os arquivos executáveis são transferidos.
- **Por meio do botão "Download".** Na página principal do site, clique no item "Download". É exibido um campo no qual devem ser digitadas palavras-chave (nome do livro ou do autor). Aparecem o nome do livro e os arquivos para download. Com um clique os arquivos executáveis são transferidos.

Procedimento para descompactação

Primeiro passo: após ter transferido os arquivos, verifique o diretório em que se encontram e dê um duplo clique neles. Aparece uma tela do programa WINZIP SELF-EXTRACTOR que conduz ao processo de descompactação. Abaixo do Unzip To Folder há um campo que indica o destino dos arquivos que serão copiados para o disco rígido do seu computador.

C:\V-Ray

Segundo passo: prossiga a instalação, clicando no botão Unzip, o qual se encarrega de descompactar os arquivos. Logo abaixo dessa tela aparece a barra de status que monitora o processo para que você acompanhe. Após o término, outra tela de informação surge, indicando que os arquivos foram descompactados com sucesso e estão no diretório criado. Para sair dessa tela, clique no botão OK. Para finalizar o programa WINZIP SELF-EXTRACTOR, clique no botão Close.

Dedicatória

Primeiramente, ao meu pai que, com luta e bravura, venceu um problema de saúde recentemente e está conosco, dando mais valor ainda à sua vida, e que sempre me ensinou que a educação na vida de um homem é um dos maiores valores que podemos carregar conosco;

À minha mulher, Betânia, que me apoia sempre em tudo que faço, sugerindo, relendo e me incentivando para a conclusão desta obra, com amor, carinho e prosperidade;

E, claro, à minha mãe, à minha irmã e a todos os meus amigos, que compartilham momentos felizes e de superação em minha vida.

Se fores sábio, o será para teu proveito;
se fores insolente, só tu sofrerás as consequências.
Provérbios 9:12

Agradecimentos

Agradeço o apoio que tive dos meus companheiros do ATC, onde trabalho e coordeno cursos de computação gráfica voltados para arquitetura, engenharia e design.

A todo o pessoal da Editora Érica pela confiança e oportunidade que me deram de realizar uma vontade que sempre tive, que era compartilhar, em um livro, o conhecimento que tenho com os demais estudantes, profissionais e entusiastas que procuram melhorar, desenvolver e criar trabalhos por meio de softwares de computador que, a cada dia que passa, possibilitam cada vez mais engrandecer nossos projetos e ofícios do dia a dia.

Sumário

Prefácio

Como é grande o caminho que percorremos durante nossa carreira; parece que nunca chegamos a um ponto auge. A cada dia, a área de trabalho onde cada um de nós se propõe a entregar as habilidades requer sempre um novo passo, um novo aprendizado, uma nova etapa de vida a ser concretizada.

Na área de criação e desenvolvimento de projetos, muitas vezes precisamos de uma ferramenta de computação completa e sofisticada, de conclusões profissionais, que supra nossas necessidades e nos represente como profissionais de design e projeto que somos.

No mercado, softwares de ponta existem e há muito tempo estão disponíveis. É preciso ter a capacidade de enxergar alternativas em softwares de computação gráfica para dinamizar o processo e deixá-lo mais rápido, e com a mesma qualidade dos grandes e completos softwares. Isso, muitas vezes, possibilita criar um padrão de uso de ferramentas.

Assim, segue a passos largos a união do software da Google, o SketchUp, e do software plugin da Chaos, o V-Ray. A apresentação de projetos pode e deve ser sempre agradável e a produção final ser bela, rápida. Esta é a união que enxergo como a grande alternativa de softwares de computação gráfica de 3D e renderização no mercado. Um novo padrão, um novo horizonte, um novo passo. E a nossa mente em constante desenvolvimento.

Neste aspecto, o livro traz os principais parâmetros do V-Ray, ensinando como criar, editar e aplicar brilho, reflexos, refrações e todo tipo de material para projetos arquitetônicos e de design de interiores fisicamente corretos. Entre os assuntos estão importação de bibliotecas de materiais, estudos de insolação, o processo de configuração de luzes, lâmpadas diversas, cálculos de iluminação global, filtros de renderização, o Ambient Occlusion para volumetria, ajustes de sistema e reúso, saturação e contraste pós-render. Possui exemplos e exercícios práticos para facilitar o aprendizado.

Vamos começar?

O autor

Sobre o autor

Com especialização em Design e treinamentos em software, é atualmente coordenador de treinamentos num ATC Autodesk na cidade de São Paulo. Também é instrutor de software e orientador didático em especializações sob treinamentos práticos. Com certificações como a Associate e a Professional em AutoCAD, trabalha na área de computação gráfica há exatos 12 anos, em que utiliza os softwares para fins nas áreas de arquitetura, design de interiores, design gráfico e de produto.

Especializado também em 3ds Max com MentalRay, enxergou o software título deste livro como uma nova opção de trabalho para atingir meios rápidos e profissionais para seus projetos e apresentações finais.

Escreveu este livro com o objetivo de suprir a necessidade de um material que contenha um conhecimento abrangente do software V-Ray para SketchUp, pois o mercado atual exige uma prática e orientação a respeito dele, o que, no momento, não há nas prateleiras por aí.

Colaborador oficial na Comunidade Autodesk Brasil:

http://communities.autodesk.com/brazil/colaboradores-da-comunidade

Capítulo 1

Antes de Começar

1.1 Do livro

Cada capítulo inicia-se sempre em uma nova página. Após a apresentação do título de cada capítulo prático, que são os que iniciam as tarefas no software, há também uma breve descrição em tópicos dos principais assuntos que serão ensinados durante o desenrolar do conteúdo explicado.

Durante a leitura, é aconselhável estar em frente ao computador ou notebook juntamente com o software título deste livro aberto em sua tela, a fim de acompanhar cada procedimento explicado para que possa refazer todas as etapas ensinadas no decorrer do livro. Claro que a leitura em um tempo vago do dia a dia, uma repassada em determinado tópico ou capítulo, sempre conta, podendo ser antes, a fim de preparar a mente para posteriormente reler e executar os procedimentos explicados no software de computador, como também depois da prática, que ajuda a fixação do treinamento e das novas habilidades aprendidas até então.

Assim que uma etapa a ser executada no software de computador título desta obra for solicitada, ela estará colocada da seguinte forma:

- Acesso a um menu e suas subopções por meio de um clique com o botão esquerdo do mouse:

Menu Plugin ➤ V-Ray ➤ Options

- Acesso a um botão por meio de um clique com o botão esquerdo do mouse:

Barra V-Ray ➤ Botão Options Editor ( )

Durante a leitura, alguns ícones de alerta mostram um tipo de atenção específico ou caso específico da leitura. É importante atentar a essas notas porque sempre destacam um ponto importante do capítulo. Veja:

Nota importante.

Ideia ou uma maneira diferente de se fazer.

Um jeito errado de se fazer ou evitar um procedimento desnecessário.

Arquivo referência para download do site da Editora Érica ou outro website.

Outra nota a atentar é quando aparecer, durante o texto, uma letra ou um conjunto de letras entre os sinais de < e >. Com isso, o autor quer dizer que a tecla, por exemplo, **<SHIFT>** deve ser pressionada, ou mesmo um conjunto de teclas pressionadas ao mesmo tempo, como, por exemplo, **<CTRL>+<A>**.

Capítulo 2

Considerações a respeito do Google SketchUp

Objetivos

Google SketchUp no mercado
Versões

2.1 O que é o Google SketchUp?

O software de computador **Google® SketchUp** é uma ferramenta cujo principal objetivo é tornar-se um padrão de uso no ramo da computação gráfica, mais especificamente do 3D. O que mais chama a atenção nele é justamente o fato de conseguirmos, de forma intuitiva e de fácil aprendizado, projetar e construir modelos tridimensionais, a fim de representarmos qualquer ideia que venha a nossas cabeças. O software obteve um destaque tão grande que, no ano de 2006, a multinacional de tecnologia *Google®* efetuou sua compra, pois até então era de propriedade da empresa *At Last Software®*.

O programa cria estudos volumétricos e qualquer outra representação 3D para diversos tipos de profissionais, dentre eles arquitetos, decoradores, engenheiros civis e mecânicos, designers de produto e de games.

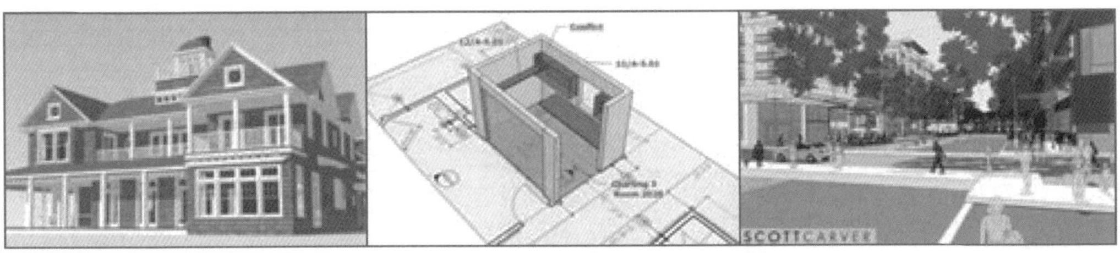

Design Validação Visualização

Figura 2.1 - Opções de criação com o SketchUp.

O **SketchUp** encontra-se atualmente na versão 8. O software é distribuído em dois tipos de licenças de uso, que são:

- **Versão Free:** é gratuita, em que alguns recursos ficam indisponíveis para uso. Um dos recursos essenciais que não conseguimos utilizar com essa versão é a possibilidade de importar um arquivo de referência para construção de modelos 3D vindos do *Autodesk® AutoCAD*.
- **Versão Pro:** é paga, por isso inclui a versão completa do produto, trazendo não somente o próprio SketchUp, como também os outros dois produtos vinculados ao pacote, que são os denominados *Google® Layout 3* e *Google® StyleBuilder 2*. O primeiro tem o objetivo de documentar em pranchas digitais os modelos 3D criados com o SketchUp; o outro possibilita criar estilos de traços do desenho desses modelos, como se fosse uma espécie de *sketch digital*.

2.2 O Google SketchUp no mercado atual

Os escritórios de criação, atualmente, sejam eles de construção civil, de publicidade, arquitetura ou design, estão trazendo para o seu dia a dia de trabalho o software da Google como uma alternativa rápida, de preço mais acessível e que soluciona casos de modelos tridimensionais representativos tanto quanto os já existentes de outras eras e fabricantes e que reinam hoje ainda, tenham eles um acabamento próximo a um sketch ou esboço ou mesmo com qualidades impressionantes de fotorrealismo.

O SketchUp é uma realidade, um software muito procurado por estudantes de computação gráfica e universitários que atuam em áreas que possibilitam desenvolver projetos estudantis com esse tipo de ferramenta, de forma rápida e fácil, podendo entregá-los em tempo significativamente menor do que o esperado por outros similares. Este é o diferencial para esses futuros profissionais, projetistas e designers.

Um detalhe importante que diversas construtoras, clientes casuais, feiras de eventos, entre tantos outros, exigem de muitas formas atualmente é que o projeto proposto pelo profissional atuante das áreas anteriormente citadas, por meio de uma representação 3D de perspectivas criadas com softwares de computação gráfica, seja de qualidade alta, não somente no tamanho da imagem, nível de detalhamento 3D, mas também de acabamento, seja de materiais ou de iluminação.

Esse nível de acabamento fotorrealista, como dizem os profissionais usualmente, é por muitas vezes o fator decisivo para a aceitação do modelo criado para exibição do projeto ou produto. É o fator que dá credibilidade às suas habilidades de criação e desenvolvimento do produto. É o fator que garante a compra e aquisição ou aceitação de sua ideia representada por aquele modelo tridimensional.

O fotorrealismo no SketchUp requer outros tipos de programa que trabalham em conjunto com os modelos 3D criados por ele, a fim de serem *"renderizados"* juntamente com o acabamento dado por esses mesmos softwares. Um desses softwares de renderização e acabamento mais conhecido e requerido no mercado é o **V-Ray**.

Anotações

Capítulo 3

Introdução ao V-Ray

Objetivos

Visão geral
Características
Versões
Requisitos de sistema

3.1 O que é o V-Ray?

O **V-Ray** é um software ou mesmo um plugin pertencente à atual desenvolvedora de softwares chamada *Chaos Software Ltd*®, com o objetivo de proporcionar excelente acabamento, iluminação e renderização em modelos tridimensionais criados em outros softwares de diversos fabricantes. O SketchUp é um destes que trabalham perfeitamente bem com o V-Ray, e a desenvolvedora Chaos atualmente mantém uma versão e estrutura do seu software específicas para o programa da Google.

É interessante, antes de continuar a leitura deste livro, verificar alguns exemplos do poder de acabamento e profissionalismo do software V-Ray em conjunto com modelos 3D criados no SketchUp:

Figura 3.1 - Cena de interior com V-Ray.

Figura 3.2 - Cena com acabamento V-Ray.

Figura 3.3 - Acabamento e iluminação V-Ray.

Figura 3.4 - Cenário com acabamento V-Ray.

3.2 Características do software

Uma das principais vantagens do V-Ray com relação a seus demais concorrentes é a possibilidade real de trabalhar com acabamento e renderização sem precisar exportar o modelo 3D criado em SketchUp para uma outra interface ou software. Por ser instalado e fixado dentro da própria estrutura de barras do SketchUp, é fácil concluir a modelagem e já partir diretamente para os recursos disponíveis do software V-Ray.

Veja, conforme a Figura 3.5, o **SketchUp** aberto na tela do computador juntamente com o **V-Ray previamente instalado**.

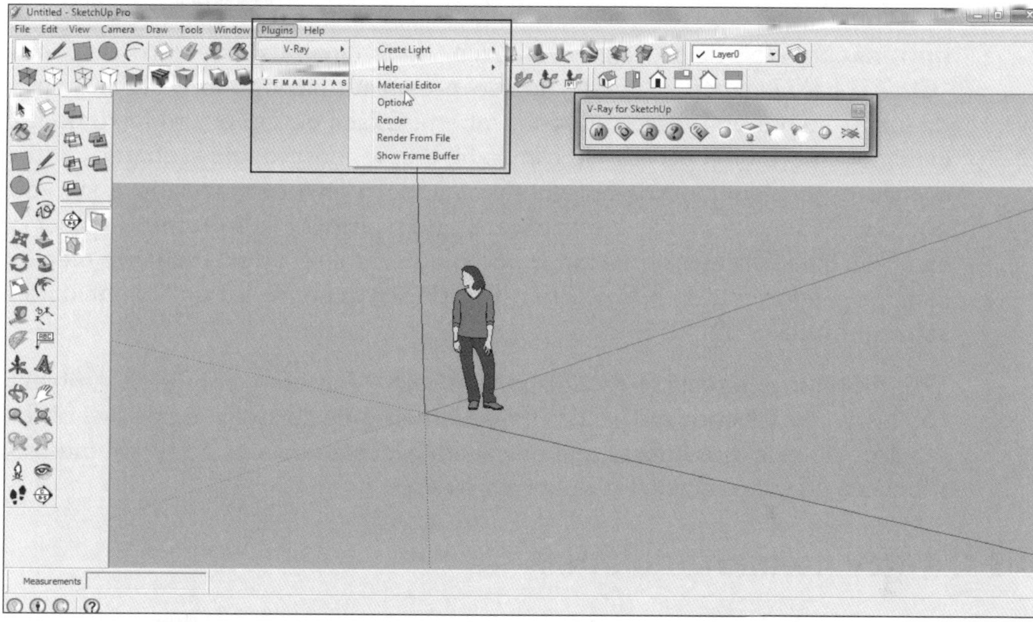

Figura 3.5 - Tela do SketchUp com V-Ray previamente instalado.

Que bom, não? Os dois softwares trabalham na mesma tela, sem ter o incômodo de ficar exportando, criando regras para não perder informações, gerar um segundo ou terceiro tipo de arquivo. É tudo criado diretamente no espaço 3D do SketchUp, Figura 3.5.

Outra característica que se destaca é o fato de, na versão atual (vamos tratar das versões ainda neste capítulo), muitas configurações como iluminação solar, exposições de luz da foto pós-render, tipos de reflexos para alguns dos principais materiais existentes no mercado, entre tantas outras, já virem prontas, também podendo ser editadas, assim conseguimos ajustar sempre à nossa maneira.

Sobre os recursos oferecidos pelo programa, vale destacar:

- **Materiais com propriedades fisicamente corretas:** isso significa que os modelos 3D feitos em SketchUp podem ter acabamento de qualquer material real de construção e acabamento. Os objetos podem ser ásperos como a superfície de um tijolo, como também ser lisos e brilhantes como uma bola de bilhar. Podem refletir perfeitamente como um espelho, e podem refletir conforme o ângulo do observador, um grau maior ou menor dos reflexos da superfície da água do mar ou de uma piscina. É possível indicar perfeitamente o grau de refração (passagem da luz através de um material translúcido e seu comportamento).

- **Luzes reais:** com o V-Ray, podemos inserir emissores de luz nas cenas criadas com o SketchUp. O software oferece diferentes tipos de luz e possibilidades de configurações, como cor, intensidade, alcance, assim como vemos na realidade.
- **Iluminação global:** por algumas vezes, denominamos este termo apenas *"GI" (Global Illumination)*. Esse recurso possibilita fazer todo o rebatimento de luz existente em nosso mundo também. É fácil perceber um feixe de luz incidindo sobre uma parede de tom azul, e esse mesmo feixe rebater contra o chão ou qualquer outro objeto, iluminando o leve tom azulado assumido por ele. Tão interessante é o software que possibilita até mesmo rebater o tom "azulado" do céu sobre um modelo que remete a uma maquete eletrônica, podendo simular todo o clima atmosférico, além da luz do Sol, incidindo sobre o modelo 3D.
- **Volumetria:** esse recurso está disponível pelo V-Ray com o nome de Ambient Occlusion ou mesmo "AO". Com esse elemento de software é possível obter um aspecto real de sombras que envolvem todos os objetos ao redor, intensificando o que não recebe luz de forma direta.

3.3 O V-Ray no mercado atual

O software da Chaos atualmente se encontra num estágio maduro, num momento do mercado em que ele é referência quando se fala em software de renderização. A Chaos desenvolve um motor de renderização V-Ray para cada software no mercado. Poder conciliar o programa com outros dá credibilidade pelo fato de que o V-Ray é sempre um reforço ou mesmo um software que pode vir para suprir a deficiência de renderização dos motores primitivos de cada um desses softwares que podem recebê-lo.

3.4 Versões e distribuições do V-Ray

O V-Ray está atualmente na **versão 1.49.01**, recentemente lançada, a qual é compatível com as últimas versões do SketchUp, que são:

- **SketchUp 7 Free:** penúltima versão do software; gratuita.
- **SketchUp 7 Pro:** penúltima versão do software; paga.
- **SketchUp 8 Free:** última versão do software; gratuita.
- **SketchUp 8 Pro:** última versão do software; paga.
- **Versões Windows e Mac:** seja para ambientes da Microsoft ou Apple, o SketchUp e o V-Ray trabalham satisfatoriamente em ambas as plataformas.

Quanto à aquisição do V-Ray, deve-se estar atento ao software 3D que será utilizado. A Chaos, como dito anteriormente, desenvolve um V-Ray para cada um deles. O V-Ray para SketchUp, por exemplo, não pode ser instalado para o Autodesk® 3ds Max ou qualquer outra situação do gênero.

3.5 Requerimentos de sistema

A seguir, estão descritos os requerimentos mínimos de sistema para suportar o V-Ray:

Windows XP

- Processador de 600 MHz, 128 MB de memória RAM.
- 128 MB de espaço em disco rígido livre.
- Placa de vídeo com 128 MB de memória dedicada. A placa de vídeo deve suportar OpenGl 1.5 ou superior.

Windows Vista ou 7

- Processador de 1 GHz, 1 GB de memória RAM.
- 16 GB de espaço total em disco rígido.
- Placa de vídeo com 256 MB de memória dedicada. A placa de vídeo deve suportar OpenGl 1.5 ou superior.

Atenção quanto aos requerimentos de sistema! Eles são indicados pela própria fabricante Chaos. É preferível usar sempre requerimentos e hardwares mais atuais e placas de vídeos de última geração para um trabalho rápido, principalmente.

3.6 Links úteis

Para download do software SketchUp, indica-se o link da própria fabricante Google. A página fornece opções de idioma do software e também das licenças Free ou Pro:

http://sketchup.google.com/intl/en_uk/download/index.html

Para solicitar o download do V-Ray para SketchUp, acesse o link a seguir:

http://www.vray.com/vray_for_sketchup/

Anotações

Capítulo 4

Localizar Recursos do V-Ray na Interface SketchUp

Objetivos

Iniciar os softwares
Localizar os recursos V-Ray dentro do SketchUp

Antes de tudo, você deve executar o software do SketchUp. Lembre-se de que, para esta etapa, o V-Ray já deve estar previamente instalado.

> Quando for instalar o V-Ray, certifique-se de que está instalando no mesmo diretório do SketchUp, que fica em C:\Program Files (x86)\Google\Google SketchUp 8.

Para executar o SketchUp, proceda da seguinte forma:

Botão Iniciar ➤ Todos os programas ➤ Google SketchUp 8 ➤ Google SketchUp

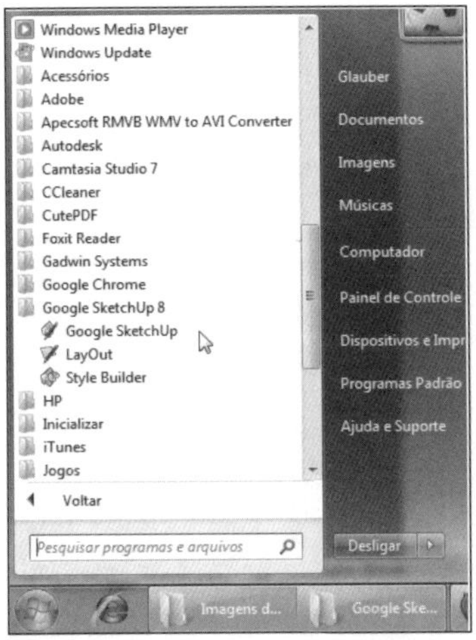

Figura 4.1 - Caminho do SketchUp.

Com o SketchUp aberto, já em sua interface casual, vamos começar a encontrar os recursos do V-Ray dentro do programa.

4.1 Na barra de menus

Vamos observar que, como todo programa, as ferramentas que temos à disposição para trabalhar não estão dispostas somente em lindos e agradáveis botões e ícones coloridos. Deve-se lembrar que os recursos também se dispõem em menus, na parte superior da interface.

Conforme a Figura 4.2, localize um novo menu denominado **Plugins** incluído devido à instalação do V-Ray:

Figura 4.2 - Menu Plugins.

Verifique que todas as opções do V-Ray, as quais você vai aprender nos demais capítulos, encontram-se dentro deste **menu**:

Menu Plugins ➤ V-Ray

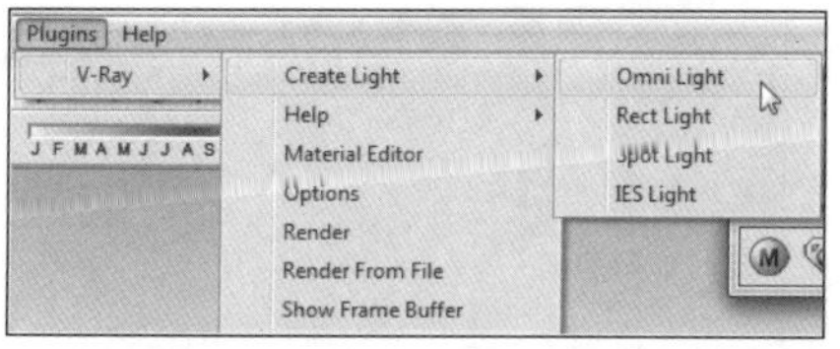

Figura 4.3 - Menu Plugins e os recursos do V-Ray.

Cada submenu deve ser acessado com um clique no botão esquerdo do mouse (padrão Windows).

4.2 Nas barras de ferramentas

Agora, voltando ao assunto dos botões, o V-Ray instala uma **nova barra** exclusivamente sua, que também oferece todos os recursos do software. Veja a Figura 4.4.

Figura 4.4 - Barra de ferramentas do V-Ray.

Cada botão da Figura 4.4 é ativado também com apenas um clique no botão esquerdo do mouse.

Vale ressaltar que, caso seja necessário buscar na memória qual botão é qual, podemos simplesmente posicionar o mouse sobre o botão para ver sua legenda. Deve-se esperar um pequeno tempo para ela aparecer.

Caso a barra da Figura 4.4 ainda não esteja sendo exibida ou simplesmente tenha fechado por engano, podemos visualizá-la novamente, acessando o seguinte caminho:

Menu View ➤ Toolbars ➤ V-Ray for SketchUp

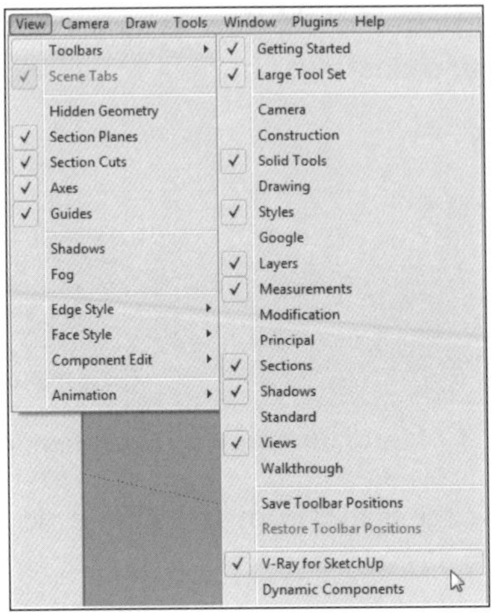

Figura 4.5 - Exibir a barra de ferramentas V-Ray.

Lembre-se de que é possível arrastar essa barra para onde achar melhor dentro da interface do SketchUp. Basta manter **pressionado o botão esquerdo** do mouse sobre a barra de título e **arrastar** para onde quiser.

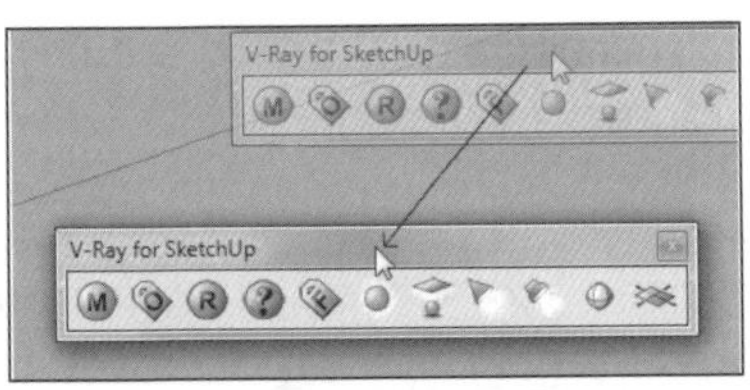

Figura 4.6 - Barra V-Ray é arrastável, como no padrão Windows de manipulação de barras de ferramentas.

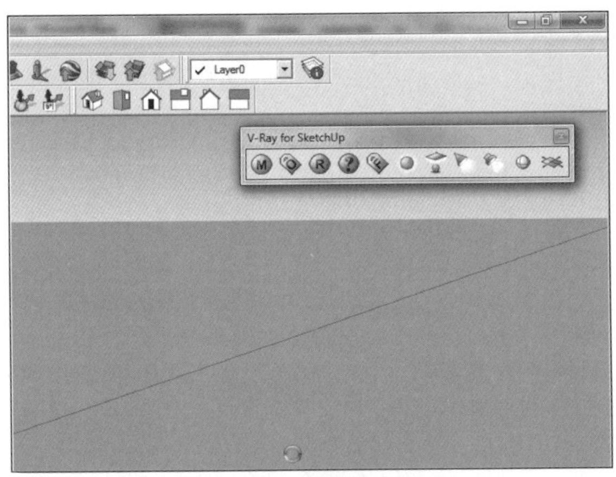

Figura 4.7 - Posicionar a barra V-Ray

Sugere-se que você deixe a barra posicionada sempre em um local que não interfira no seu trabalho. A Figura 4.7 demonstra a barra no canto, sem influenciar a vista do espaço de criação do SketchUp.

Capítulo 5

Navegabilidade e Painéis V-Ray

Objetivos

Compreender a usabilidade dos painéis
Navegar entre abas e encontrar parâmetros

5.1 Painéis

Como em muitas situações em outros softwares de computador, alguns dos botões da barra de ferramentas do V-Ray, quando clicados, exibem um **painel** com todos os seus devidos parâmetros. Vamos fazer isso, clicando no botão indicado:

Barra V-Ray ➤ Botão Options ( )

Verifique que o painel da Figura 5.1 é exibido.

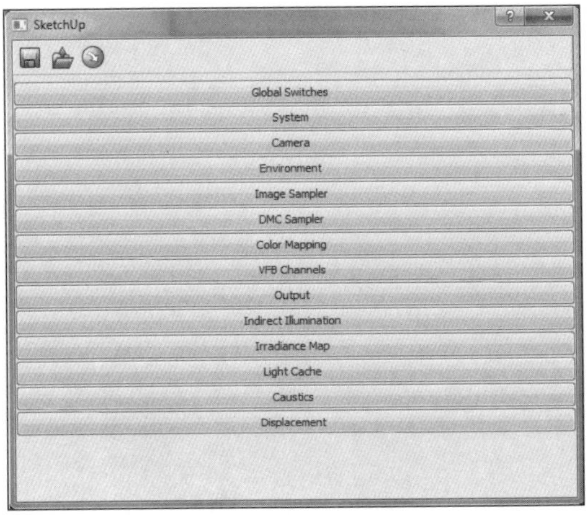

Figura 5.1 - Painel Options.

Assim como as barras, os painéis também podem ser arrastados de posição e redimensionados, posicionando o cursor sobre o extremo do painel até que vire uma seta dupla.

Esses painéis são sempre abertos durante o acabamento e as configurações do V-Ray. É aconselhável que os feche sempre que concluir os ajustes necessários, voltando a abri-los assim que for novamente preciso.

Visualize que muitas divisórias são apresentadas. Elas guardam todos os parâmetros do botão, no caso **Options Editor**.

5.2 Abas divisórias de parâmetros

Ainda com o painel aberto, clique no nome de cada **aba divisória** para visualizar os parâmetros disponíveis.

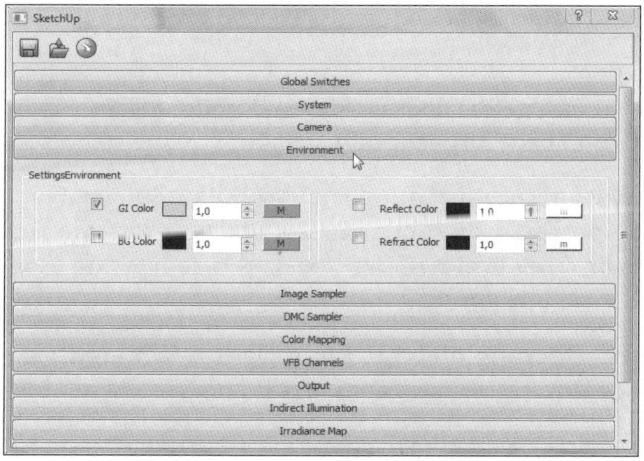

Figura 5.2 - Painéis e suas abas.

Você pode deixar quantas abas abertas quiser. A cada ajuste feito, automaticamente o V-Ray salva as alterações.

Clique novamente no nome da divisória para fechar.

5.3 Barra V-Ray

Durante a leitura, você perceberá que na maioria das vezes vamos indicar um caminho utilizando a barra V-Ray em vez do próprio menu Plugins.

Neste ponto, sugere-se que você já vá se adequando aos nomes dos botões da barra de ferramentas do V-Ray. Veja os nomes de cada botão na Figura 5.3.

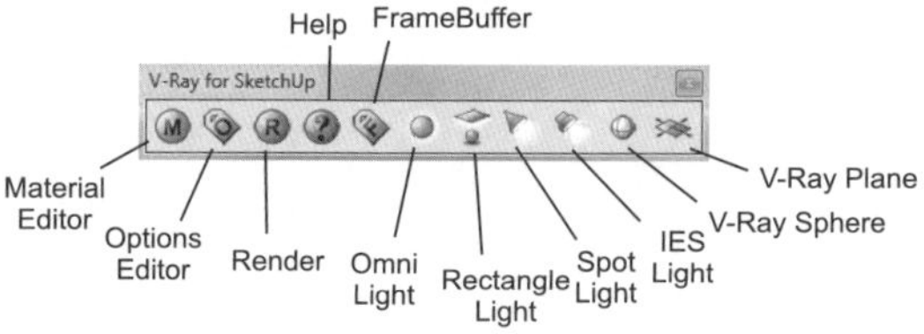

Figura 5.3 - Barra V-Ray e seus recursos.

Em que:

- **Material Editor:** recurso de criação, edição, aplicação e importação ou exportação de materiais dos modelos 3D. É a ferramenta que gera os chamados acabamentos.
- **Options Editor:** recurso que fornece parâmetros de ajustes gerais da cena, como exposição de luz, efeitos de câmera, volumetria, entre tantos outros. Será explicado nos demais capítulos.

- **Render:** esse botão, quando clicado, inicia o processo de renderização da cena corrente.
- **Help:** abre o navegador padrão de seu computador e cai diretamente no site da ChaosGroup para fornecer informações a respeito do software.
- **FrameBuffer:** abre o mesmo painel do botão Render. A diferença é que ele não inicia o processo de renderização, apenas mostra o resultado do render prévio. Assim, é possível fazer ajustes na tela sem ter de esperar por uma nova renderização de imagem.
- **Omni Light, Rectangle Light, Spot Light e IES Light:** são os emissores de luz que podemos inserir nas cenas criadas no SketchUp.
- **V-Ray Sphere:** cria uma forma geométrica esférica.
- **V-Ray Plane:** cria uma base de plano infinito.

E então, vamos começar? Acompanhe o próximo capítulo.

Capítulo 6

Configurações Iniciais SketchUp e V-Ray

Objetivos

Conhecer as ferramentas básicas V-Ray Plane e V-Ray Sphere
Introdução à iluminação solar
Primeiro render

6.1 V-Ray Plane

Como primeira ferramenta do V-Ray a ser estudada, foi escolhida a **V-Ray Plane**. Com ela podemos criar um plano, sempre infinito, permitindo ter uma base para criação de todo o modelo 3D de SketchUp.

Proceda da seguinte forma:

Barra V-Ray ➤ Botão V-Ray Plane ()

- Assim que clicar no botão do **V-Ray Plane**, pressione o botão esquerdo do mouse e arraste, criando um pequeno retângulo num espaço vazio na área gráfica do SketchUp (plano Red/Green). Solte o botão para concluir.

Figura 6.1 - Criação do V-Ray Plane.

O V-Ray plane ficará com um tom cinza quando finalizado e será considerado pelo SketchUp como um **Grupo (Group)**. Não importa o tamanho dele e onde foi criado no plano Red/Green, ele já será por natureza um plano infinito.

Antes de aprender a renderizar e verificar o V-Ray Plane em ação, que tal aprender outra ferramenta? Por fim, assim que você aprender estes primeiros passos, vamos ensinar como fazer sua primeira renderização, tirar as primeiras conclusões e constatar que está tudo bem até aqui.

6.2 V-Ray Sphere

Como esta outra ferramenta que você vai aprender não se enquadra muito bem em outras categorias, vamos ensiná-la agora.

Proceda clicando no botão indicado a seguir:

Barra V-Ray ➤ Botão V-Ray Sphere ( )

- Pressione o botão esquerdo do mouse e arraste a uma certa distância sobre o plano Red/Green, conforme a Figura 6.2.
- Assim que soltar o botão, observe que a esfera é criada, como uma forma 3D feita por meio de recursos SketchUp.

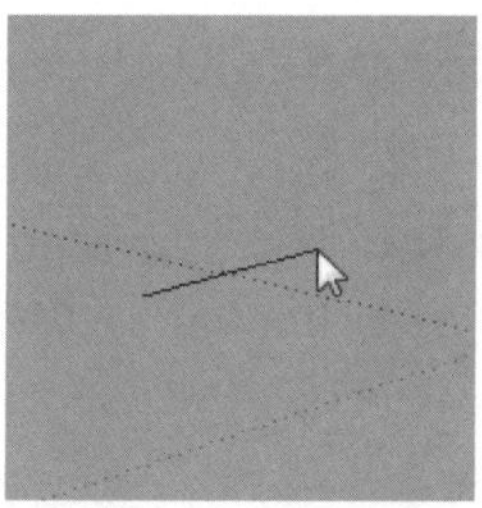

Figura 6.2 - Construção da V-Ray Sphere.

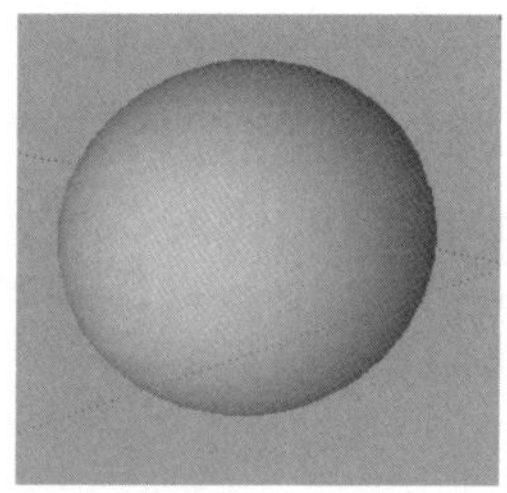

Figura 6.3 - V-Ray Sphere.

É uma ferramenta peculiar; não entra no propósito do V-Ray de acabamento, iluminação e renderização, mas está aí como uma nova opção de objeto tridimensional.

6.3 Estudos de insolação

Para começar a verificar o V-Ray em ação, é importante que você tenha sempre um emissor de luz na cena, o qual pode ser uma das luzes que encontramos na barra de ferramentas do V-Ray, como também iluminação solar, que com alguns ajustes e configurações deixa o Sol simulado de forma fisicamente correta pelo V-Ray.

> Por que é necessário? Porque em breve vamos começar a explicar materiais. Todas as características reais que podemos criar com os recursos V-Ray só serão vistas corretamente se houver luz na cena para rebater nos modelos 3D, que estão acabados com esses materiais, e voltar aos nossos olhos, assim veremos brilhos, reflexos, transparências, refrações e demais características aplicadas.

Precisamos de algumas barras do V-Ray, sobre as quais serão fornecidas orientações diferenciadas.

Proceda da seguinte forma:

- Primeiro, ative as sombras da barra **Shadows** do SketchUp.

Figura 6.4 - Barra Shadows.

- A seguir, ajuste uma coordenada geográfica do local do planeta em que vamos simular o estudo de insolação.

Menu Window ➤ Model Info

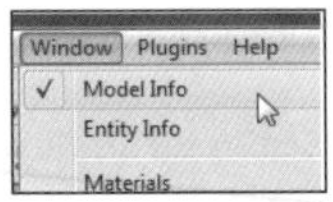

Figura 6.5 - Menu Window.

- Escolha a categoria **Geo-location** e clique no botão **Add Location** para escolher um local no Google Maps.
- Veja o painel que se abre. Digite o **local desejado** no campo de busca ou, se preferir, digite **São Paulo**, como foi feito no livro *(requer conexão com a Internet)*.

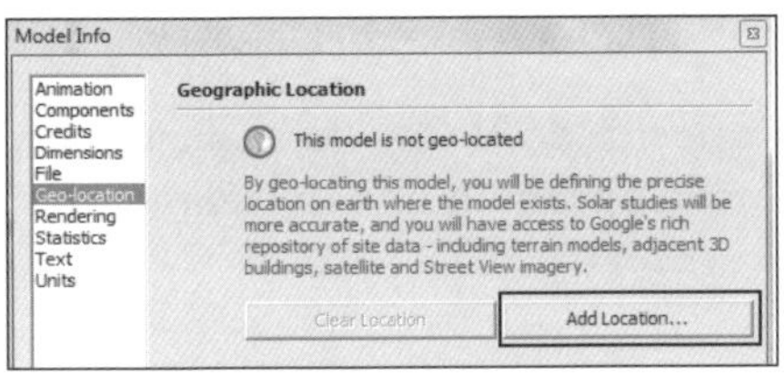

Figura 6.6 - Local geográfico.

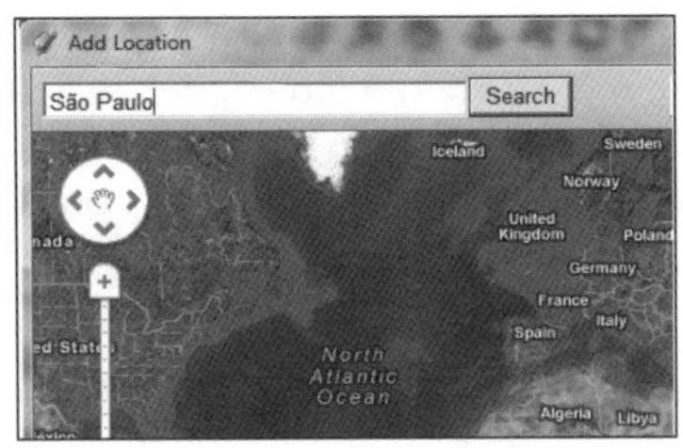

Figura 6.7 - Google Maps pelo SketchUp.

- Assim que o programa encontrar o local, clique em sequência nos botões **Select Region** e **Grab**.

O painel ainda fica aberto, mostrando as coordenadas geográficas da cidade.

- Observe que o mapa da região é importado para a área de criação. Destrave usando o recurso **Unlock** do SketchUp e simplesmente **apague-o**.

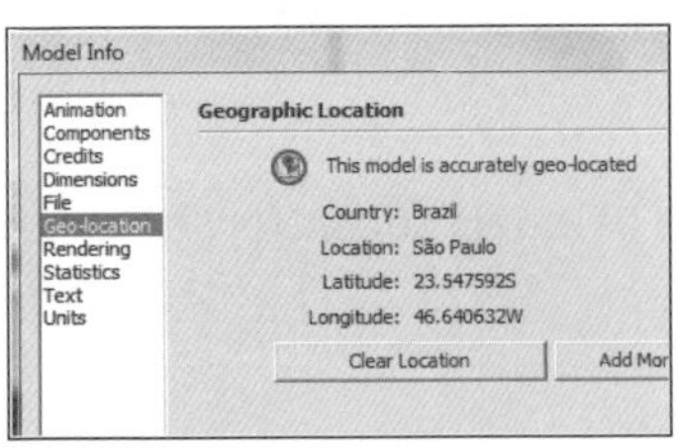

Figura 6.8 - Coordenadas geográficas.

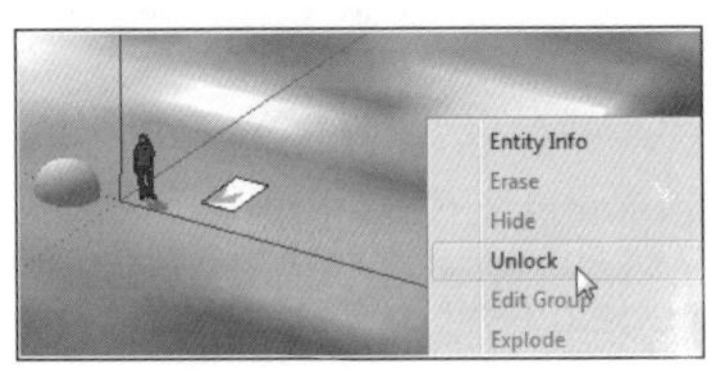

Figura 6.9 - Destravar mapa.

- Clique no botão **Shadow Settings** para ajustes de data e horário do estudo.

Figura 6.10 - Botão Shadow Settings.

Figura 6.11 - Opções Time e Date a serem ajustadas.

- Por fim, vamos ajustar o apontamento do **Norte Solar** com a ferramenta **Set North Tool**.

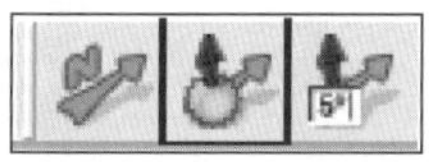

Figura 6.12 - Ferramenta para Norte Solar.

- Pressione o botão esquerdo do mouse e arraste, distanciando e indicando o sentido do Norte Solar.

Figura 6.13 - Ajuste do Norte Solar.

6.4 Primeiro render

Vamos verificar a terceira ferramenta V-Ray. Na barra V-Ray você encontra o **botão Render**. Clique nele para iniciar o processo de **renderização**.

Barra V-Ray ➤ Botão Render ( )

Veja o resultado, conforme a Figura 6.14.

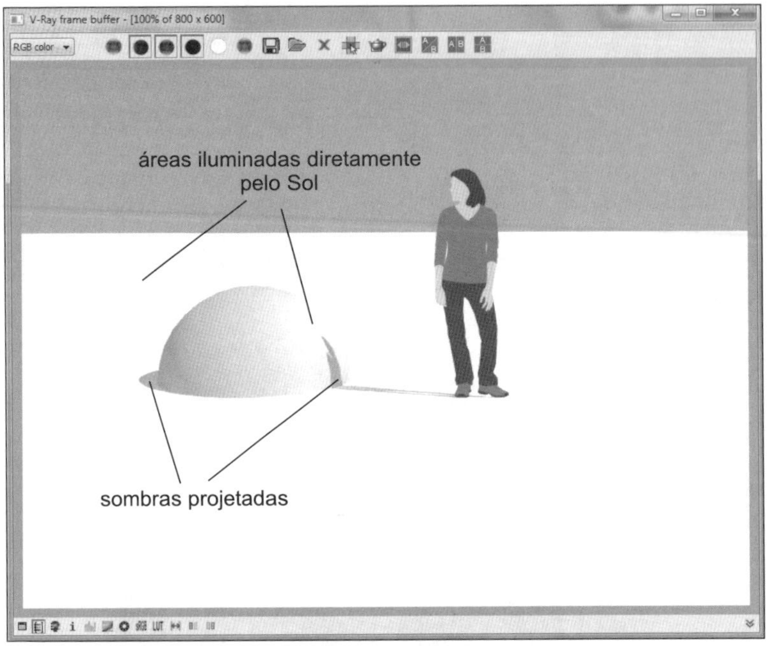

Figura 6.14 - Iluminação solar em funcionamento.

O V-Ray, em alguns momentos, depende de ajustes das ferramentas do SketchUp para compreender a situação e fazer seus cálculos de emissão de luz, projeção de sombras e demais volumetrias.

Perceba que o **V-Ray Plane** resultou num grande plano que se encontra com a linha do horizonte e a esfera proporcionou um modelo 3D.

Para mais um teste, foi feito um novo ajuste, agora de horário, sendo por volta das **18h30**.

Figura 6.15 - Ajuste de horário/Shadow Settings.

Veja o resultado na Figura 6.16.

Figura 6.16 - Entardecer.

Veja mais um teste. Foi escolhido o horário das **18h**. Além disso, também foi ajustada uma nova orientação do **Norte Solar** e a cena foi girada com o **Orbit** do SketchUp para um novo enquadramento de cena. Esses ajustes são comuns para quem já trabalha com o SketchUp.

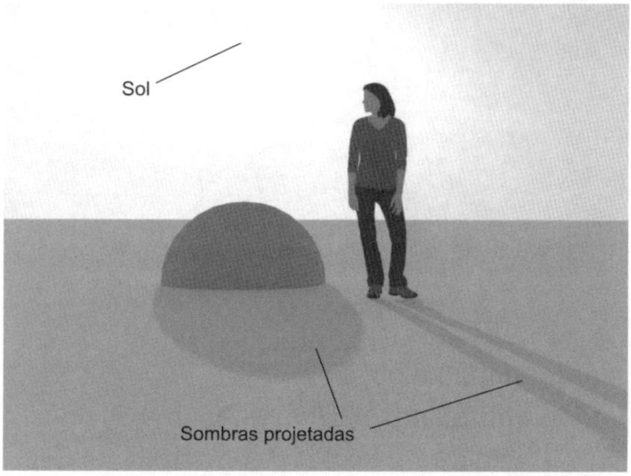

Figura 6.17 - Pôr do Sol em um novo enquadramento de câmera.

6.5 Exercícios

Vamos rever o conteúdo e treinar mais um pouco?

a. Qual é o caminho para configurar as coordenadas geográficas para o estudo de insolação?

b. Qual é o nome da barra do SketchUp em que configuramos o Norte Solar? Qual o botão de setagem ensinado para esse procedimento neste capítulo?

c. Em que botão se deve clicar para ativar as sombras projetadas na cena?

d. **Exercício prático:** abra o arquivo **Cap06001.skp**. Configure as coordenadas geográficas para a cidade do **Rio de Janeiro/RJ**. Configure o horário das **16h** e o dia **08/08**. Adicione um **V-Ray Plane**. Você pode visualizar o exercício pronto no arquivo Cap06002.skp.

O arquivo com as respostas das questões a, b, c e os arquivos Cap06001.skp e Cap06002.skp encontram-se para download no site da Editora Érica, www.editoraerica.com.br.

O resultado final do exercício **d** podemos ver na Figura 6.19. Compare com a Figura 6.18, que é o modelo 3D SketchUp sem acabamento.

Figura 6.18 - Modelo 3D padrão SketchUp.

Figura 6.19 - Modelo 3D sugerido - exercício d com V-Ray.

Capítulo 7

Câmera e Exposição de Luz

Objetivos

Aprender a realizar ajustes e efeitos reais de câmera
Configurar a exposição de luz da cena

A diferença do V-Ray já foi reparada nos primeiros testes que fizemos no capítulo anterior. Como o software oferece parâmetros de ajuste de exposição da luz, sendo possível melhorar e muito a iluminação e sua exposição, trataremos agora deste assunto.

Em primeiro lugar, clique com o botão esquerdo do mouse no botão **Options Editor** do V-Ray.

Barra V-Ray ➤ Botão Options Editor ( )

- Agora clique no nome da aba **Camera**, que será a primeira que vamos estudar.

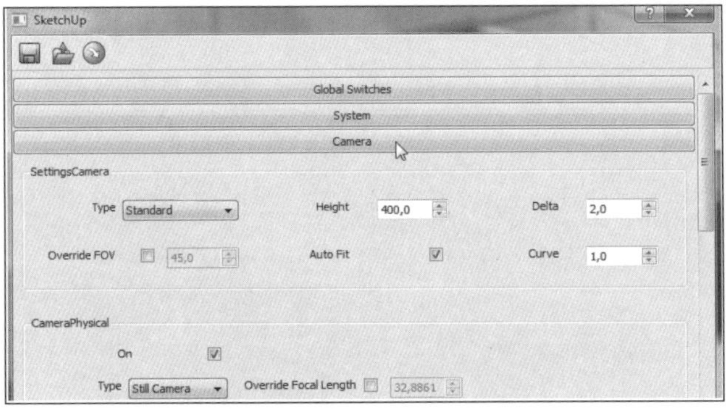

Figura 7.1 - Aba Camera e seus parâmetros.

7.1 SettingsCamera - tipos e efeitos de lente

Type

O parâmetro Type será o primeiro a ser abordado. Durante as próximas páginas, perceba que haverá parâmetros seguintes que só funcionam de acordo com o tipo de lente que escolhemos nesse parâmetro corrente (Type).

O parâmetro oferece tipos de **efeitos de lente** de câmera fotográfica. Acompanhe:

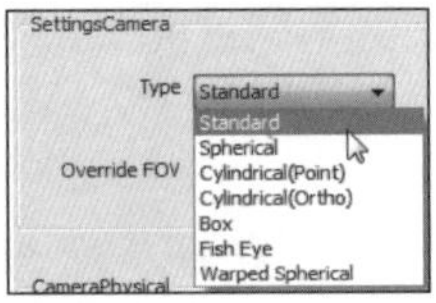

Figura 7.2 - Parâmetro SettingsCamera - Type.

Figura 7.3 - Efeito de lente Spherical.

Figura 7.4 - Efeito de lente Cylindrical(Point).

Figura 7.5 - Efeito de lente Cylindrical(Ortho).

Figura 7.6 - Efeito de lente Box.

Figura 7.7 - Efeito de lente Fish Eye.

Figura 7.8 - Efeito de lente Warped Spherical.

A cada tipo de lente escolhido é necessário renderizar o trabalho posteriormente para ver os resultados indicados na figura. Não se esqueça!

São muitas as opções. Qual é a melhor? A opção chamada **Standard** é bem agradável, já que não há distorções. Claro que há opções para cada caso ou necessidade, não é mesmo?

Height

Esse parâmetro só faz efeito quando o tipo de lente está na opção denominada **Cylindrical(Ortho)**.

Figura 7.9 - Parâmetro Height.

Figura 7.10 - Parâmetro Height.

Figura 7.11 - Parâmetro Height.

As Figuras 7.9, 7.10 e 7.11, respectivamente, têm os seguintes valores no parâmetro **Height**:

- **400, 500 e 600**

A cada valor maior ou menor, a altura do alcance da objetiva aumenta ou reduz.

Auto Fit e Delta

Esses parâmetros trabalham juntos. Para que o parâmetro **Delta funcione**, devemos **desabilitar o Auto Fit**. O valor de Delta faz o efeito Fish Eye (olho de peixe) ficar mais ou menos realçado. Só funciona quando o tipo de lente **Fish Eye está selecionado**.

Figura 7.12 - Parâmetro Delta.

Figura 7.13 - Parâmetro Delta.

Nas Figuras 7.12 e 7.13, respectivamente, os valores usados para o parâmetro **Delta foram**:

- **0 e 1,5**

Com valores maiores, o afunilamento do efeito de olho de peixe é maior ainda.

Override FOV

Esse parâmetro gera a sensação de poder **afastar ou aproximar** o modelo 3D a ser observado pela lente. Valores entre *0* e *100* são possíveis de serem adicionados. Observe:

Figura 7.14 - Efeito FOV perto.

Figura 7.15 - Efeito FOV médio.

Figura 7.16 - Efeito FOV longe.

Nas Figuras 7.14, 7.15 e 7.16, foram usados os respectivos valores para o parâmetro **Override FOV**:

- **30, 50 e 70**

Este, especificamente, é um dos que mais agrada, sem muita distorção, fazendo um ajuste simples e real.

> Lembre-se: os parâmetros Height e Delta são muito específicos para os seus respectivos efeitos de lente. Caso esteja trabalhando com o tipo de lente Standard, esses dois parâmetros são ignorados pelo programa automaticamente, indiferentemente dos valores que apresentem.

7.2 CameraPhysical - ajustes e exposição de luz

Os parâmetros do **CameraPhysical** estão dispostos conforme a Figura 7.17.

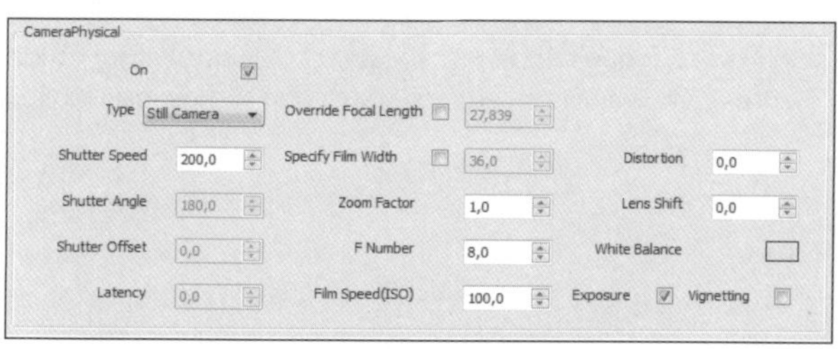

Figura 7.17 - Parâmetros do CameraPhysical.

Nos próximos parâmetros, veremos como melhorar a exposição de luz na cena renderizada (sempre renderize para visualizar os ajustes).

Os parâmetros que mais chamam a atenção de quem está aprendendo a usar o V-Ray são o **Shutter Speed, o F Number e o Film Speed(ISO)**.

Vamos passar por grande parte deles, vendo o que realmente faz diferença nas cenas do dia a dia.

On

Esse parâmetro, quando ligado, permite fazer todos os ajustes dessa categoria. Se desligar, você perceberá que nenhum deles é possível de modificar.

Figura 7.18 - Opção On para ligar e desligar os parâmetros.

Type

Esse parâmetro habilita alguns parâmetros abaixo dele. Geralmente, para a renderização das cenas, utilizamos a opção Still Camera, mas mesmo assim vamos espiar as outras opções?

- **Still Camera:** ajustes de uma máquina fotográfica fixa.
- **Movie Camera:** habilita a opção de trabalhar com uma imagem com efeito de movimento e obturador circular.
- **Video Camera:** simula uma imagem disparada de uma câmera de vídeo.

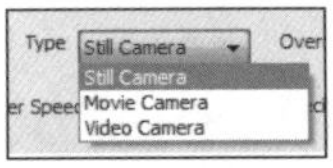

Figura 7.19 - Tipos de câmera para disparo.

> Sugere-se que você foque inicialmente a atenção na opção Still Camera, como já dissemos anteriormente. Vamos analisar seus recursos, que são os mais habituais.

Na sequência, primeiramente vamos repassar os três próximos parâmetros de forma conjunta, pois eles, assim como em outras ocasiões a aparecer, trabalham juntos. São eles:

- Shutter Speed
- F Number
- Film Speed(ISO)

É preferível orientar primeiramente o significado de cada uma destas opções, para depois mostrar exemplos e combinações de valores e ideias para algumas situações.

Shutter Speed

Assim como em uma câmera fotográfica, o **Shutter Speed** é o parâmetro que possibilita simular o tempo de exposição à luz das cenas a serem captadas pelo obturador.

A velocidade do obturador refere-se então ao tempo em que o obturador permanece aberto para a captação da imagem e a entrada de luz.

F Number

Esse parâmetro, que em outras circunstâncias também é denominado f-stop, é justamente o **tamanho da abertura** para a entrada de luz.

> Mesmo que se explique cada detalhe e os valores padrão ou mais utilizados, que tal pesquisar o funcionamento de uma câmera e até um estudo básico de fotografia? É sempre útil na decisão dos valores que você pode usar!

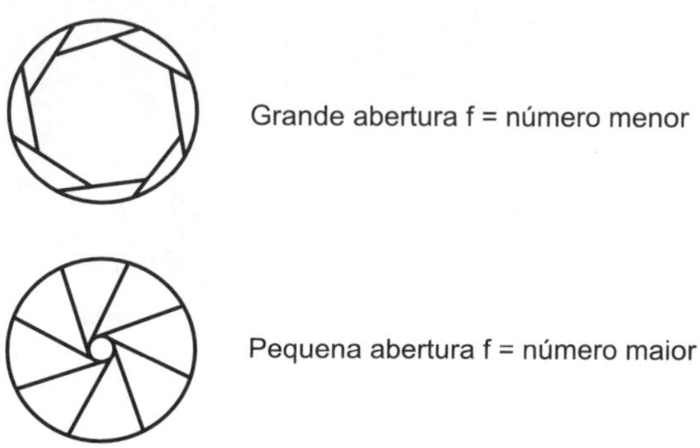

Figura 7.20 - Tamanho de abertura - F Number.

Film Speed(ISO)

Representa a quantidade relativa de luz necessária para dar uma exposição mais adequada à imagem captada pela câmera. Esse parâmetro, o mesmo recurso das máquinas fotográficas da realidade, possibilita, num local com pouca iluminação, mais escuro, por exemplo, capturar uma imagem de forma satisfatória, se a sensibilidade do filme for aumentada.

Mesmo que faça pouca diferença, diminuir demais o valor do ISO faz com que o filme tenha uma sensibilidade "forçada" para captar as imagens. O que é chamado de "grão" da foto pode ocorrer porque as cores deixam de ser criadas corretamente em pixels ou pontos da imagem, criando algumas cores incorretas por falta da luz.

Vamos praticar:

- Abra novamente o arquivo anterior da casa.

Barra V-Ray ➤ Botão Options Editor ( )

- No parâmetro **F Number**, renderize um por vez cada teste de valor F Number, conforme a Figura 7.21.

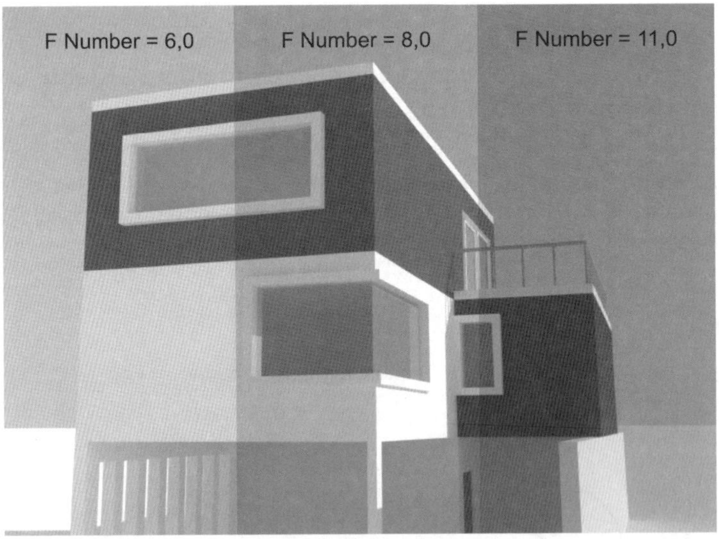

Figura 7.21 - Tamanho de abertura (F Number).

Os valores respectivos **6**, **8** e **11** para **F Number** indicam então que, quanto menor o número, maior a abertura, e assim teremos uma área maior para a entrada de luz e formação da cena.

Vamos utilizar juntamente o parâmetro Shutter Speed?

- Faça uma renderização com cada uma das combinações indicadas pela Figura 7.22.

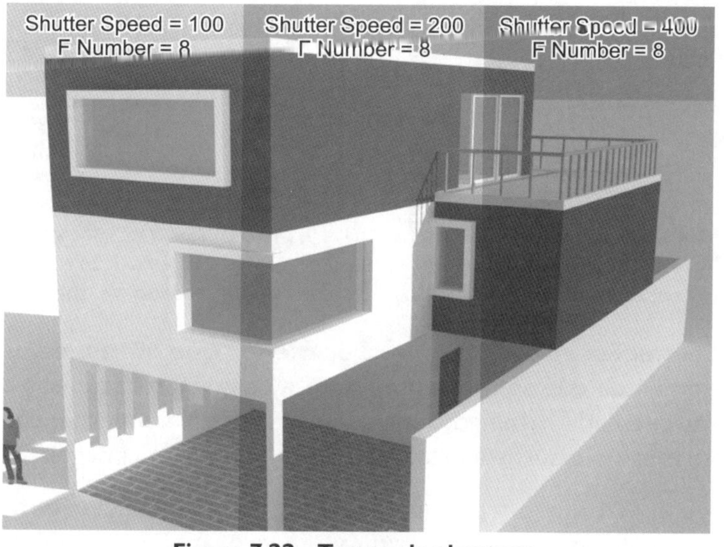

Figura 7.22 - Tempo de abertura.

A Figura 7.22 exibe três configurações diferentes com o Shutter Speed. Respectivamente foram usados os seguintes valores:

- **Shutter Speed = 100 / F Number = 8**
- **Shutter Speed = 200 / F Number = 8**
- **Shutter Speed = 400 / F Number = 8**

Conforme o tempo de abertura (maior ou menor) para imagens estáticas, tem-se a sensação de mais ou menos luz; também há diferença no nível de nitidez, porém pouco.

O Shutter Speed, ou tempo de abertura do obturador, vai fazer maior diferença principalmente para imagens em **movimento**. Visualize as Figuras 7.23 e 7.24.

Figura 7.23 - Tempo muito curto de abertura.

Figura 7.24 - Maior tempo de abertura.

Com um Shutter Speed com valor igual ou **menor que 60**, podemos retratar cada detalhe dos elementos que se movem durante a cena capturada. Isso se percebe na Figura 7.23, em que cada respingo de água aparece perfeitamente, cada um em sua trajetória, e até mesmo o surfista está muito bem definido na imagem.

Veja na Figura 7.24 que o trem que passa em frente à mulher tem o movimento captado devido ao maior tempo de abertura, um valor maior configurado.

- Agora, use as configurações da Figura 7.25.

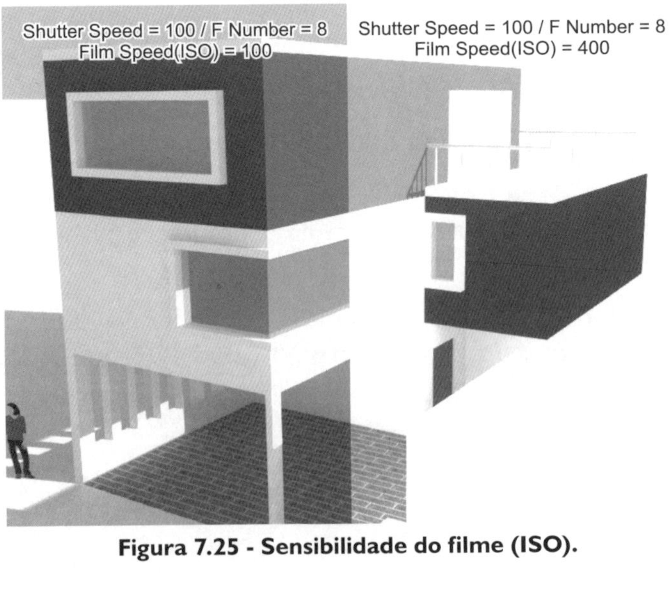

Figura 7.25 - Sensibilidade do filme (ISO).

- **Shutter Speed = 100 / F Number = 8 / Film Speed(ISO) = 100**
- **Shutter Speed = 100 / F Number = 8 / Film Speed(ISO) = 400**

Os valores do Film Speed(ISO), na esquerda em 100 e na direita em 400, mostram o quanto é sensível o filme de uma máquina. Como foi dito anteriormente, use essa opção numa situação de pouca luminosidade, para aumentar a exposição de luz de sua cena, ficando mais clara.

Observe mais um exemplo de configurações de exposição de luz:

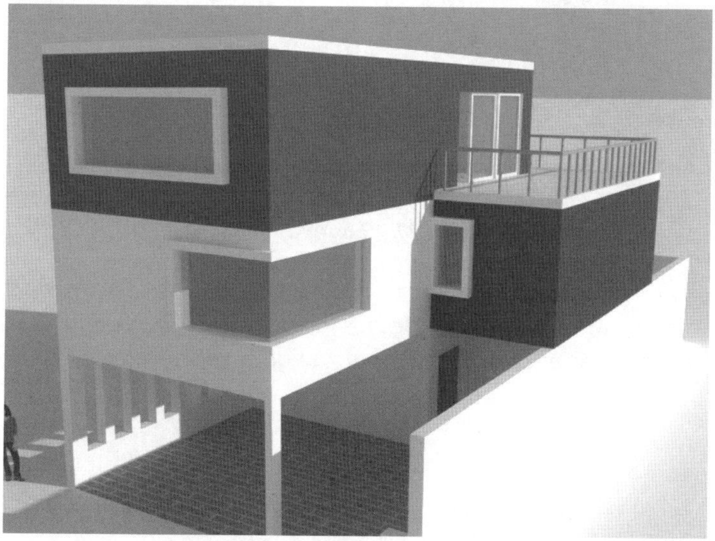

Figura 7.26 - Exemplo de exposição.

Sugere-se que faça a configuração dos valores a seguir para uma visualização como a da Figura 7.26.

- **Shutter Speed = 100 / F Number = 11 / Film Speed(ISO) = 100**

Um bom ajuste, não acha?

Zoom Factor

Esse parâmetro permite que você renderize a cena como se houvesse zoom aplicado. Valores maiores definem maior aproximação; valores menores, mais distância. O valor padrão é 1,0.

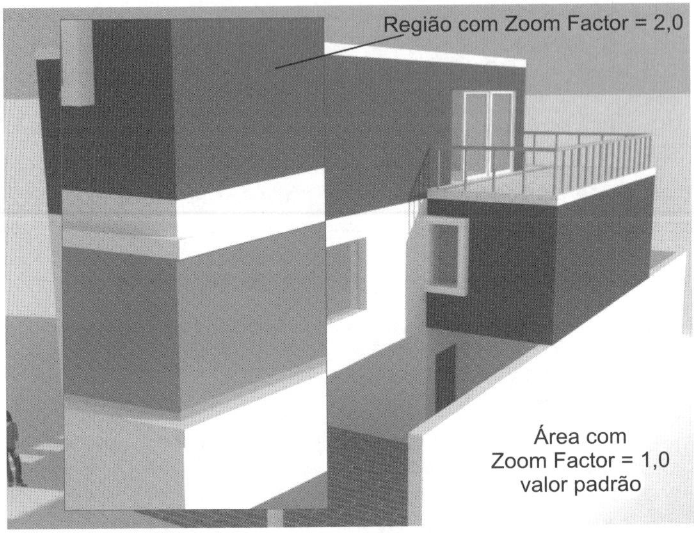

Figura 7.27 - Zoom aplicado.

Na Figura 7.27 existe uma comparação. A imagem com **Zoom Factor = 1,0** é a padrão e encontra-se atrás da região afetada com **Zoom Factor = 2,0**. O capítulo 8, sobre **renderização**, vai ensinar como realizar uma renderização numa região específica.

Distortion

Esse recurso é simples, com o qual podemos, de forma manual, dar um aspecto esférico à imagem criada. Valor positivo "infla" a imagem. Valor negativo gera o efeito contrário. Confira as Figuras 7.28 e 7.29.

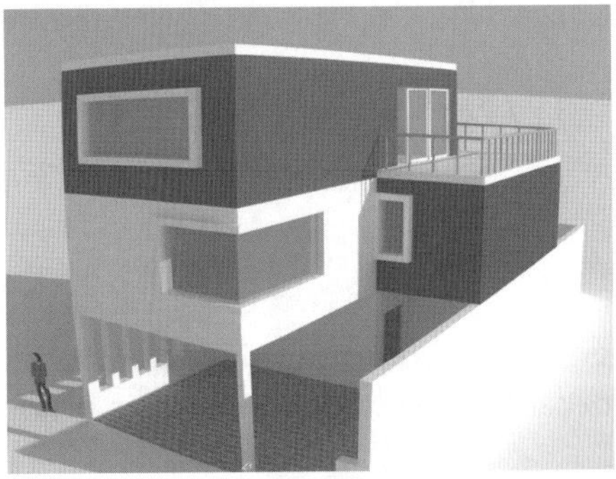

Figura 7.28 - Parâmetro Distortion positivo.

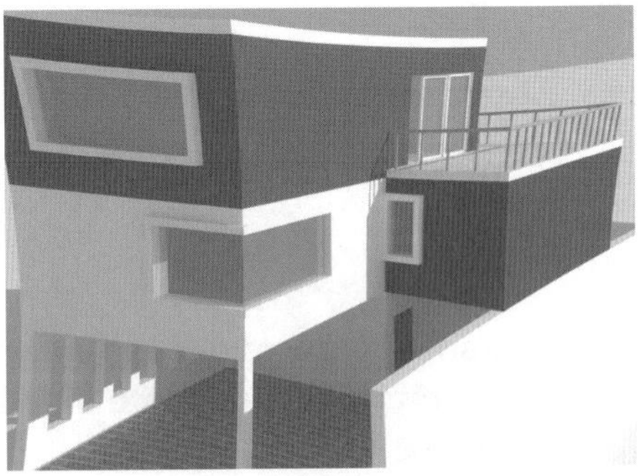

Figura 7.29 - Parâmetro Distortion negativo.

Lens Shift

O efeito Lens Shift proporciona um "esticamento vertical" na imagem, como um efeito a mais de lente.

Na Figura 7.30, foi inserido o **valor = 1,0**.

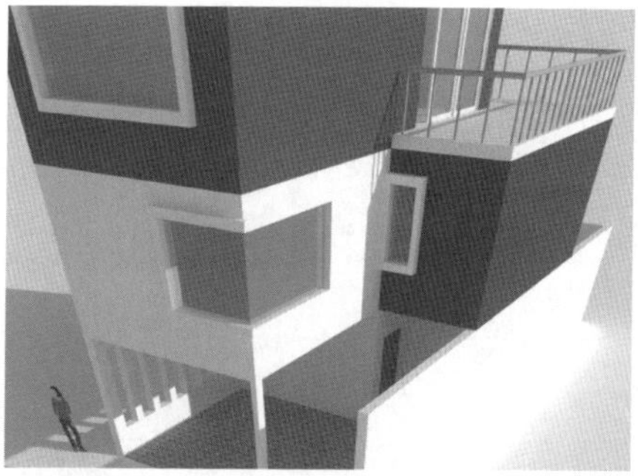

Figura 7.30 - Efeito de lente com Lens Shift.

O valor padrão para não haver a distorção é sempre 0.

7.3 Exercícios

Vamos fixar alguns conceitos deste capítulo?

a. Qual tipo de câmera é melhor indicado para imagens estáticas (parâmetro Type)?

b. Descreva em palavras claras a diferença entre os parâmetros Shutter Speed e F Number?

c. Qual é a utilidade do parâmetro Override FOV? O que significa a sigla FOV?

d. Como conhecemos no dia a dia o tipo de câmera Fish Eye?

> O arquivo com as respostas das questões a, b, c, d e o arquivo Cap07001.skp encontram-se à disposição para download no site da Editora Érica, www.editoraerica.com.br.

Anotações

Capítulo 8

Renderização

Objetivos

Aprender a realizar ajustes da tela do render
Compreender o painel FrameBuffer
Salvar uma imagem renderizada

8.1 O que significa o termo renderização?

Se você chegou até aqui seguindo religiosamente cada etapa deste livro, com certeza criou diversas imagens com o processo de renderização.

Em reuniões com clientes, em que é preciso passar a eles todo o processo a ser desenvolvido para justificativa de tempo e valores, acontece de ser apresentado o termo em pauta e muitos deles não terem a mínima ideia do que é. Você sabe o que é ou o que acontece num processo de renderização?

Primeiramente, o termo render ou renderização refere-se a um processo de geração digital de uma imagem com base em informações visuais previamente criadas. Em palavras simples, é o fato de criar um acabamento com aspectos reais sobre um modelo gráfico virtual ou eletrônico. O termo não é utilizado somente para construções em 3D, mas também por diversos outros profissionais da computação.

A renderização pode ser estática ou animada. Passeios virtuais em maquetes eletrônicas seguem o mesmo processo de filmes 3D aos quais assistimos no cinema. Cada movimento é uma imagem congelada, um quadro, um render gerado, e a sequência de inúmeros quadros resulta em um filme. A renderização de uma animação pode levar horas, dias e até, por que não, meses para terminar. Imagine quantos quadros deve ter um filme como "A Era do Gelo 3"?

8.2 Por que renderizar uma cena?

Devemos renderizar uma cena feita em SketchUp, ou qualquer outro software 3D que possibilita esse tipo de recurso, porque todas as informações a serem simuladas só são calculadas quando é pedido o processo de render, incluindo texturas, materiais de acabamento que envolvem tipo de superfície, brilho, reflexos, transparências, além de emissores de luz que a projetam e rebatem nos objetos da cena, gerando também sombras, entre tantas outras informações de condições reais.

Enquanto renderizamos uma cena, estamos pedindo para que o software transforme cada parâmetro configurado em uma foto com elementos que parecem reais. Daí surge o termo fotorrealismo para maquetes eletrônicas. É muito mais interessante para o cliente visualizar seu futuro escritório, residência, sala de estar, fachada ou qualquer outro projeto em questão num acabamento o mais próximo possível da construção real, assim ele terá uma ideia muito próxima do que de fato será realizado.

8.3 Output - ajustes de saída

Vamos começar relembrando que o botão a ser acionado para o processo de renderização é o Render, do V-Ray:

Barra V-Ray ➤ Botão Render ( )

Esse processo já foi realizado no *capítulo 6*.

Vamos aprender os parâmetros de otimização de tela do Render, como tamanho da imagem, aspecto, saída de gravação etc.

Procedimento

- Primeiramente, clique no botão **Options**:

Barra V-Ray ➤ Botão Options Editor ( )

- A seguir, abra uma aba divisória denominada **Output**.

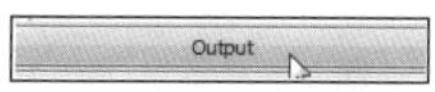

Figura 8.1 - Aba Output.

Verifique os parâmetros existentes; serão os mesmos da Figura 8.2.

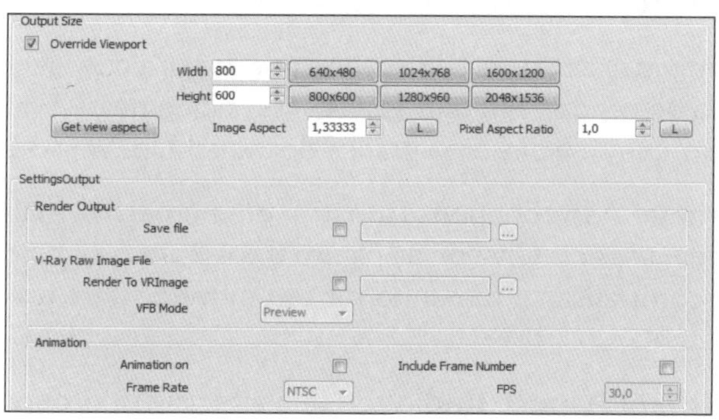

Figura 8.2 - Parâmetros da aba Output.

Output Size

Esse conjunto de parâmetros refere-se ao tamanho da imagem criada pelo processo de renderização da cena.

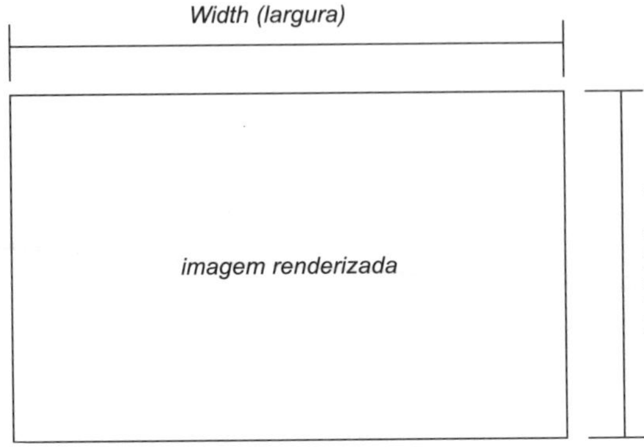

Figura 8.3 - Dimensão de render.

Override Viewport

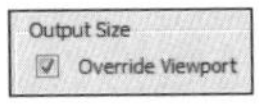

Figura 8.4 - Override Viewport.

Esse parâmetro, quando ligado, libera os demais parâmetros do conjunto para que possam ser ajustados.

Get view aspect, Image Aspect e Pixel Aspect Radio

O botão **Get view aspect** possibilita capturar a largura da viewport do SketchUp e repassar para a saída do render. Em outras palavras, clique nesse botão caso queira renderizar exatamente o que se vê na área gráfica do SketchUp. Veja o botão na Figura 8.4.

O parâmetro **Image Aspect** apenas mostra, em números, qual ajuste foi realizado com o botão Get view aspect. O valor da Figura 8.6 é 2,05..., significando que a largura foi reajustada para compensar o tamanho de seu monitor para a visualização do modelo da área do SketchUp.

Já o parâmetro **Pixel Aspect Radio** tende a alterar em proporção o tamanho de tela já estipulado pelo botão anterior, Image Aspect. Não é muito utilizado.

Figura 8.5 - Botão Get view aspect.

Figura 8.6 - Image Aspect.

Figura 8.7 - Pixel Aspect Radio.

Botões de entrada de dimensão

Observe a Figura 8.8.

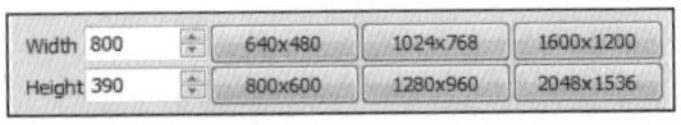

Figura 8.8 - Botões de entrada de dimensão.

Podemos até configurar de forma manual a dimensão para a tela de renderização. Clique em um dos seis botões pré-configurados ou digite **em Width (largura) e Height (altura)** as dimensões em pixels.

> Procure utilizar o botão Get view aspect para capturar toda a tela do SketchUp, depois digite um valor para o campo Width (largura), assim você mantém a visualização total do que vê modelado e consegue o tamanho em pixels que for de sua vontade para o render final.

É válido lembrar que, quanto maior a dimensão do render, mais tempo leva o processo de renderização da cena. Um bom tamanho de render pode ter uma largura de imagem de, ao menos, 1200 pixels.

Render Output - Save file

Ainda há uma opção que salva automaticamente um bitmap da imagem assim que o render for concluído. Para isso, devemos configurar a opção de Save file.

Na aba Output, veja que existe uma opção chamada **Render Output** e um parâmetro denominado **Save file**, Figura 8.9.

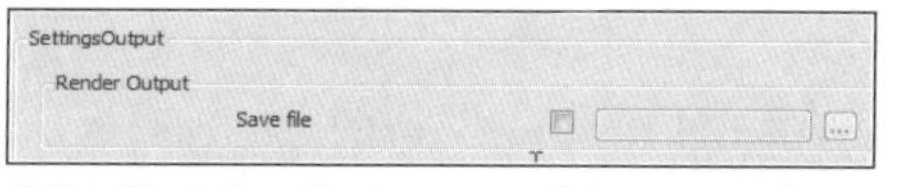

Figura 8.9 - Render Output - salvar o render gerado.

Ao clicar no parâmetro **Save file**, é habilitada a opção de escolher um local, um nome e um tipo de arquivo para a cena renderizada.

Figura 8.10 - Save file.

Para visualizar conforme o livro, habilite então o **Save file** e clique no botão de reticências para verificar os tipos de arquivo que podem ser salvos:

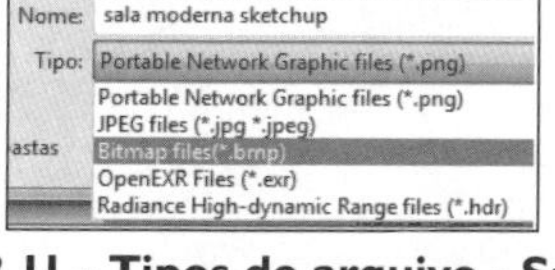

Figura 8.11 - Tipos de arquivo - Save file.

Para apresentações, recomenda-se escolher a **opção JPEG**, que mantém informações de mais de 16 milhões de tons de cores, de forma compactada. Veja que há até uma opção para gerar imagens *.HRD*, que é um formato de bitmap com propriedade de iluminação - usar para background e domos sobre os modelos 3D, em que a imagem é a própria iluminação do ambiente.

8.4 FrameBuffer - painel de renderização

Barra V-Ray ➤ Botão Open FrameBuffer ( )

Esse botão proporciona o acesso à tela de render com possibilidades de ajuste dos botões sem a necessidade de renderizar novamente.

Vamos conhecer seus botões. Nos exemplos foi usado o arquivo Cap08001.skp.

> O arquivo Cap08001.skp encontra-se à disposição para download no site da Editora Érica, www.editoraerica.com.br.

- Clique no botão indicado **FrameBuffer**.
- Visualize a barra superior de botões, conforme a Figura 8.12.

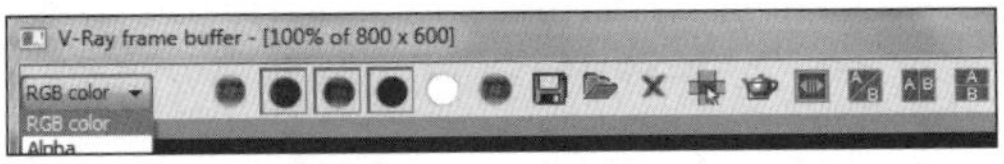

Figura 8.12 - Barra superior do FrameBuffer.

RGB color e Alpha

Esse parâmetro permite visualizar a renderização no padrão em cores RGB ou mesmo com canal Alpha apenas (transparência). É muito bom para quem prefere fazer montagem do céu em outro software de edição de imagens. Veja as Figuras 8.13 e 8.14.

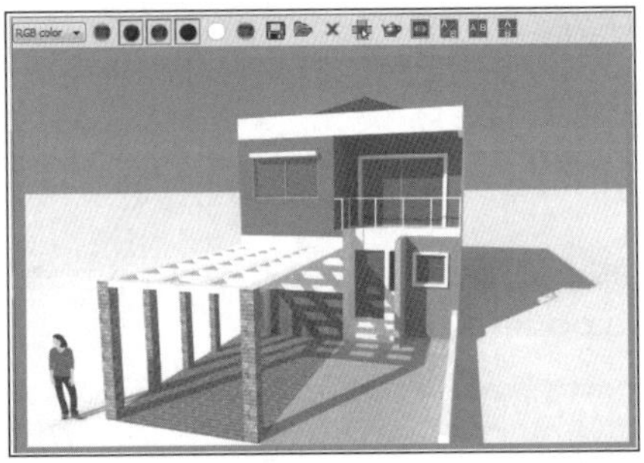

Figura 8.13 - RGB color.

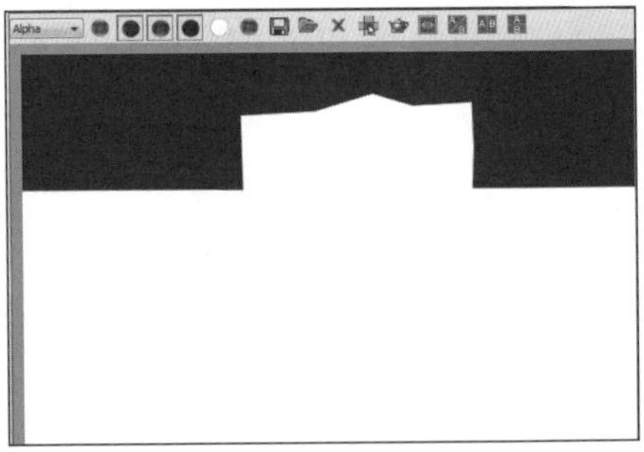

Figura 8.14 - Canal Alpha.

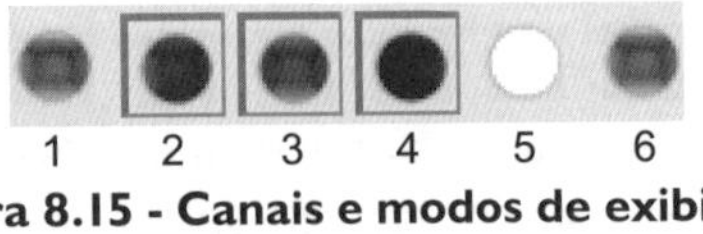

Figura 8.15 - Canais e modos de exibição.

Conforme a Figura 8.15, temos:

1. Canal RGB completo (em cores).
2. Exibir somente canal Red (vermelho).
3. Exibir somente canal Green (verde).
4. Exibir somente canal Blue (azul).
5. Exibir o canal Alpha (transparência).
6. Exibir em formato monocromático (tons de cinza).

Save image, Load image e Clear image

Quer ter a possibilidade de salvar a imagem renderizada no exato momento em que ela foi finalizada? Dentre as opções, o botão **Save image** proporciona essa ação. Veja:

Figura 8.16 - Botões para salvar imagem, abrir e limpar.

1. **Save image:** clique nesse botão para salvar a imagem do render corrente.
2. **Load image:** carrega uma imagem na tela do FrameBuffer do seu computador.
3. **Clear image:** limpa a tela do FrameBuffer corrente, ficando totalmente preta.

Perceba que o mesmo render pode ser salvo em diversos modos de cores, sempre que a cena acabar de ser gerada. Não é necessário sempre clicar no botão **Clear image** para efetuar um novo render. Você pode simplesmente efetuar um novo render e visualizar a imagem sobre a antiga, que é removida automaticamente.

Track mouse e Region render

Estas duas opções permitem escolher quais áreas da tela gostaríamos de renderizar. Um ponto, uma área, pode-se escolher o que renderizar, sem precisar fazer isso com toda a imagem da cena.

Como sugestão, usa-se bastante o Region render, pois é possível renderizar metade da cena com uma configuração de iluminação, exposição de luz, e na outra metade com outra configuração e, deste modo, fazer comparações de resultados.

Verifique a Figura 8.17.

Figura 8.17 - Botões para áreas de render.

1. **Track mouse:** enquanto estiver no processo de render, navegue com o cursor do mouse sobre a imagem e você vai perceber que o bucket (quadradinho que vai renderizando) segue o cursor.

2. **Region render:** ative esse recurso e, com o botão esquerdo pressionado, arraste a fim de abrir uma área retangular sobre a tela de render. Assim, somente aquele local demarcado será renderizado.

Vamos, então, praticar?

Procedimento

- Clique no botão **Options**:

Barra V-Ray ➤ Botão Options Editor ( )

- Abra a aba divisória **Camera** e insira os seguintes valores:

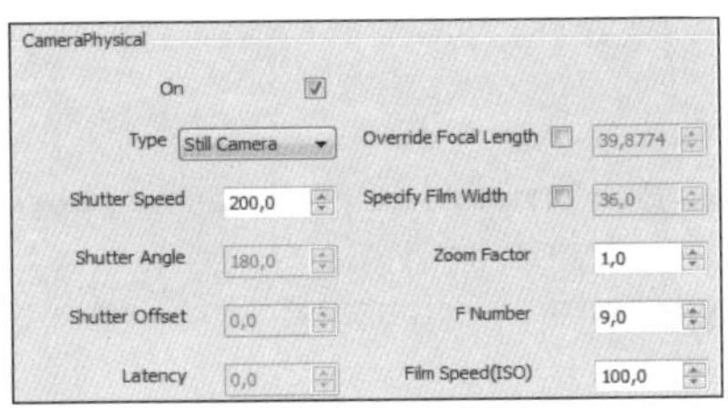

Figura 8.18 - Parâmetros do CameraPhysical.

- Feche o painel e clique no botão **FrameBuffer**:

Barra V-Ray ➤ Botão Open FrameBuffer ( )

- Clique no botão **Region render** ( ) e demarque a metade esquerda da tela de render. Veja a Figura 8.19.

Figura 8.19 - Uso do botão Region render.

- Renderize:

Barra V-Ray ➤ Botão Render (®)

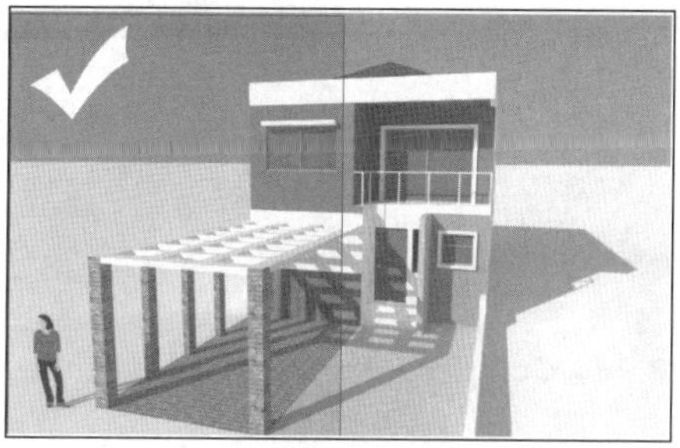

Figura 8.20 - Lado esquerdo já renderizado com Region render.

- Agora, clique no botão **Options**:

Barra V-Ray ➤ Botão Options Editor ( )

- Configure conforme a Figura 8.21.

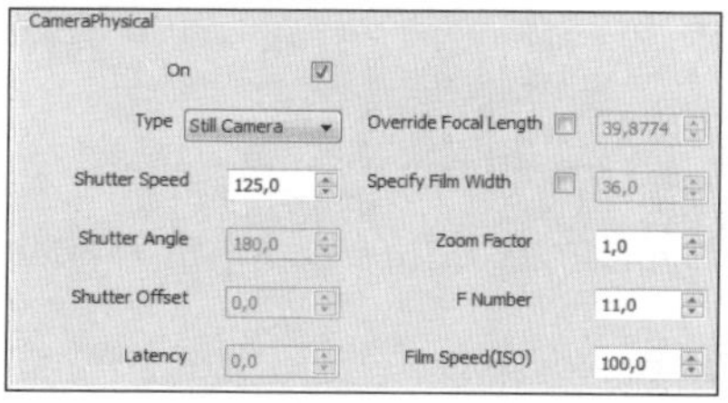

Figura 8.21 - Parâmetros do CameraPhysical.

- Entre nos ajustes de Shadow Settings e coloque uma nova hora e uma nova data.
- Por fim, abra novamente o painel FrameBuffer e com o **Render region** demarque agora o lado direito da tela de render.

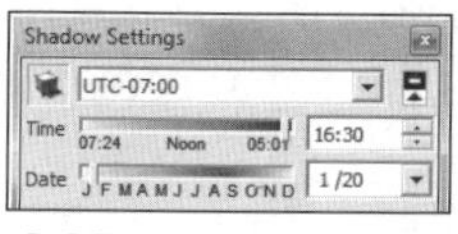

Figura 8.22 - Ajustes de Shadow.

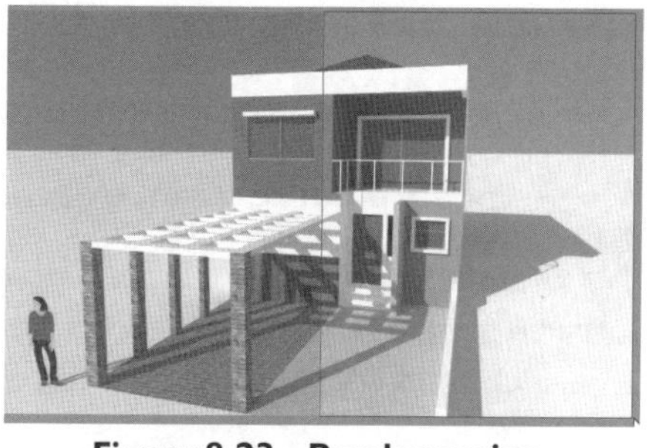

Figura 8.23 - Render region.

- Clique no botão **Render** para realizar a nova renderização.

Veja o resultado:

Figura 8.24 - Comparação entre áreas renderizadas.

Fácil fazer comparações e estudos com os renders lado a lado, não?

Botões de correções pós-render

Ainda no painel FrameBuffer, encontramos os botões de correção pós-render. Com eles podemos fazer mais alguns ajustes de exposição de luz e visualizar o antes e o depois, sempre tendo a possibilidade de melhorar ainda mais as imagens renderizadas.

Figura 8.25 - Correções pós-render.

Conforme a Figura 8.25, temos:

1. **Show corrections control:** é o botão principal que abre o painel de controles gerais (todos os controles estão nessa mesma e única janela).
2. **Show Pixel information:** informa sobre o pixel requerido com o botão direito sobre a imagem renderizada.
3. **Use colors level correction:** exibe as correções de níveis.
4. **Use colors curve correction:** exibe as correções de curvas.
5. **Use exposure correction:** exibe as correções de exposição de luz.

Na prática, o primeiro botão, **Show corrections control**, é o mesmo para todas as outras opções de visualização. Cabe aos botões 2, 3, 4 e 5 estarem ou não ativados para verificar sua correção específica em tempo real.

Assim que se ativa o botão **Show corrections control**, um painel novo é aberto, conforme verificamos na Figura 8.26.

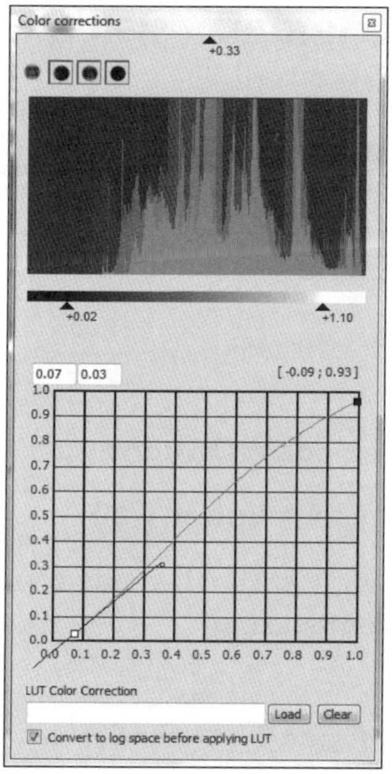

Figura 8.26 - Controle de correções (Corrections control).

Basicamente, o procedimento consiste em deixar "ligados" os pequenos botões inferiores para verificar ou não as alterações feitas pelo painel de correções. Se um desses botões, como, por exemplo, o de levels estiver "desligado", mesmo arrastando as setas deslizantes ou curvas não será visto nenhum resultado sobre a imagem pós-render.

A Figura 8.27 mostra a mesma imagem com diferenças. O lado esquerdo encontra-se no estado padrão de renderização; do lado direito há alguns ajustes de levels e color corrections na imagem.

Figura 8.27 - Comparação com correções pós-render.

8.5 SettingsRegionsGenerator - sistema de renderização

Ainda há mais alguns recursos bem interessantes para explicar neste instante do capítulo, que são os recursos **de sistema.** Eles não interferem somente no que diz respeito à renderização, mas em diversos outros contextos de funcionamento e de cálculo.

Serão abordados os recursos de sistema que se relacionam ao tema renderização. Vamos lá?

Procedimento

- Primeiramente, clique no botão **Options**:

Barra V-Ray ➤ Botão Options Editor ( )

- A seguir, procure a aba divisória chamada **System**, Figura 8.28. Basta clicar para visualizar seus parâmetros.

Figura 8.28 - Aba System.

- Encontre um conjunto novo de parâmetros (novo para você que ainda não os tinha conhecido) que se denomina SettingsRegionsGenerator. Você pode visualizá-lo na Figura 8.29.

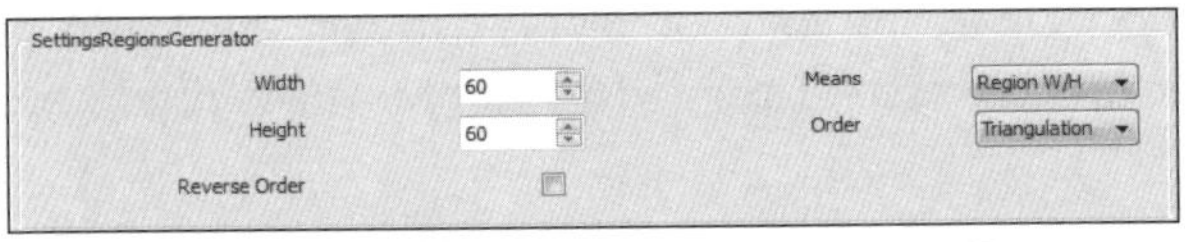

Figura 8.29 - Parâmetros do SettingsRegionsGenerator.

Observe os parâmetros fornecidos, não são muitos, mas são interessantes pela forma como o sistema conduz o processo de renderização da imagem.

Width

Largura dos dois "quadradinhos" que percorrem a imagem realizando o cálculo e o render daquelas áreas da cena por onde eles passam. Esses quadradinhos denominam-se, na computação gráfica, **buckets**.

Height

Altura dos dois "quadradinhos".

Na Figura 8.30, verificamos que os buckets percorrem toda a área, renderizando a cena. Foram utilizados os valores de 48x48 nos respectivos parâmetros de Width e Height.

Figura 8.30 - Buckets de renderização.

Quais os melhores tamanhos para o bucket?

Sugere-se que você analise duas situações:

Quando uma cena for composta de objetos grandes, sem um número muito considerável de detalhes 3D, supondo um estudo de volumes, de massas, nada muito definido, o tamanho dos buckets deve ser um pouco maior. As dimensões 48x48 são boas, já que áreas maiores terminam num tempo um pouco mais rápido para esse tipo de situação.

Agora, se for uma cena de fachada bem detalhada, ou mesmo uma cena de interiores, aconselha-se que diminua o tamanho do bucket. Um tamanho legal de se trabalhar é de 32x32 (vale lembrar que a unidade para esses tamanhos dos buckets é em pixels).

Means

O parâmetro Means oferece duas opções:

- **Region W/H:** quando escolhida essa opção, os buckets de renderização mantêm-se nos tamanhos ajustados em Width e Height (largura e altura). Mesmo que haja diversas geometrias na região que eles estão percorrendo, os buckets não têm seus tamanhos alterados para que possam concentrar-se em detalhes da cena.
- **Region count:** com essa opção escolhida, os buckets têm seus tamanhos automaticamente ajustados para que fiquem de acordo com o tamanho de geometrias da cena. Eles percebem o quanto devem ser menores para que fiquem somente naquele detalhe que está sendo renderizado.

Order

Esse parâmetro existe para que o sistema decida por qual caminho ou sequência os buckets varrerão a cena para ser renderizada. Se você perceber (renderize uma cena qualquer para constatar), os buckets alteram seu caminho percorrido.

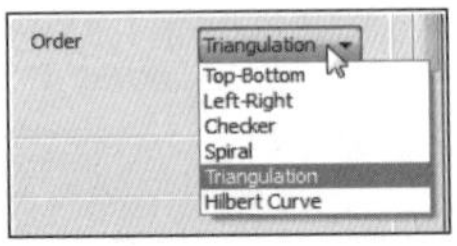

Figura 8.31 - Ordens de renderização.

Conforme a Figura 8.31, o sistema pode fazer com que os buckets percorram caminhos diversos de varredura. O valor padrão utilizado pelo V-Ray é Triangulation (triangular), o qual permite que os buckets realizem primeiramente a renderização das geométricas e demais deformações em cena, para depois gerar qualquer objeto Proxy (segunda passagem dos buckets) e, posteriormente, qualquer objeto do tipo Fur (pelos) que houver. É o mais indicado, já que cada um desses tipos de objeto tem a sua vez na hora do render.

Nos demais valores, podemos então ver que, por exemplo, se você escolher a opção **Spiral**, os buckets começam a varredura de renderização do **centro da cena para as extremidades**, exatamente como uma forma espiral. Vamos verificar cada um deles?

- **Top-Bottom:** a renderização é realizada de cima para baixo.
- **Left-Right:** a renderização da cena é realizada da esquerda para a direita.
- **Checker:** como um jogo de xadrez, áreas quadradas intercaladas são renderizadas.
- **Spiral:** a cena, como dito anteriormente, é renderizada com os buckets vindo do centro da cena para as extremidades.
- **Triangulation:** o tradicional investe em áreas renderizadas aleatórias, varrendo por tipos de objeto em comum e dando suas prioridades de render do fácil para o difícil (V-Ray).
- **Hilbert Curve:** mais do que descrever, veja na Figura 8.32 como percorrem os buckets:

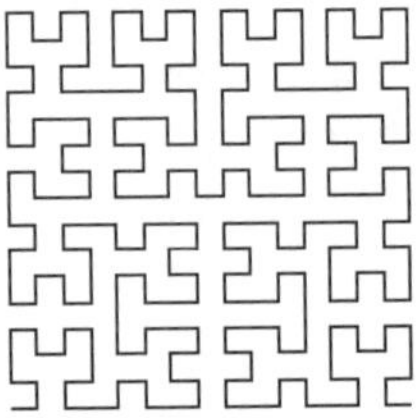

Figura 8.32 - Sistema de renderização Hilbert Curve.

Reverse Order

Esta última opção do SettingsRegionsGenerator existe para que possamos dar um sentido inverso à opção **Order**. Por exemplo, se você escolher que o sistema seja configurado para que os buckets renderizem em **Left-Right** (da esquerda para a direita), com o Reverse Order ativado, o sistema entenderá que você quer que os buckets façam a varredura da direita para a esquerda (Right-Left).

Figura 8.33 - Parâmetro de ordem reversa de render.

Interessante, não?

Veja como existem inúmeros recursos para deixar o seu modo de trabalho bem personalizado. Procure verificar quais desses parâmetros mais lhe agradam ou são mais úteis para o tipo de geometria que existe em sua cena.

Vamos praticar um pouco?

Procedimento

- Abra o arquivo Cap08001.skp.
- Clique no botão **Options**:

Barra V-Ray ➤ Botão Options Editor ( )

- Abra a aba **System** e configure conforme a Figura 8.34.

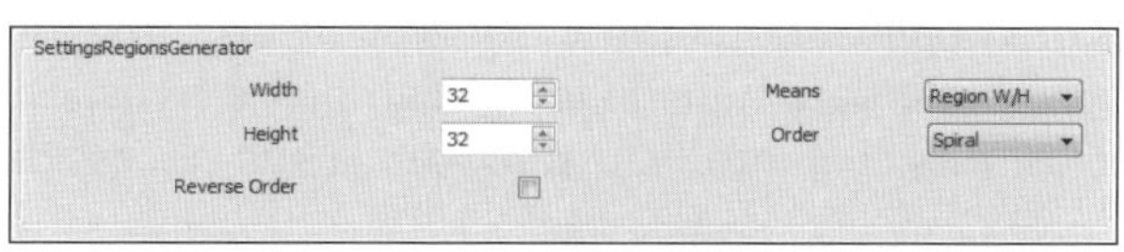

Figura 8.34 - Ajustes de sistema para render.

- Faça uma renderização, clicando no botão Render:

Barra V-Ray ➤ Botão Render ( )

- Realize também, só para relembrar os ajustes de **hora e data**, o que indica a Figura 8.35.

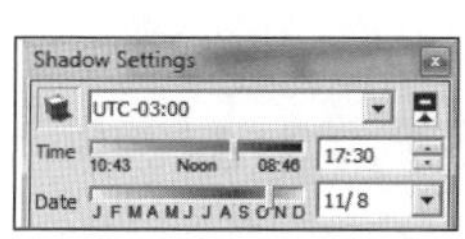

Figura 8.35 - Shadow Settings.

- Para juntar outros assuntos já vistos, ainda no painel **Options** (![]) abra a aba **Camera** e realize os ajustes da Figura 8.36.

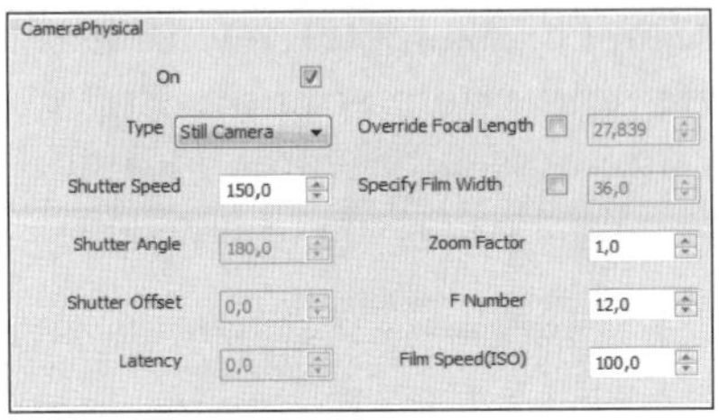

Figura 8.36 - Parâmetros de exposição de luz.

Verifique como o processo de render se comporta - varredura dos buckets em formato espiral, de acordo com a Figura 8.37.

Figura 8.37 - Renderização em espiral.

8.6 Image Sampler - qualidade da renderização

Procurando algum conjunto de parâmetros responsável pela qualidade e definição do render? Pois é, o conjunto denominado Image Sampler é o responsável por isso. Com ele, alguns parâmetros, em conjunto, vão satisfazer a sua necessidade de melhoria de imagem.

Por muitas vezes, só conseguimos enxergar a diferença de qualidade quando aplicamos os materiais do V-Ray. Os materiais serão explicados a fundo no capítulo 9, Materiais e Acabamento V-Ray. Ao aprender a aplicar acabamentos realistas, podemos encontrar imperfeições de qualidade ou mesmo alguns pixels de cores incorretas em algumas áreas do material. É importante essa qualidade ser aprendida previamente. Vamos lá?

- Primeiramente, vamos abrir o painel **Options**:

Barra V-Ray ➤ Botão Options Editor ( )

- A seguir, vamos abrir uma nova aba divisória, denominada **Image Sampler**.

Figura 8.38 - Aba Image Sampler.

- Ao clicar na aba para abrir, visualize os seus parâmetros, assim como mostra a Figura 8.39.

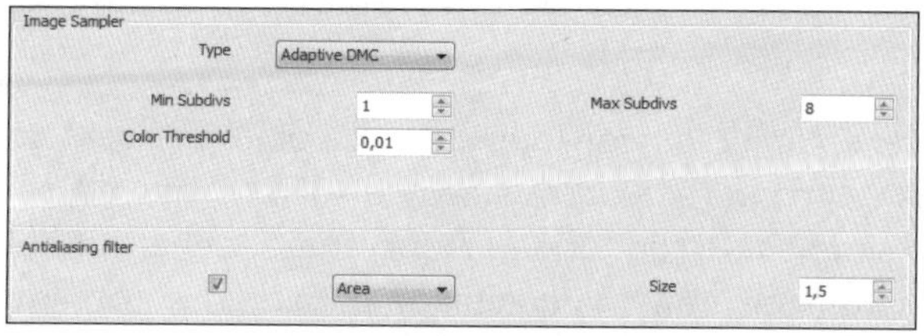

Figura 8.39 - Parâmetros da aba Image Sampler.

O Image Sampler começa pelos tipos de parâmetro a serem configurados, como se fossem níveis de fatores que farão a diferença na qualidade do seu render.

Type

Os tipos existentes são:

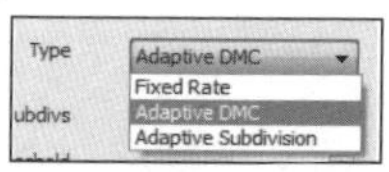

Figura 8.40 - Tipos de níveis de parâmetros.

- **Fixed Rate:** nível básico de qualidade.
- **Adaptive DMC:** parâmetros mais detalhados para definir a qualidade de render.
- **Adaptive Subdivision:** uma grande quantidade de parâmetros para definir a qualidade do render.

Por ora, vamos atentar ao modo tradicional *Adaptive DMC*, interessante e que resolve o trabalho de renderizações de maquetes, sejam elas externas ou internas.

Os três parâmetros básicos do Adaptive DMC são:

- Min Subdivs
- Max Subdivs
- Color Threshold

Figura 8.41 - Parâmetros básicos de qualidade.

Primeiramente, vamos explicar o que significa o termo **Sampler**. Nada mais é do que uma subdivisão do pixel da imagem, como se pudéssemos dar definição de antialias a cada um deles.

Quando falamos em Min Subdivs e Max Subdivs, estamos falando de samplers. Os valores que são pedidos nesses dois campos são baseados em quantos samplers podemos colocar para cada pixel, dando um grau baixo, razoável ou mesmo ótimo de definição do render.

- **Min Subdivs:** samplers envolvidos em cada pixel de áreas consideradas "fáceis" de renderizar. Uma parede, com sua face sólida e lisa, de cor lisa, por exemplo, é um objeto simples de renderizar. Aqui, então, devemos colocar um valor suficiente para satisfazer uma boa qualidade para elementos simples da tela.
- **Max Subdivs:** cada geometria complexa, ou mesmo texturas com alto grau de detalhes, o alto detalhamento do brilho fosco de um acabamento, uma sombra suave que se espalha pelo chão, cada um dos detalhes mais complexos que existem na cena é, nesse parâmetro, considerado.

Por experiência no software e em outros muito conhecidos no mercado, é interessante usar o seguinte padrão para esses valores:

- **Min Subdivs = 4**
- **Max Subdivs = 64**

Procure utilizar os valores indicados de 4/64. Valores maiores que estes podem resultar num tempo maior de renderização, sem ganhar uma qualidade a mais que faça grande diferença.

Veja na Figura 8.42 que, com o Region render, foi renderizada uma área interna.

Figura 8.42 - Comparação de qualidade.

O teste da Figura 8.42 utiliza os valores *Min Subdivs = 1* e *Max Subdivs = 1*. A qualidade caiu bastante, não é?

Por isso, use os valores indicados anteriormente.

Antialiasing filter

Os filtros antialias ou antisserrilhado da imagem são ótimos e cada um oferece um nível de preocupação com as arestas das geometrias e suavidade das sombras. Os filtros existentes são exibidos na Figura 8.43.

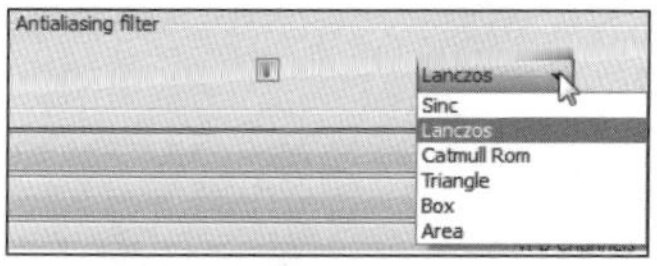

Figura 8.43 - Lista de filtros antialias.

A Figura 8.44 mostra, com **Zoom 2x** na imagem de render próximo de uma janela da casa, que a diferença entre os filtros **Lanczos** e **Catmull Rom**, por exemplo, é visível nas arestas da geometria e na qualidade de antisserrilhado também do final da sombra. Neste caso, o filtro **Catmull Rom** é de qualidade superior.

Figura 8.44 - Filtros Lanczos e Catmull Rom.

> Comece a renderizar seus trabalhos com o Catmull Rom, indicado por ter um ótimo antisserrilhado e deixar bem reforçadas as arestas.

8.7 Exercícios

E lá vamos nós mais uma vez!

a. Para que serve a opção Order no que tange a sistemas de renderização?

b. Em qual aba divisória do V-Ray encontramos a opção Save file e para que exatamente ela serve?

c. Quais os valores indicados aos parâmetros Min Subdivs e Max Subdivs para uma renderização de ótima qualidade?

d. Qual é a função do botão Get aspect view referente ao tamanho da imagem a ser renderizada?

e. Como podemos melhorar o contraste de luz e sombra da imagem no painel FrameBuffer?

Anotações

Capítulo 9

Materiais e Acabamento V-Ray

Objetivos

Materiais SketchUp x materiais V-Ray
Criar, editar e aplicar materiais V-Ray
Características reais de acabamento para sua maquete
Importar e salvar materiais prontos

9.1 Diferenças entre material V-Ray e material SketchUp

Antes de começarmos a criar um acabamento realista para as maquetes e demais modelos 3D feitos em SketchUp, é importante frisar a grande diferença que existe entre manter os materiais do SketchUp e os do V-Ray.

De início, é válido lembrar que um material SketchUp é composto por uma textura que normalmente é aplicada pelo painel **Materials** do SketchUp, conforme visualizamos na Figura 9.2.

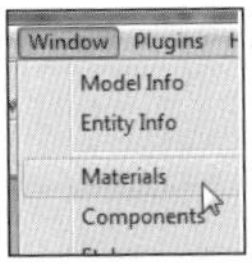

Figura 9.1 - Acesso à janela Materials.

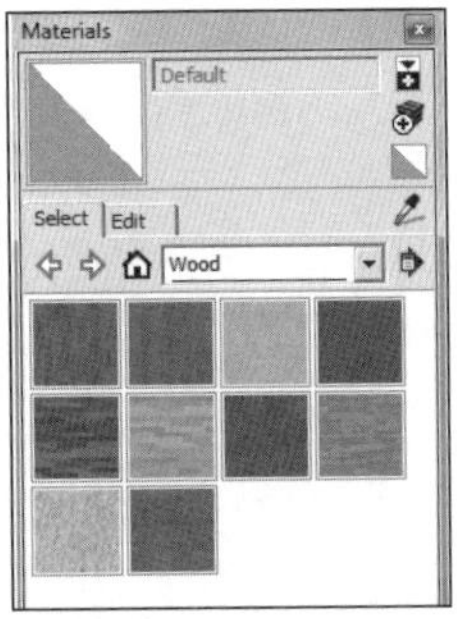

Figura 9.2 - Janela Materials do SketchUp.

Essa textura, que faz parte da biblioteca do SketchUp ou que você mesmo importou de outra fonte, tem alguns parâmetros de edição que são apenas para ajustes da própria textura, seja dimensão, alteração de cor RGB, transparência por canal Alpha primário e alguns outros, caracterizados como parâmetros de bitmap (encontram-se os parâmetros na guia **Edit** da Figura 9.2).

Um material fisicamente correto (assim como chamamos os do V-Ray ou qualquer outro software de renderização) permite simular muitas características que encontramos no mundo real.

Já pensou poder deixar a água da piscina com aspecto real, com refração, transparência perfeita, reflexos do céu e do ambiente batendo na superfície? Ou produzir a textura do acabamento de couro, aquele brilho único dele sobre a poltrona principal da sala modelada? E a TV de LCD ou plasma decorando o ambiente, com propriedade real, como se a tela estivesse ligada, com iluminação própria? A porcelana de um vaso com seu característico polimento e brilho?

É justamente isto que o V-Ray faz: o real na virtualização de maquetes.

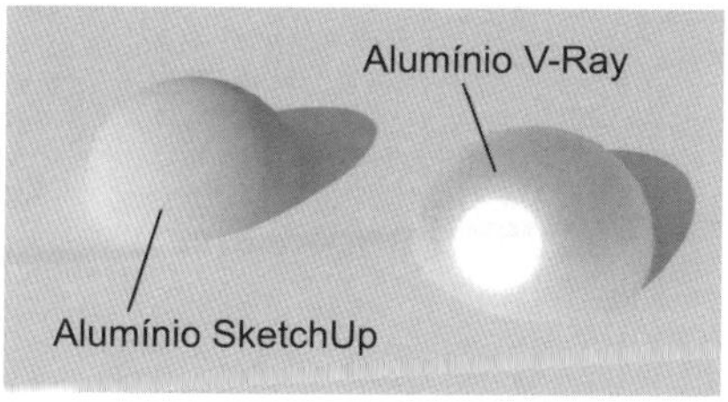

Figura 9.3 - Comparação de materiais SketchUp e V-Ray.

As principais características que podem ser reproduzidas pelos materiais do V-Ray são:

- reflexão
- refração
- brilho
- transparência
- autoiluminação
- imperfeições de superfície de acabamento
- rebatimento de luz Ray-trace (a luz rebatida é de acordo com o material iluminado)
- volumetria

Vamos dar início à criação de materiais para acabamento de maquetes eletrônicas e arte-finalizar de forma profissional.

9.2 Como criar um material V-Ray

Logicamente, você precisa aprender como acessar o painel de edição de materiais para criar o seu primeiro material do V-Ray.

Para isso, proceda da seguinte forma:

- Abra um arquivo novo no SketchUp:

Menu File ➤ New

- Visualize a barra do V-Ray e clique no botão Material Editor:

Barra V-Ray ➤ Botão Material Editor (M)

Você visualizará o seguinte painel:

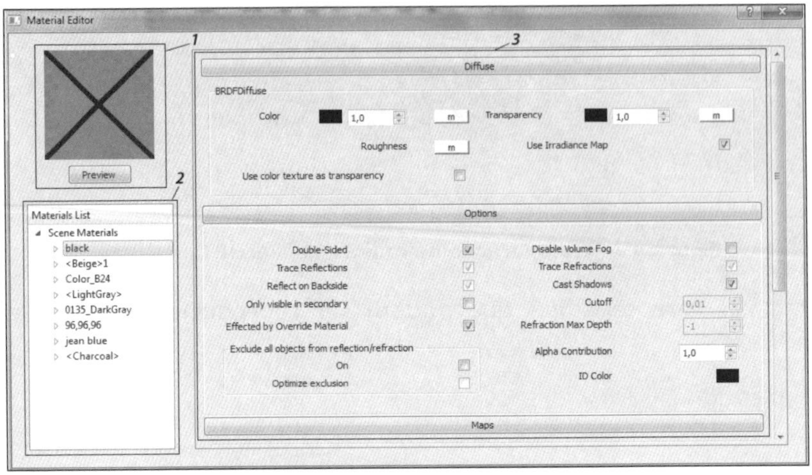

Figura 9.4 - Painel Material Editor.

9.2.1 Presets para um novo material

Vamos observar as áreas indicadas na Figura 9.4.

1. **Preview:** nesse quadrado superior esquerdo, visualiza-se o material criado, ótimo para verificar se está ficando como o desejado.

2. **Materials List:** ou lista de materiais; nessa área podemos visualizar todos os materiais SketchUp e V-Ray da cena.

3. **Parâmetros do material:** quando um material está selecionado, os parâmetros são verificados ao lado direito (maior área do painel), sendo possíveis de serem editados.

Continuando, veja agora a lista de materiais. Já existem alguns relacionados nessa lista, mesmo que você esteja em um arquivo novo.

Até mesmo os materiais do SketchUp são relacionados e, claro, não criamos nenhum do V-Ray.

Conforme outros materiais V-Ray forem criados, eles aparecerão ao final dessa lista.

Figura 9.5 - Materials List.

- Clique agora com o **botão direito** na descrição **Scene Materials** e navegue pelo menu flutuante com o cursor. Veja as possibilidades de criação na cena:

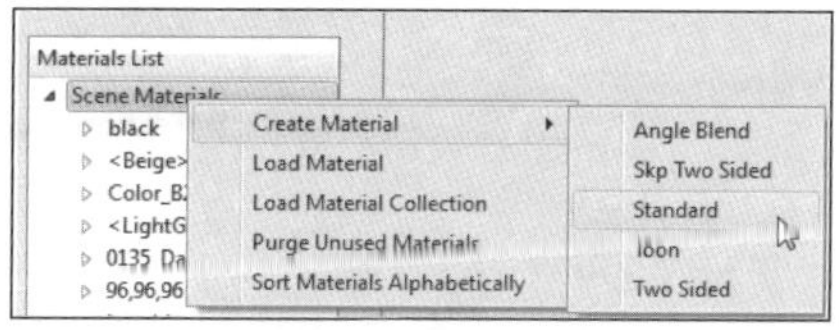

Figura 9.6 - Criação de materiais V-Ray.

No V-Ray existem até cinco tipos de **presets** (modelos de aspectos de materiais) para criar um material:

- **Angle Blend:** este é um preset em que podemos mesclar dois materiais e, dependendo do ângulo de visão, algumas áreas do objeto estarão com o aspecto de um dos materiais e outras áreas com o aspecto do outro material.
- **Skp Two Sided:** é possível trabalhar de um lado da face do objeto com a opção de não visualização pela câmera, e do outro continuar fazendo valer a sua geometria (ótimo para esconder um objeto da câmera, mas sua geometria interferir na iluminação - uma parede, uma laje, por exemplo).
- **Standard:** este é o preset padrão; com ele criaremos a maioria dos materiais para os modelos e maquetes 3D.
- **Toon:** é um preset para criar um aspecto "cartoon" ou mesmo fazer parecer que o modelo 3D com esse material aplicado tenha sido feito com canetas e marcadores, como um desenho. Veja um exemplo na Figura 9.7.

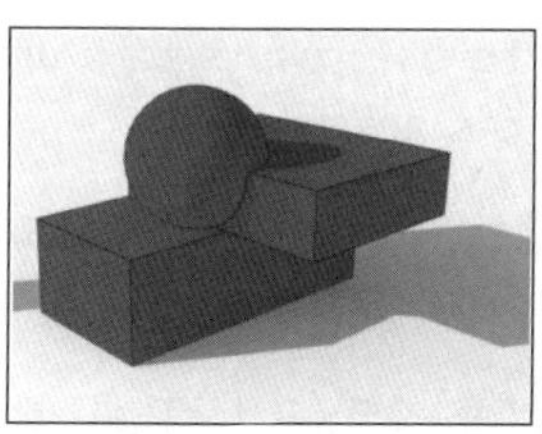

Figura 9.7 - Objetos com o preset Toon aplicado.

Figura 9.8 - Preset Two Sided.

- **Two Sided:** permite que as faces de um objeto do SketchUp, como um plano, por exemplo, tenham um lado com um acabamento e o outro com outro acabamento. Veja na Figura 9.8 uma caixa modelada. Uma lateral foi removida, <DEL>, e conseguimos visualizar suas faces internas com um material e as faces externas com outro material.

Compreenda que o material Standard é o principal, já que nele são realizados os materiais, e os outros quatro presets são dependentes de materiais criados pelo Standard, a fim de realizar mesclagem e efeitos de visualização.

- Clique no preset **Standard**. Verifique que um novo material surge ao final da lista de materiais.

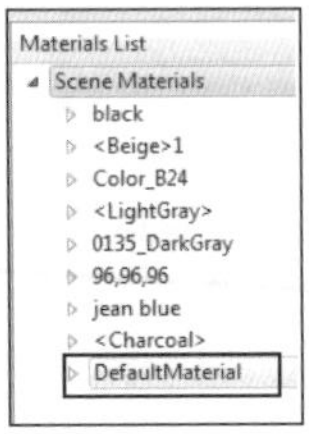

Figura 9.9 - Material Standard criado.

A organização dos materiais na lista depende de como você configura isso.

- Clique com o **botão direito** na descrição **Scene Materials** para visualizar a opção **Sort Materials Alphabetically**, conforme a Figura 9.10.

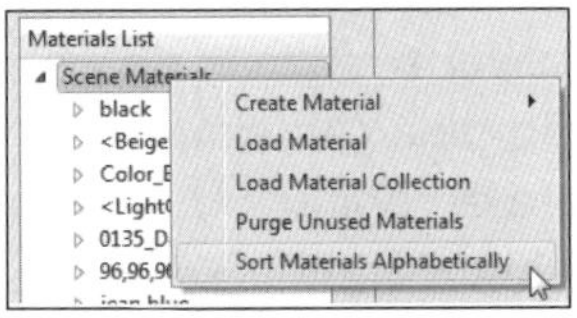

Figura 9.10 - Sortear por ordem alfabética.

Você vai perceber que o novo material entrou em ordem alfabética, junto com os demais.

9.3 Como renomear um material

Agora que você sabe o caminho e a diferença entre os presets para um novo material do V-Ray, é preciso fazer o ajuste de renomear o material.

- Clique com o **botão direito** no material que criamos recentemente, chamado *DefaultMaterial*, e escolha a opção **Rename Material**. Veja na Figura 9.11.
- Com o cursor piscando sobre o nome antigo, digite agora um novo nome para ele, como, por exemplo, "material perolado".

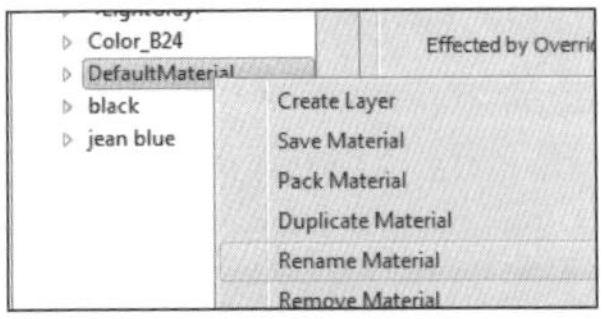

Figura 9.11 - Renomear um material.

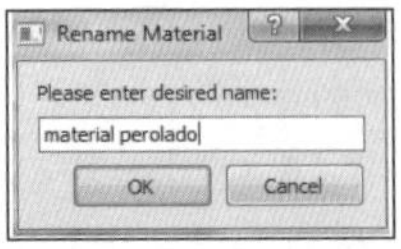

Figura 9.12 - Novo nome para o material.

- Clique em **OK**.
- Organize novamente em ordem alfabética os materiais com o **botão direito** sobre a descrição **Scene Materials**, opção **Sort Materials Alphabetically**.

Veja o novo nome do material na lista de materiais.

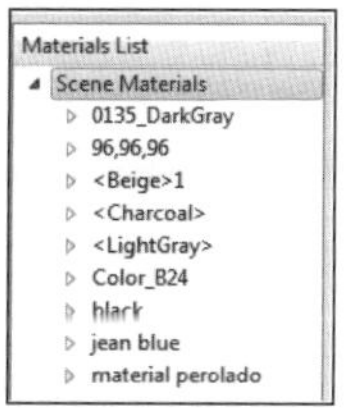

Figura 9.13 - Lista de materiais V-Ray"

> Sempre renomeie todos os seus materiais. A lista pode ficar grande e só com os nomes você vai se organizar melhor e identificá-los.

9.4 Como excluir um material

Para aprender como excluir um material da lista de materiais, crie mais um. Esse novo material será feito também com o preset Standard:

Botão direito em Scene Material ➤ Create Material ➤ Standard

- Renomeie o novo material como "**material teste**".

Para excluir, continue com o procedimento a seguir:

- **Botão direito** sobre o material que acabou de criar; encontre a opção **Remove Material**. Veja na Figura 9.14.

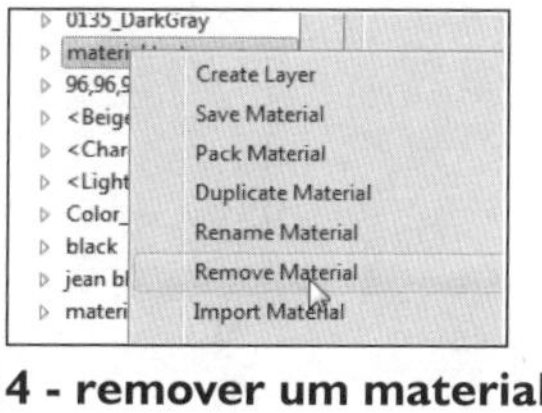

Figura 9.14 - remover um material da lista

- Confirme clicando em **"Yes"** para excluir de vez o seu material.

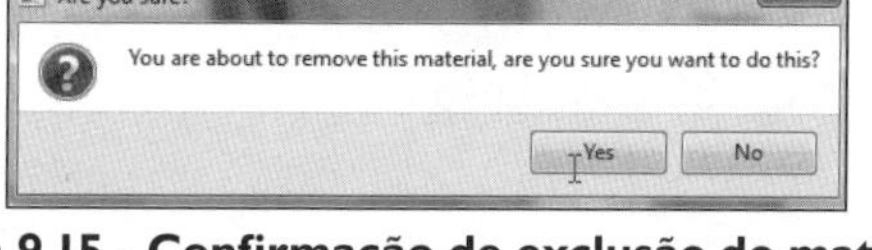

Figura 9.15 - Confirmação de exclusão do material.

Pronto! O material não se encontra mais na lista.

9.5 Aplicar um material em um modelo 3D SketchUp

Mesmo que ainda não tenhamos feito um lindo material, com um material básico criado já é necessário que o leitor saiba como aplicá-lo em um modelo do SketchUp.

Vamos lá?

- Antes de tudo, crie um **V-Ray Plane** () em sua cena do SketchUp.

Figura 9.16 - Objeto V-Ray Plane.

- Agora, crie um objeto como o da Figura 9.17.

Figura 9.17 - Modelo 3D SketchUp.

A maneira convencional de se aplicar ou vincular um material a um objeto é:

- Primeiro, selecione o objeto criado.

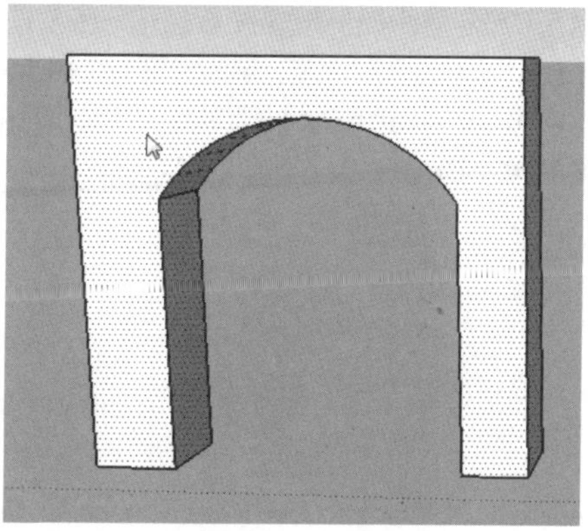

Figura 9.18 - Seleção do modelo.

- Agora, abra o painel Materials Editor:

Barra V-Ray ➤ Botão Material Editor ( )

- Encontre o material chamado *"material perolado"* e clique nele com o **botão direito**. Encontre a opção **Apply Material to Selection** e clique nela.

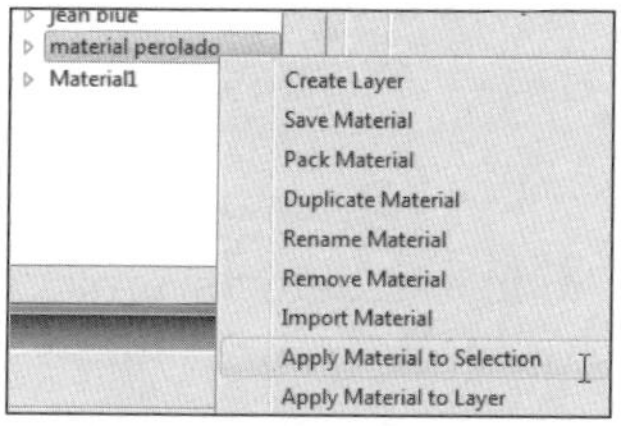

Figura 9.19 - Opção Apply Material to Selection.

Note que o objeto terá a tonalidade de cor alterada por causa do material que foi aplicado. Veja a Figura 9.20.

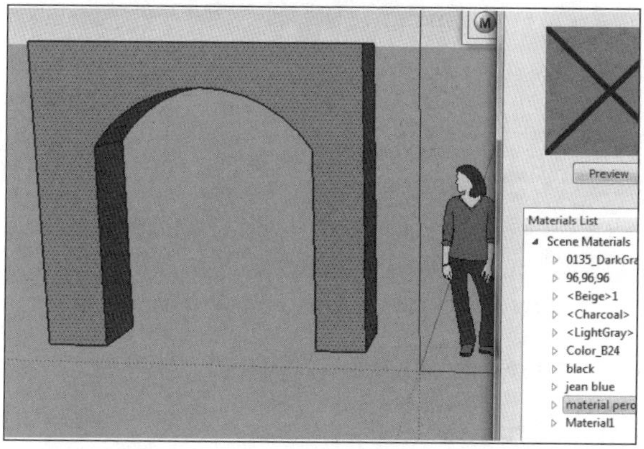

Figura 9.20 - Material aplicado ao objeto.

Os materiais V-Ray, sempre que aplicados em objetos, somente são exibidos em cores ou texturas dentro da área gráfica do SketchUp. Qualquer propriedade ou característica física real de acabamento só será possível de se visualizar no render ou na área de visualização do material selecionado na lista e clicando no botão **Preview**.

Figura 9.21 - Botão Preview de materiais.

9.6 Parâmetros iniciais de acabamento

Consideram-se ajustes iniciais aqueles que dão o "primeiro tapa" de cobertura aparente sobre o modelo do SketchUp.

Antes de aprender as características físicas reais, vamos a esses primeiros ajustes essenciais.

9.6.1 Cores sólidas

Mesmo tendo a possibilidade de estabelecer uma cor sólida pelo SketchUp, podemos fazer todos os ajustes básicos também pelo Material Editor do V-Ray (neste caso, não faz diferença). Vamos lá!

- Abra o arquivo Cap08001.skp (o mesmo do capítulo anterior).

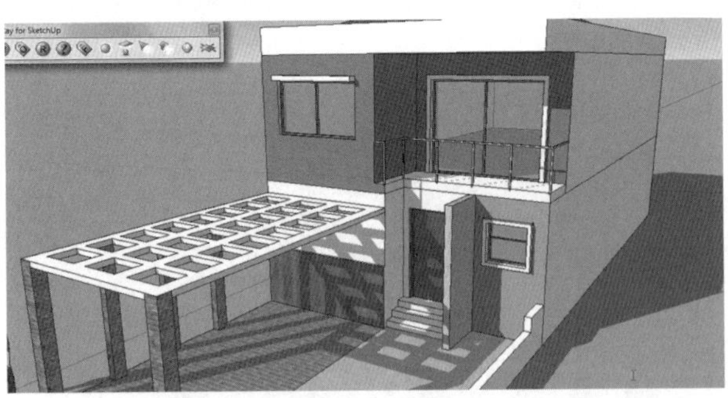

Figura 9.22 - Exercício - sobrado moderno.

- Abra o painel do **Material Editor** ().
- Crie um material V-Ray do tipo **Standard** com o nome de **"parede fachada 1"** (lembre-se de que o novo material aparece ao final da lista).

- Com o material novo selecionado, visualize a parte superior dos parâmetros ao lado direito, chamada de **Diffuse**. Veja a Figura 9.23.

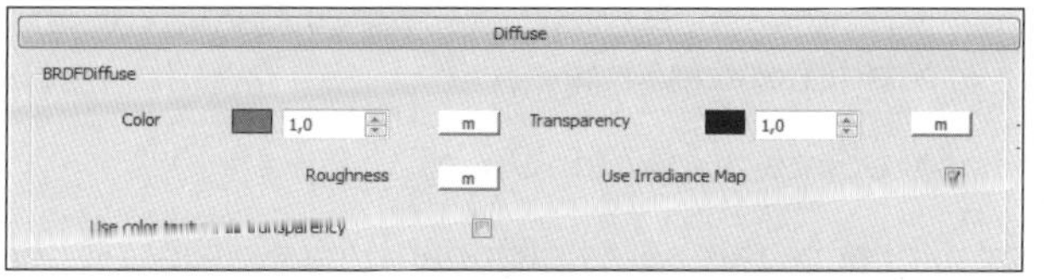

Figura 9.23 - Parâmetros básicos Diffuse.

Color

Parâmetro para aplicar uma cor sólida.

Procedimento

- Clique no pequeno retângulo de cor cinza inicial para escolher uma nova cor de acabamento.

Figura 9.24 - Cor sólida.

- Escolha uma cor pelos métodos existentes no painel aberto. Foi escolhida a combinação **RGB 255, 255, 127**. Escolha a sua.
- Selecione a parede da fachada indicada na Figura 9.26.
- Aplique o novo material criado nessa parede (botão direito no nome do material, opção **Apply Material to Selection** - não se esqueça!).

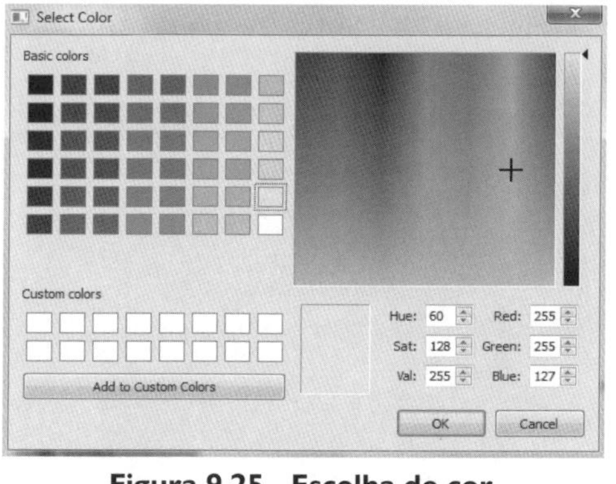

Figura 9.25 - Escolha de cor.

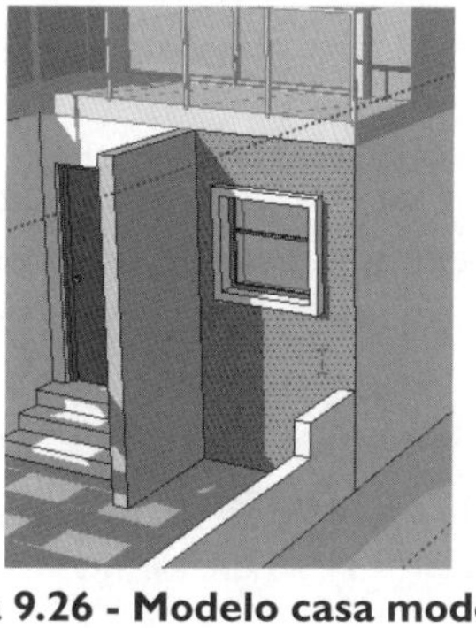

Figura 9.26 - Modelo casa moderna.

Perceba a nova cor da parede.

9.6.2 Texturas bitmap

Para trabalhar com texturas em bitmap com o V-Ray temos duas maneiras, que são:

- Textura por procedimento V-Ray
- Textura por procedimento SketchUp

Não faz a menor diferença também adicionar uma textura por procedimentos com recursos do SketchUp ou do V-Ray, pois são apenas texturas; as edições é que são diferentes, e no V-Ray existem bem mais delas.

9.6.2.1 Textura por procedimento V-Ray

Procedimento

- Vamos utilizar o arquivo **"wood01.jpg"** disponível no site da Editora Érica.
- Abra novamente o painel **Material Editor (M)**.
- Crie um material V-Ray Standard com o nome de **"madeira 1"**. Veja a Figura 9.27.
- Deixe o novo material selecionado e visualize o parâmetro Color e um botão com a letra "m" ao lado direito dele. Com esse botão, quando clicado, podemos buscar mapas ou texturas para o acabamento do modelo 3D alvo. Clique no **botão de mapas "m"** (agora assim chamado durante a leitura).

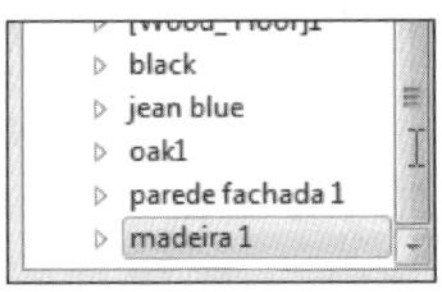

Figura 9.27 - Material V-Ray.

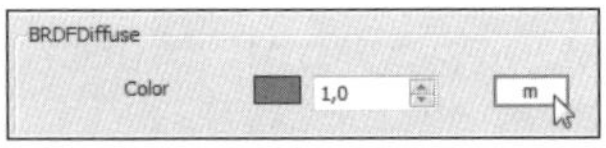

Figura 9.28 - Botão de mapas "m".

Assim que abrir o novo painel denominado **Texture Editor**, veja que nele há uma lista que pode ser aberta com um clique, oferecendo diversos tipos de mapas procedurais ou não. A opção que procuramos chama-se **TexBitmap**. Veja a Figura 9.29 para conferir o caminho.

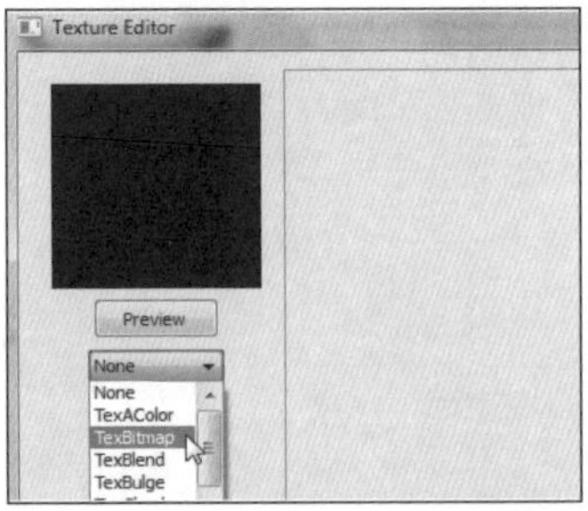

Figura 9.29 - Opção TexBitmap para texturas.

Quando se escolhe essa opção (assim como qualquer outra da lista), seus parâmetros são exibidos do lado direito, Figura 9.30.

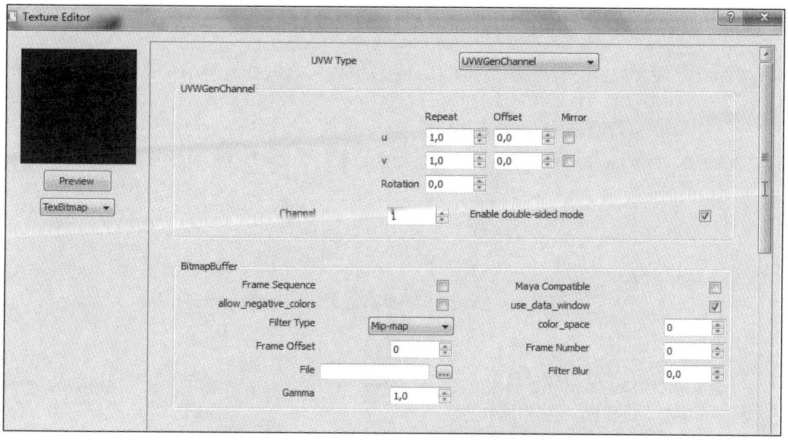

Figura 9.30 - Parâmetros TexBitmap.

File

Este é o primeiro parâmetro a se aprender, pois é com ele que podemos buscar uma textura.

- Clique no botão *"reticências"* para buscar a textura *"wood01.jpg"* (duplo clique no ícone do arquivo para abrir).

Figura 9.31

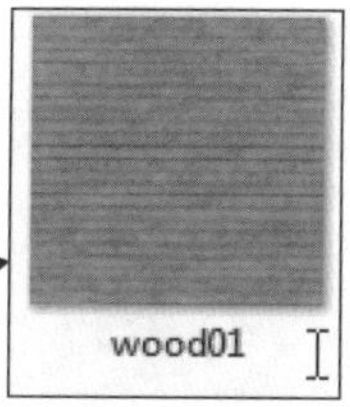

Figura 9.32

- Clique no botão **OK** para fechar o painel, por enquanto.
- Selecione a face indicada na Figura 9.33.

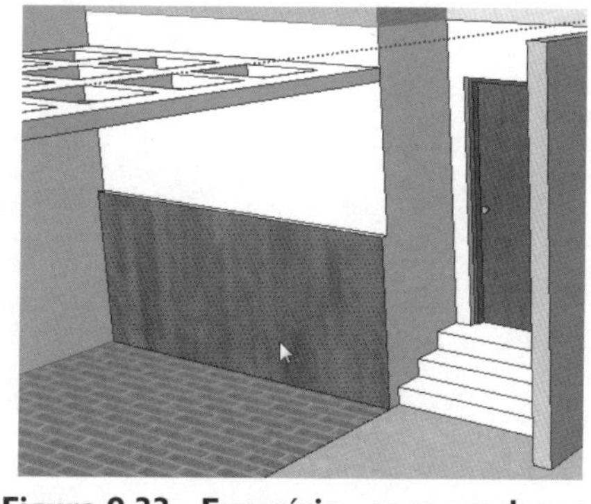

Figura 9.33 - Exercício - casa moderna.

- Aplique o novo material criado a essa face.

Observe que a textura é alterada pela nova. Volte novamente ao painel Material Editor.

- Selecione o material V-Ray **"madeira I" e clique no botão de mapas**.

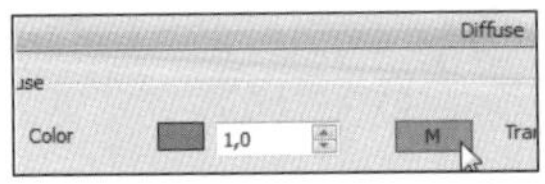

Figura 9.34 - Botão de mapas.

Agora, no lugar do "m" minúsculo anterior vemos um "M" maiúsculo. Isso indica que já existe um material configurado.

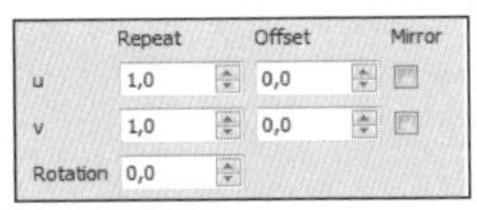

Figura 9.35 - Mapeamento de textura.

Repeat UV

É um parâmetro de **repetição e escala da textura** sobre o modelo. Veja alguns exemplos nas Figuras 9.36, 9.37, 9.38 e 9.39.

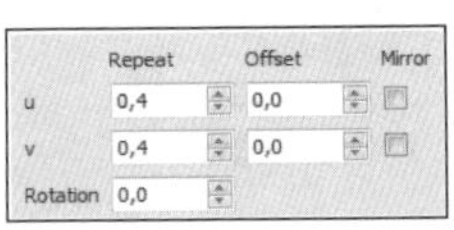

Figura 9.36 - Parâmetros Repeat UV.

Figura 9.37 - Textura com detalhes menores.

Os parâmetros **U** e **V** representam as coordenadas *X* e *Y* (horizontal e vertical). Não é necessário adicionar sempre valores iguais, porém a igualdade mantém a proporção da textura.

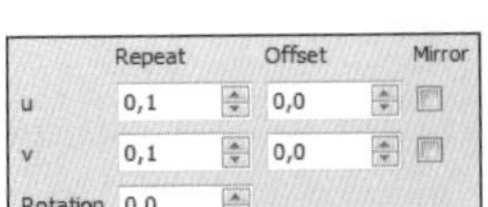

Figura 9.38 - Parâmetros Repeat UV.

Figura 9.39 - Textura com detalhes maiores.

Note que valores menores tendem a deixar a escala da textura maior, havendo menos repetição. Os valores podem ser maiores que **“1” ou menores**, sendo estes em números decimais.

Offset UV

Esse parâmetro define o **posicionamento da textura** sobre o objeto. A textura pode se deslocar mais para a esquerda, direita, para cima ou para baixo. Trate sempre U como reposicionamento horizontal e V como vertical.

Observe o efeito no exemplo da Figura 9.40.

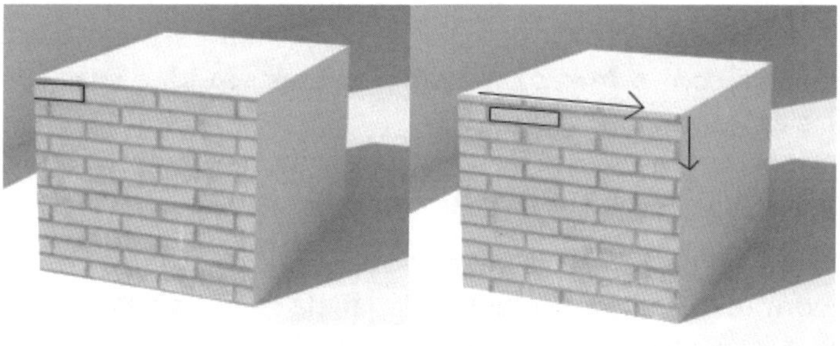

Figura 9.40 - Offset UV de textura.

Para o exemplo citado, os *Offsets 0* e *0* foram alterados de forma suave para **0,3** e **0,2**, ou seja, valores menores que já fazem uma grande diferença.

Rotation

Esse parâmetro permite girar a textura para ter o ângulo de inclinação que você quiser de acabamento.

Note os exemplos das Figuras 9.41 e 9.42.

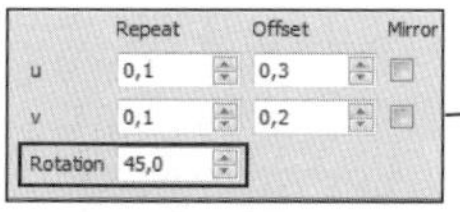

Figura 9.41 - Rotation de textura.

Figura 9.42 - Efeito do parâmetro Rotation.

É possível inserir ângulos tanto positivos quanto negativos. Positivo gira no sentido anti-horário; negativo, no sentido horário.

Mirror UV

Com esse recurso podemos espelhar a textura, para que a sua orientação fique invertida.

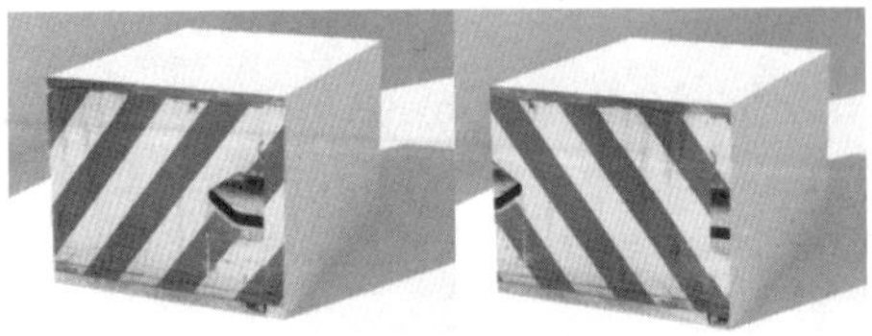

Figura 9.43 - Efeito Mirror.

Na Figura 9.43, repare nas listras que se inclinavam para a esquerda. O cubo da direita tem a textura com o **Mirror ativado** apenas em **U**, e suas listras inclinam-se agora para a direita.

9.6.2.2 Textura por procedimento SketchUp

Tratando-se de textura, muitas vezes a maquete eletrônica ou qualquer modelo 3D já estarão com texturas provenientes da janela Materials do SketchUp. Podemos então descobrir qual é esse material já inserido na lista de materiais do painel Material Editor do V-Ray e fazer as correções necessárias.

Procedimento

- Visualize a textura indicada pela seta na Figura 9.44.
- Vamos encontrá-la pronta na lista de materiais. Clique no botão **Material Editor ().**
- Com o painel aberto, encontre o material dessa textura, chamado de *"Brick_Colored_Blue"*.

Figura 9.44 - Textura SketchUp.

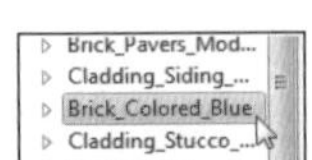

Figura 9.45 - Materiais.

- Clique no botão de mapas "M" na aba Diffuse.

- Veja o que ocorre. Ao parâmetro **File** está anexada a textura em questão. Sendo assim, perceba que são métodos diferentes de se impor uma textura. Como foi citado no início deste capítulo, cor e textura não diferem se feitas por SketchUp ou V-Ray. O que faz a diferença são as características reais que vamos aprender agora.

  Repare na Figura 9.46.

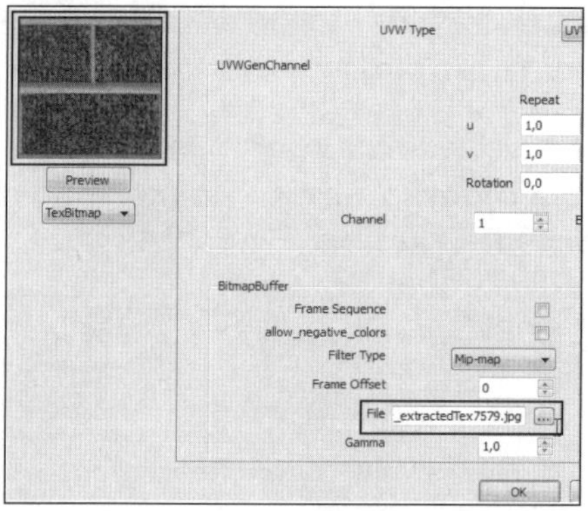

Figura 9.46 - Texturas SketchUp no V-Ray.

9.7 Materiais com refração e transparência

Vamos abordar agora a primeira característica física real para os objetos.

Os materiais de propriedade transparente do mundo real também têm uma outra propriedade vinculada que é a refração. Ela indica o quanto a luz desvia ao atravessá-los, dando a impressão de que os objetos vistos do outro lado estão um pouco ou muito distorcidos.

Não somente devemos configurar transparência, mas adicionar a propriedade de refração, então vamos começar!

Procedimento

- Abra o **Material Editor** ().
- Com o exercício da casa moderna ainda aberto (mesmo modelo de maquete anterior), disponível para download no site da Editora Érica, vamos selecionar o material da lista chamado *"Translucent_Glass_Gray"* e ajustar a transparência na aba **Diffuse**. O detalhe da transparência é alterar no **parâmetro Transparency** a cor da caixa em tons de cinza - do escuro para o claro.

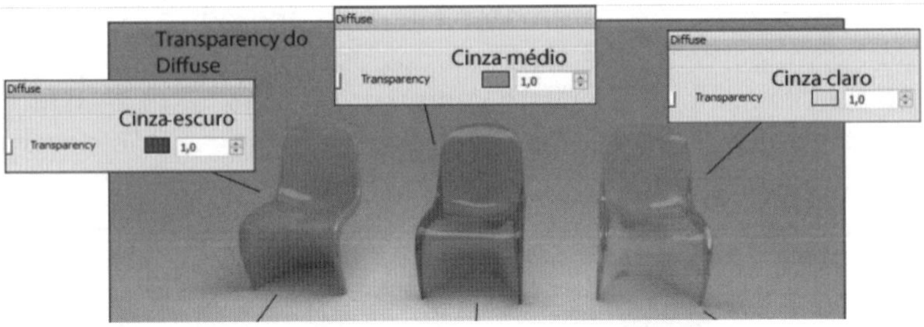

Figura 9.47 - Transparency com tons de cinza.

- Para adicionar refração, vamos inserir uma **layer** (ou camada) no material. Para isso, clique com o **botão direito** no nome do material na lista, entre em **Create Layer**, opção **Refraction**, Figura 9.48.

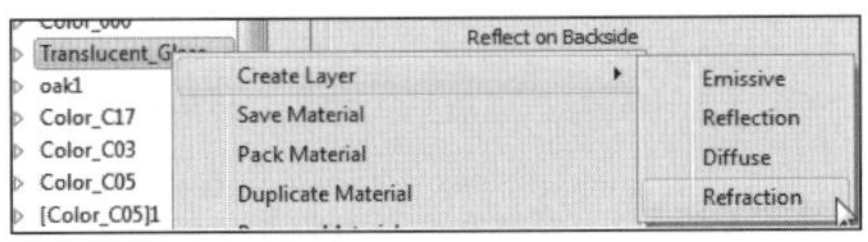

Figura 9.48 - Layer Refraction.

Visualize a área de parâmetros. Foi acrescentada uma nova aba, denominada **Refraction**.

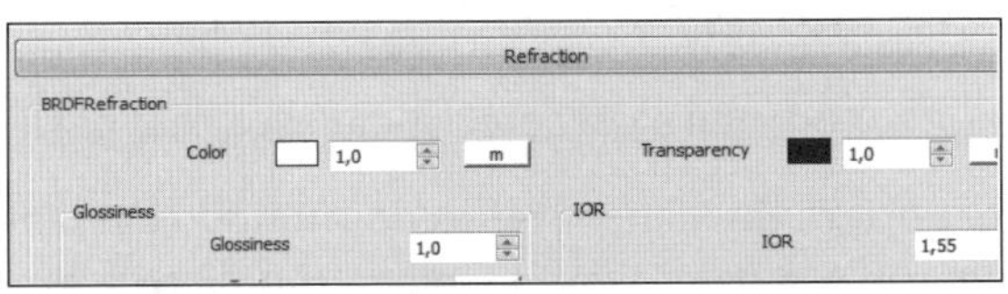

Figura 9.49 - Nova aba Refraction.

São muitos parâmetros novos, não? Atente aos explicados a seguir:

IOR

No Index Of Refraction, ou "índice de refração", podemos caracterizar a refração de fato. Quanto maior o valor, maior a refração ou o desvio da luz. Lembre-se de que cada tipo de material real tem um IOR padrão. Veja a tabela:

Material	IOR
Ar	1,00
Água	1,33
Vidro	1,50
Glicerina	1,90
Álcool etílico	1,36
Diamante	2,42
Acrílico	1,49

- Configure o parâmetro **IOR** para **1,50**.

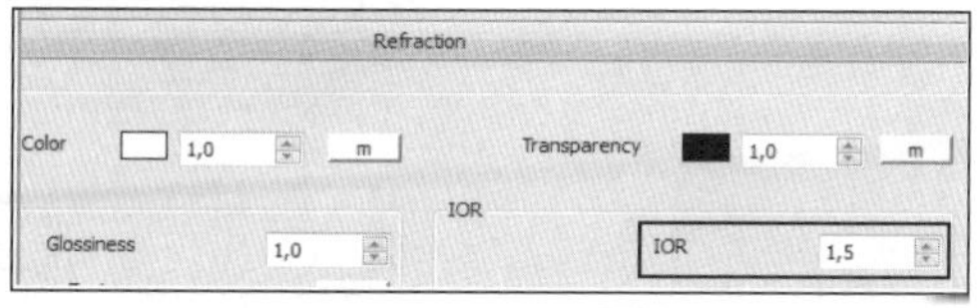

Figura 9.50 - IOR.

Como o material já está vinculado às folhas de vidro das janelas e painéis de vidro da maquete, automaticamente essa nova layer foi vinculada.

Como está escuro dentro da maquete, visualizar o desvio da luz nos painéis de vidro será um pouco difícil, por isso foi feito um modelo contendo um box frontal com esse material e algumas esferas atrás só para ilustrar o efeito.

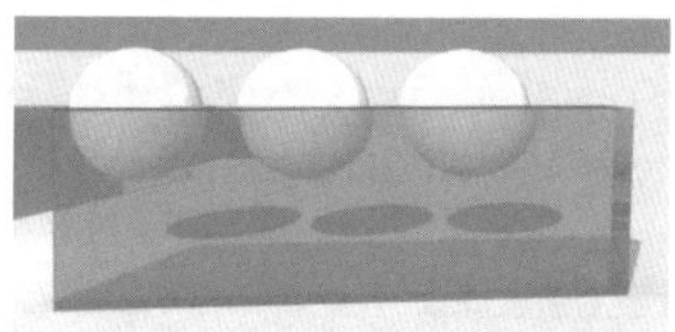

Figura 9.51 - IOR 1,50 para vidro.

Interessante, não? Começamos de vez a aplicar propriedades para fotorrealismo nos modelos.

Veja os demais parâmetros dessa layer:

Glossiness

Esse parâmetro permite que a transparência do objeto 3D seja mais "limpa" ou tenha um aspecto que impeça a visualização correta do que está por trás de sua geometria.

Um exemplo na Figura 9.52 mostra o objeto de trás com **Glossiness = 1,0**. Continua limpo, vendo-se perfeitamente a sombra que está projetada atrás dele.

Já no objeto de baixo e à frente, fica borrada a transparência, parecendo um vidro jateado, devido ao **Glossiness = 0,7**.

É aconselhável também estudar e fazer seus testes usando a tabela da Figura 9.53.

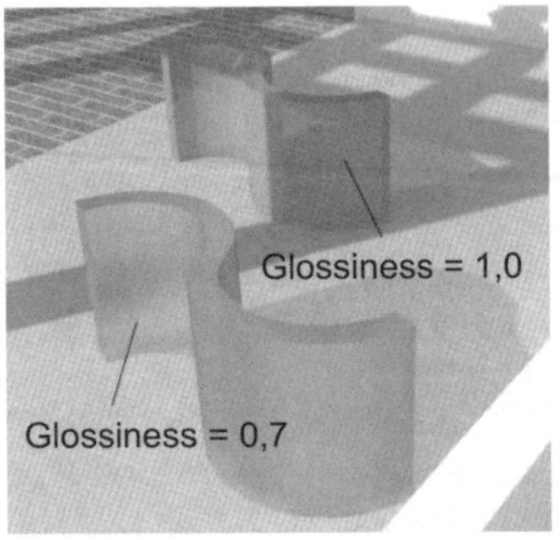

Figura 9.52

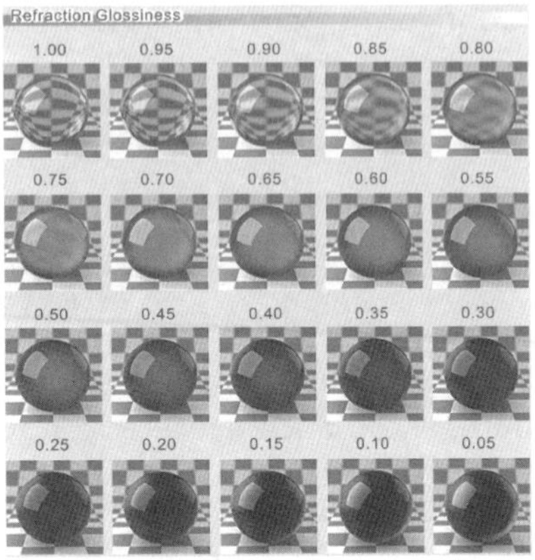

Figura 9.53 - Glossiness e seus valores.
Fonte: www.vray.com.

Note que, quanto menor o valor, mais "sujo" fica o aspecto da transparência. É possível criar um monte de materiais diferentes, não é?

> Abra o arquivo ***refractions.skp*** (disponível no site da Editora Érica). Visualize cada objeto com um material próprio da lista de materiais e o Glossiness com diferentes valores.

Mesmo havendo alguns parâmetros como Fog e Tranlucency na layer Refraction, os quais não foram explicados, você já precisa conhecer a layer Reflection para obter um visual mais bonito, como um material que tem polimento e propriedade de refletir, e só assim tem-se um aspecto mais real. São duas layers que, por muitas vezes, vão trabalhar em conjunto.

9.8 Materiais com reflexão

Para começar, vamos concluir o material dos vidros das janelas e painéis das portas do andar de cima da casa.

- Ainda com a casa moderna aberta, selecione o material "*Translucent_Glass_Gray*".
- Verifique se ainda há a layer Refraction; se não, trate de inserir. Conforme a explicação no tópico anterior, foi deixado um tom de cinza claro no Transparency e IOR de 1,50.
- Agora, clique com o **botão direito** no material citado e insira uma layer denominada **Reflection**. Veja a Figura 9.54.

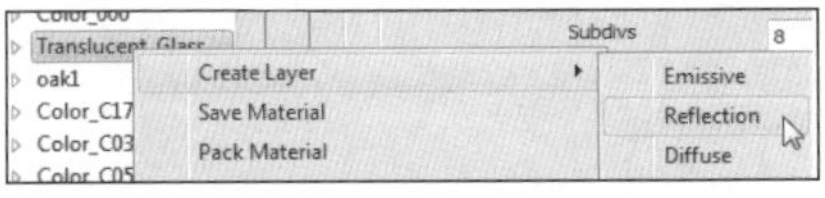

Figura 9.54 - Layer Reflection.

Antes de continuar, observe que há uma "setinha" ao lado esquerdo do nome do material. Clique nela para abrir sua estrutura de layers.

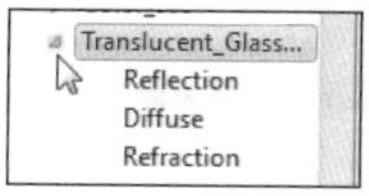

Figura 9.55 - Layers do material.

Interessante, não?

- Continuando, visualize agora uma nova aba que foi inserida nos parâmetros já existentes, a qual se chama Reflection, Figura 9.56.

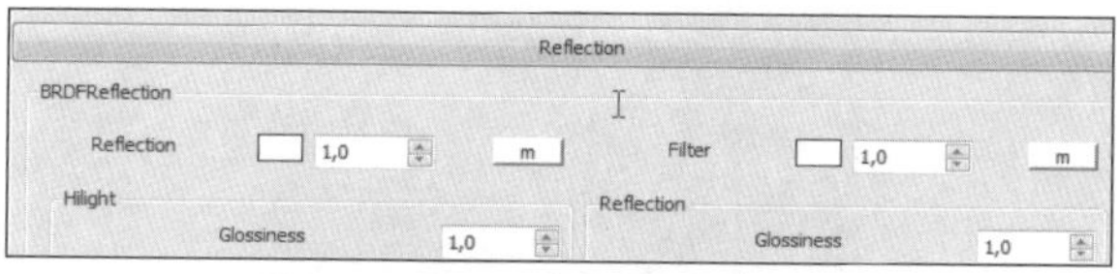

Figura 9.56 - Aba Reflection.

- Se renderizar a fachada da casa, notará que está tudo refletindo como um espelho.

Figura 9.57 - Reflection como espelho - aspecto inicial.

Se fosse para fazer um espelho para o seu banheiro, então seria perfeito! Mas como não é o caso, precisamos arrumar essa reflexão.

Pense que o V-Ray fez exatamente o correto e lógico. Se há uma nova camada para refletir, então 100% do que está ao redor reflete, sem nenhuma alteração de intensidade ou mesmo das características anteriores. É como se tivesse colado um papel espelho sobre todas as folhas de vidro da casa.

Para arrumar isso, devemos fazer alguns ajustes:

- Continue com o **Material Editor** aberto e o material dos vidros selecionado. Na aba Reflection, verifique o botão de mapas "m" indicado na Figura 9.58.
- No parâmetro **Reflection**, sua caixa de escolha de cor precisa ser ajustada.

Para cada nível de obediência e fidelidade com relação ao acabamento que já existia antes, precisamos escurecer o tom para um cinza bem forte.

Veja o reflexo mantido e a transparência anterior também, conforme escurecemos mais ainda a cor do Reflection, na Figura 9.58.

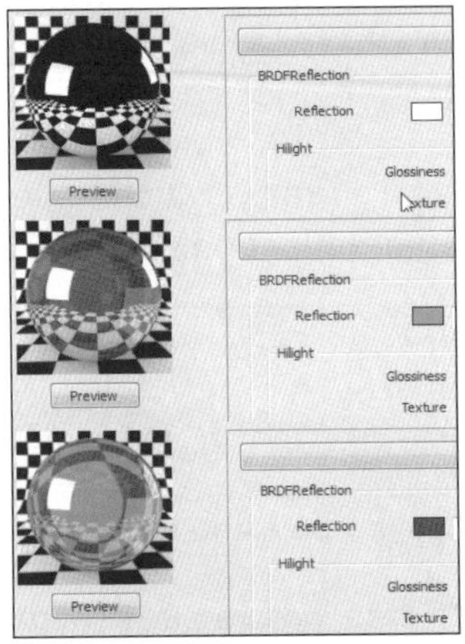

Figura 9.58

> Usar 100% preto é ruim, porque com ele perdemos totalmente o reflexo sobre o material.

- Renderize a fachada novamente e veja como fica.

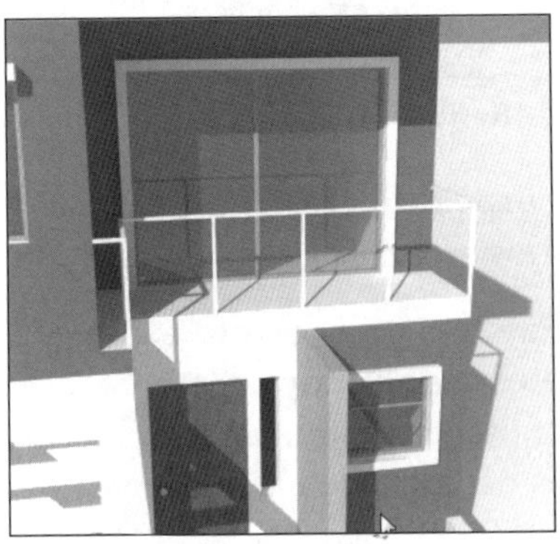

Figura 9.59

Porém, ainda existe uma maneira melhor de conduzir um reflexo mais ideal. Já ouviu falar em reflexo do tipo Fresnel?

Reflexão do tipo Fresnel

Vamos adicionar o comportamento Fresnel ao reflexo do vidro. **Fresnel** é uma característica de determinados tipos de materiais que refletem o mundo ao seu redor. Basicamente, quando olhamos de frente para o objeto, numa visão perpendicular, pouco enxergamos o reflexo de luz, mas quando partes do objeto se perdem em curvas ou essas faces ficam quase em paralelo com os olhos, a reflexão é nitidamente observada.

Veja a Figura 9.60.

- Selecione o material que estamos criando (Transparent_Glass_Gray) e clique no botão de mapas "m" do parâmetro **Reflection**.

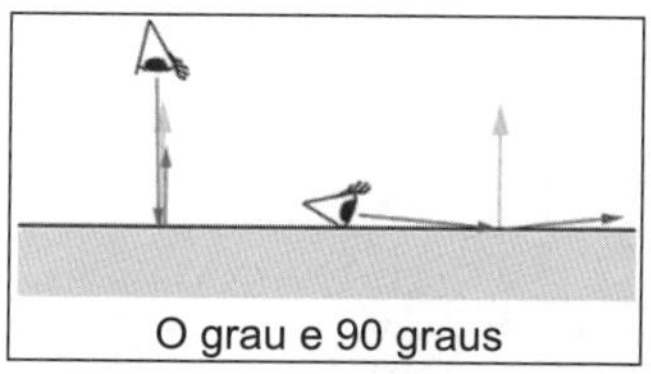

Figura 9.60 - Inclinação de reflexo Fresnel sob o observador.

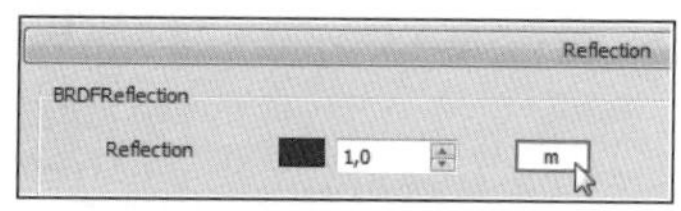

Figura 9.61 - Botão de mapas Reflection.

- A seguir, na lista que aparece no próximo painel, escolha a opção **TexFresnel**.

Observe os seus parâmetros. Como o tom 100% preto não deixa o efeito de reflexão funcionar muito bem, vamos alterar o tom do parâmetro **Parallel**.

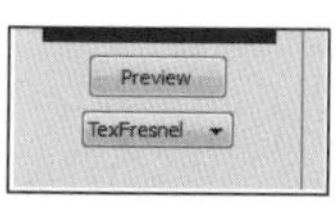

Figura 9.62 - Reflexão Fresnel.

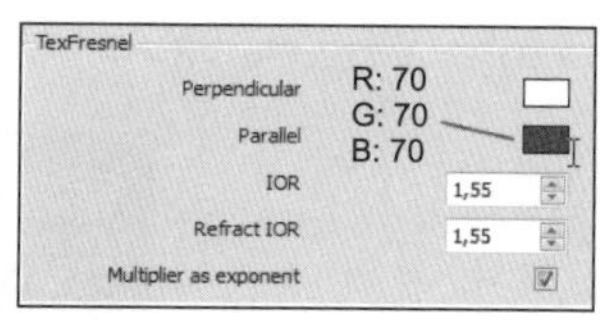

Figura 9.63 - Parâmetros do reflexo Fresnel.

- Renderize e confira o resultado.

Figura 9.64 - Fachada da casa.

Glossiness Hilight e Glossiness Reflection

É claro que os reflexos, não somente por ângulo de visualização, têm diferentes aspectos, mas um material tem níveis de **polimento**. Uma pintura fosca é diferente de uma pintura perolada, ou mesmo uma porcelana ou o reflexo de um acrílico ou plástico.

Observe a Figura 9.65.

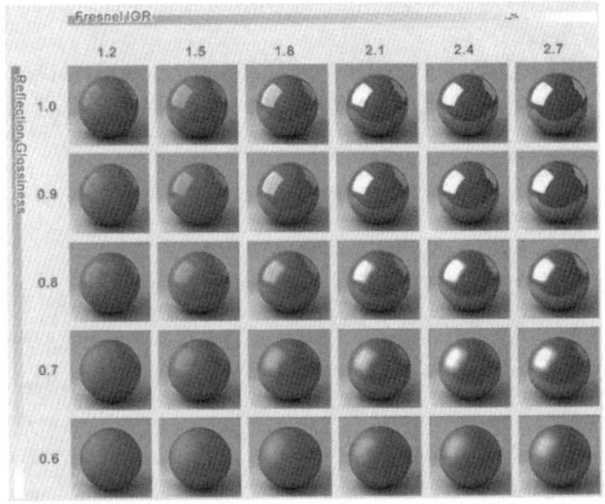

Figura 9.65 - Configurações de reflexos - Fresnel IOR e Reflection Glossiness.
Fonte: www.vray.com

Esses acabamentos são conseguidos por meio do Fresnel IOR. Esse parâmetro encontra-se no botão de mapas "m" e com a opção **TexFresnel** ativada.

Acompanhe a Figura 9.66.

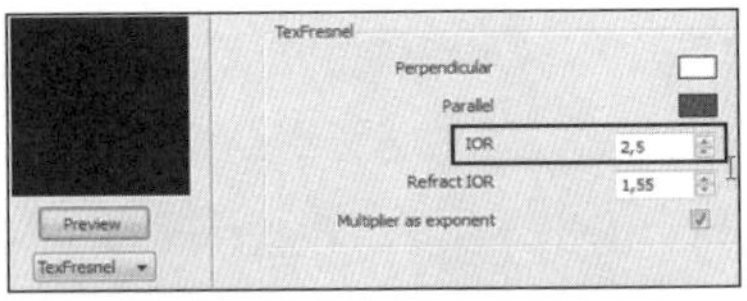

Figura 9.66 - Fresnel IOR.

Conforme o tópico, o polimento dos objetos se configura por meio de dois parâmetros encontrados na tela do **Reflection**. Veja a Figura 9.67.

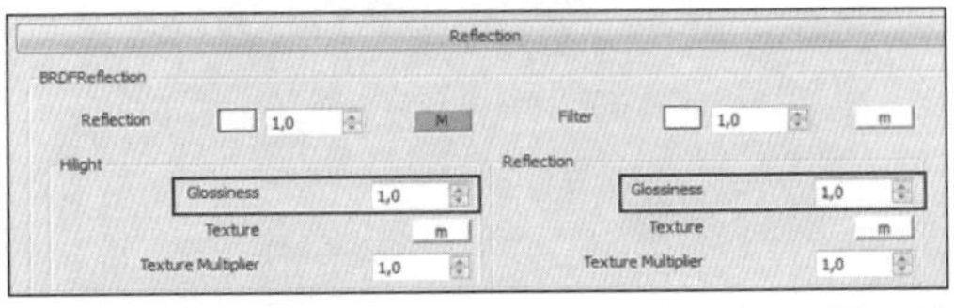

Figura 9.67 - Hilight Glossiness e Reflection Glossiness.

Veja cada um dos parâmetros em um exemplo na Figura 9.68.

- Os pontos altos de reflexo de luz podem ter seu polimento diferente do resto do objeto com propriedade de refletir, por isso os dois parâmetros.

Justamente neste exemplo da Figura 9.68, foram configurados os valores:

- Hilight Glossiness = 0,8
- Reflection Glossiness = 0,8

Figura 9.68

> A dica é manter o mesmo valor para os dois parâmetros Glossiness, para que não fique nada fora do comum ou mesmo artificial.

Filter

O parâmetro Filter é utilizado quando se deseja que o objeto tenha uma cor de reflexão sobre seu acabamento. Por exemplo, os reflexos podem ter uma cor diferente da coloração do ambiente

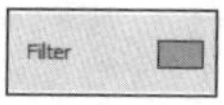

Figura 9.69 - Parâmetro Filter para cor diferente nos reflexos do acabamento.

Escolha uma cor do campo Filter e renderize um objeto para ver seu efeito.

Hilight Texture e Reflection Texture

Para criar imperfeições de reflexos, como se o objeto estivesse riscado ou com qualquer outro material a ser representado, podemos adicionar uma textura a ambos os parâmetros Texture de Hilight e Reflection.

Procedimento

> Você vai precisar da textura metal_reflection.jpg, pasta Texturas, que se encontra disponível para esse procedimento, ou qualquer bitmap a sua escolha.

- Clique no botão de mapas "m" do **Hilight Texture**, à esquerda, conforme a Figura 9.70.

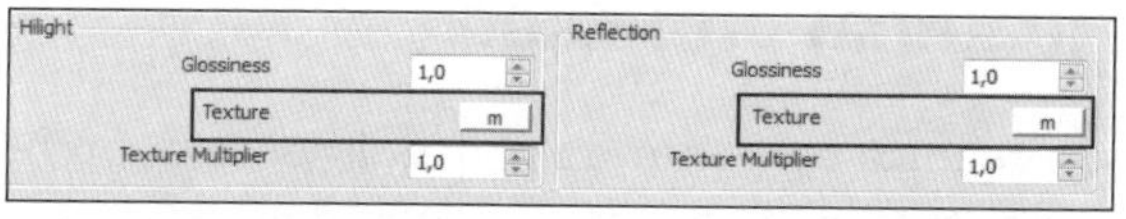

Figura 9.70 - Parâmetros Texture para reflexo.

- Escolha a opção **TexBitmap**.
- A seguir, no parâmetro **File**, busque a textura metal_reflection.jpg ou sua preferida para teste.

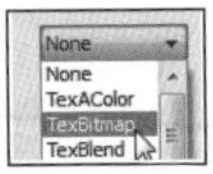

Figura 9.71 - Lista de mapas.

Figura 9.72 - File - buscar a textura.

A textura utilizada foi a da Figura 9.73.

- Faça exatamente o mesmo procedimento no **Reflection Texture**.
- Visualize no **Preview** como ficam a reflexão da luz e o ambiente do objeto, conforme a Figura 9.73.

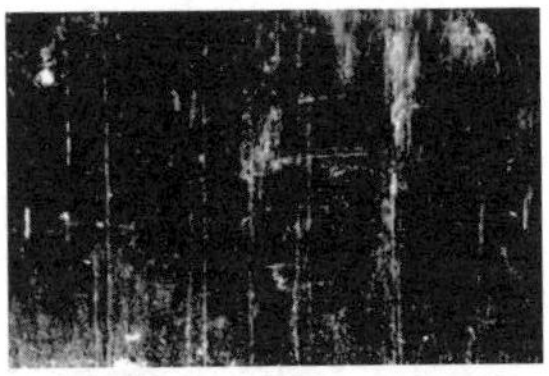

Figura 9.73 - Textura para reflexos imperfeitos.

Figura 9.74 - Reflexo com o padrão da textura.

O estudante de V-Ray deve tomar cuidado sempre que utilizar texturas. Mesmo nesses outros parâmetros, sua escala deve ser sempre tratada com atenção.

A Figura 9.75 indica a correção da textura de **Hilight Texture** e **Reflection Texture** para uma situação particular.

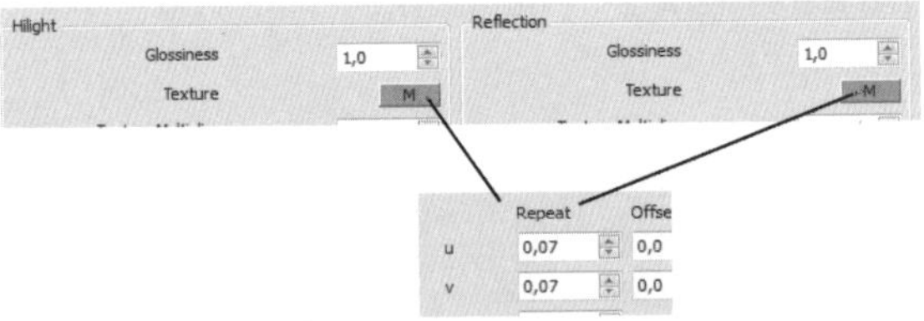

Figura 9.75 - Igualdade de escala da textura nos diversos parâmetros de textura.

9.9 Técnica de material projetado

Mesmo sendo uma técnica somente de procedimento SketchUp, por não ser uma maneira muito comum entre os usuários, achamos melhor detalhar como se faz esse tipo de texturização.

A ideia é conseguir manter a totalidade da malha do objeto com um único desenho do material.

Com imagens é mais fácil explicar este caso. Veja na Figura 9.76 como é repetido o material devido aos polígonos verticais do objeto com curvas.

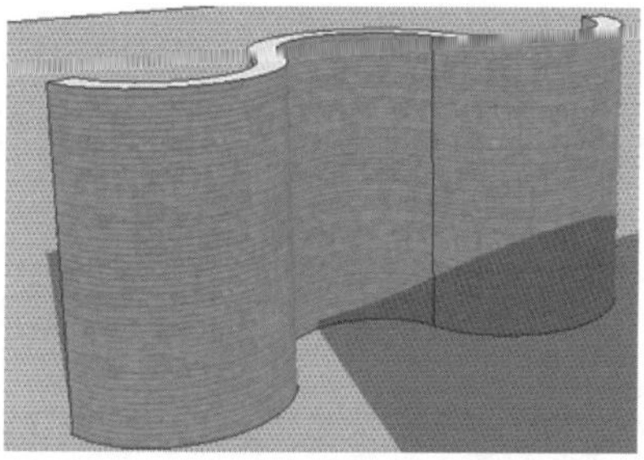

Figura 9.76 - Repetição da textura devido à sua malha.

Cada faixa é texturizada, uma a uma. Vamos então consertar?

Procedimento

- Primeiro, faça um retângulo "de pé" como se estivesse na frente do objeto, Figura 9.77. Esse retângulo deve estar com a textura que se pretende aplicar ao objeto.

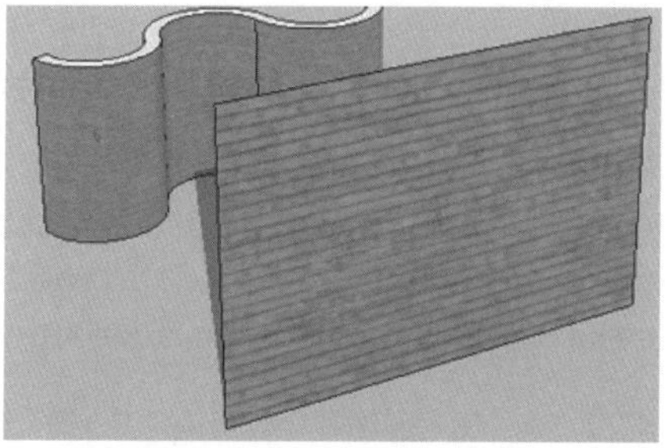

Figura 9.77 - Esfera e retângulo com a textura.

- Clique com o **botão direito** na textura do retângulo e acesse a opção **Texture**, depois **Projected**. Clique nesta última.

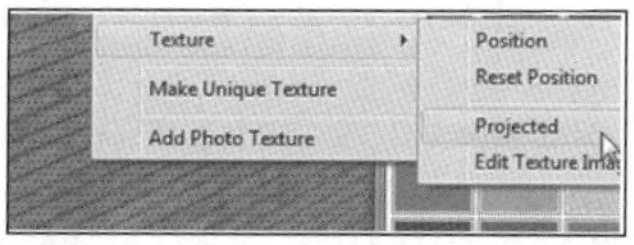

Figura 9.78 - Textura projetada.

Isso fará com que dê certo todo o procedimento. O material precisa ter essa opção ativada para que funcione.

- Voltando para a janela de materiais do SketchUp, clique no conta-gotas do painel **Materials**.
- Clique na textura do retângulo. O cursor do mouse se torna um balde. Clique, por fim, no objeto com curvas. Confira o resultado.

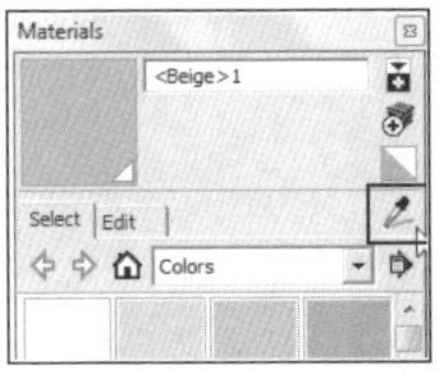

Figura 9.79 - Conta-gotas.

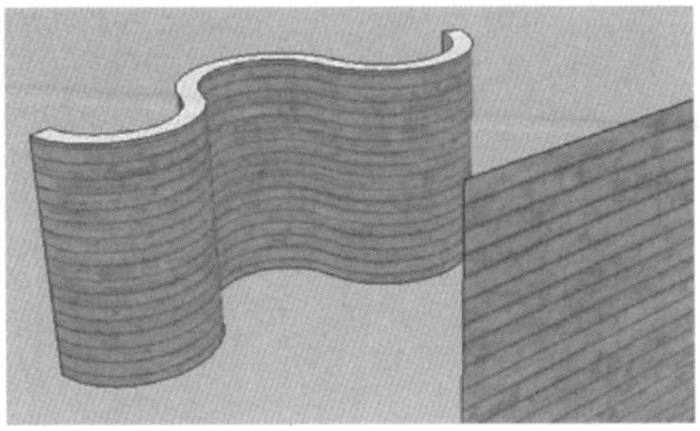

Figura 9.80 - Textura projetada finalizada.

Isso é importante frisar, para que o estudante de V-Ray não pense que se resolveria por ele.

9.10 Bump - imperfeições de superfícies

Muitos dos materiais que vamos criar para as maquetes não são tão lisinhos como aparentam na geometria que geramos. Imagine uma parede de tijolinhos; cada rejunte é mais profundo do que os próprios tijolos. O couro da poltrona do Le Corbusier, por exemplo, tem aspereza.

O **Bump** não precisa de uma nova layer anexada ao material; ele já vem por padrão no preset Standard.

Devemos lembrar que, assim como texturas para Reflection, as texturas para efeito de Bump também devem ser em preto e branco, ao menos tons de cinza. O preto e o branco fazem os altos e baixos da superfície do acabamento.

Basta descer toda a barra de rolagem lateral com um material selecionado para verificar, como mostra a Figura 9.81.

Figura 9.81 - Parâmetro Bump - aba Maps.

Existem alguns parâmetros considerados como **mapas**. O Bump será o principal deles.

Para o aprendizado, vamos criar um **material de couro**.

Procedimento

- Primeiramente, crie um material com o preset Standard chamado *"Couro marrom escuro"*.

Figura 9.82 - Novo material de couro com Bump.

- Adicione uma nova **layer de Reflection** ao material.

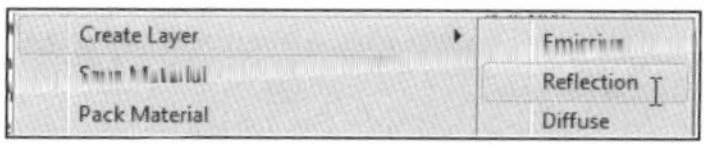

Figura 9.83 - Layer Reflection novamente em ação.

- Adicione ao botão de mapas "m" do Reflection um **TexFresnel** e as cores indicadas na Figura 9.84.

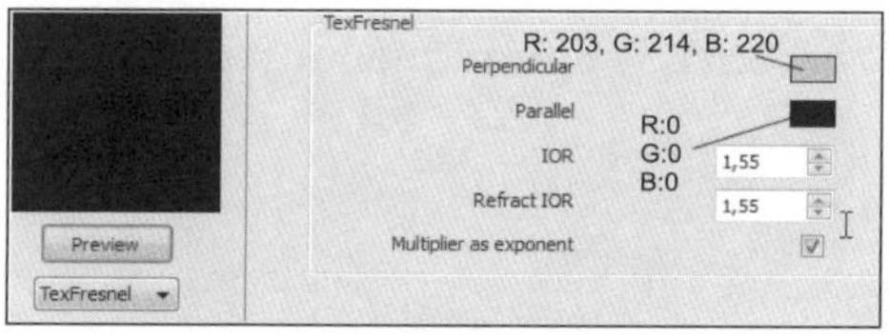

Figura 9.84 - TexFresnel.

- Clique em **OK**.
- Configure uma cor para o material.

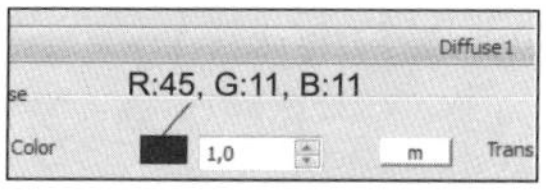

Figura 9.85 - Cor Diffuse do material.

- Agora, descendo o painel, no parâmetro Bump, clique na caixinha para ativar suas propriedades. Veja a Figura 9.86.
- Clique no **botão de mapas "m"** para encontrar o parâmetro **File**. Clique e, na pasta de texturas disponível para download no site da Editora (ou que você possivelmente já baixou), selecione a textura *"Leather_Bump.jpg"*. Observe a Figura 9.87.

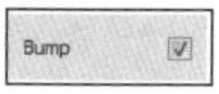

Figura 9.86 - Bump ativado.

Figura 9.87 - Parâmetro File.

- Clique em **OK**.
- Voltando à primeira tela de parâmetros, encontre o Bump novamente e visualize uma caixa de inserção de valores. Digite o valor **0,4**.
- Visualize o material pelo **Preview** do painel.

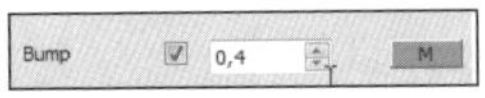

Figura 9.88 - Caixa de intensidade do efeito Bump.

Figura 9.89 - Material couro sob efeito do Bump.

9.11 Duplicar materiais

Haverá diversas situações em que os materiais serão muito parecidos, apenas com variações de tons de cores, pequenas variações de reflexo ou mesmo textura.

Por exemplo, com o material de couro que foi criado no tópico anterior, você pode fazer o procedimento a seguir.

Procedimento

- Abra o painel **Material Editor** (M).
- Visualize o material *"Leather_Brown-01"* na lista. Clique com o **botão direito** no material e clique na opção **Duplicate Material**, Figura 9.90.
- Assim que clicar, você vai perceber que haverá outro material de mesmo nome, acrescido do número "1" à frente.

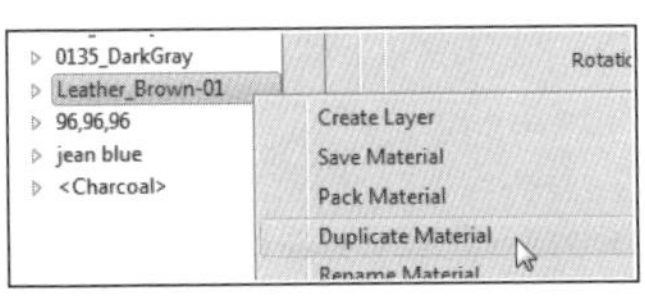

Figura 9.90 - Duplicar materiais.

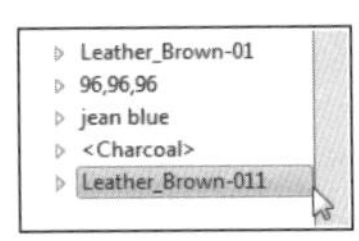

Figura 9.91 - Material de couro duplicado.

- Clique com o botão direito no novo material e clique em **Rename Material**.
- Digite um novo nome. A sugestão é nomeá-lo como *"Leather_Orange"*.

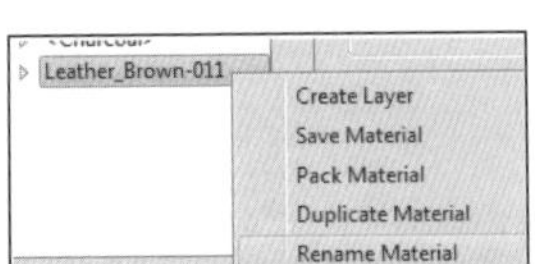

Figura 9.92 - Renomear o material duplicado.

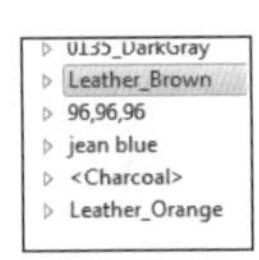

Figura 9.93 - Materiais de couro marrom e laranja.

- Agora, o couro deve ter a cor que faz jus ao nome. No parâmetro **Color** (aba **Diffuse**) altere para a seguinte cor:

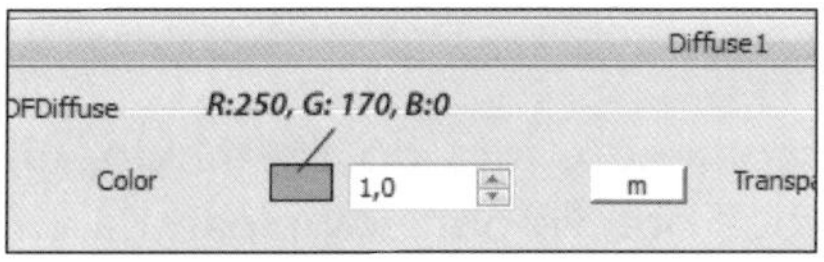

Figura 9.94 - Nova cor.

- Foi feito um teste, renderizando cada esfera com um dos materiais que duplicamos.

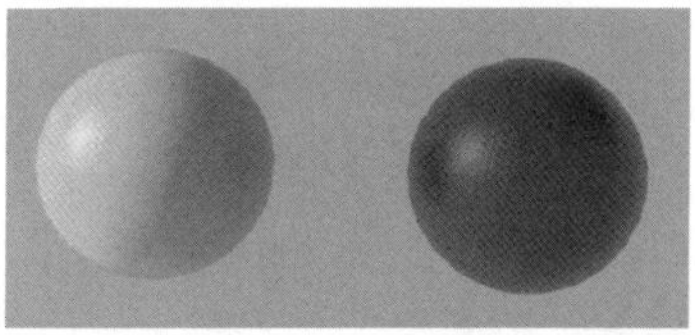

Figura 9.95 - Materiais duplicados e cores diferentes.

Assim, fica fácil criar uma biblioteca de diversas cores de acabamento em couro, não é?

> Que tal ocupar um tempo para criar diversos conjuntos de materiais? A seguir, trataremos dos tópicos de gerenciamento de bibliotecas, assim podemos salvar os materiais em bibliotecas independentes, podendo ser reaproveitadas em futuros projetos. Trabalho é para ter uma vez só, não acha?

9.12 Importar materiais de uma biblioteca

Para adicionar novos materiais à lista do painel Material Editor, é possível usar os que você provavelmente já criou até aqui ou carregar os que foram criados por outras pessoas, num futuro projeto em que queira reaproveitar os materiais já desenvolvidos.

Para testes, sugere-se que você faça download do site do vray.com, mais precisamente da seguinte URL:

http://www.vray.com/free_vray_tools/vismat_material_collection/index.shtml

Neste link, a *Chaos Group* oferece gratuitamente uma biblioteca de materiais prontinhos para importarmos e utilizarmos nos modelos 3D do SketchUp, sem nenhum tipo de restrição.

Cada arquivo de material vem com a extensão ***.vismat** e algumas texturas alocadas no mesmo diretório, quando o material envolver essas texturas.

Se o arquivo vier compactado - .zip, descompacte-o para utilizar no aprendizado.

Procedimento

- Vamos começar escolhendo, fora do SketchUp, um material, para exemplo, da biblioteca que você obteve por download da URL indicada anteriormente (serve também qualquer outro material *.vismat)*. Veja como a pasta é toda organizada por tipos de materiais.

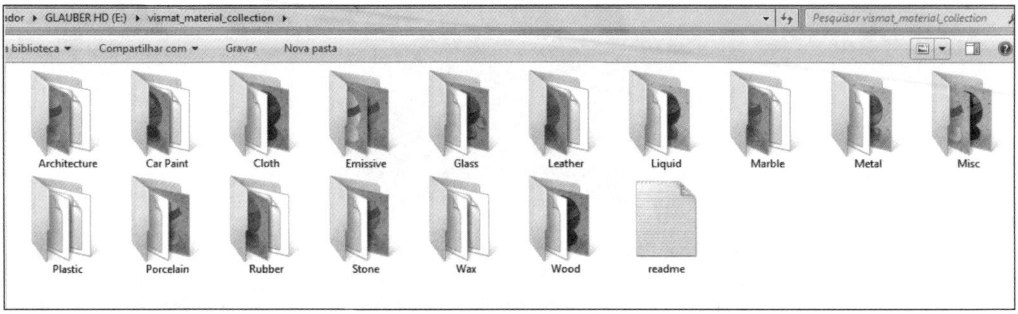

Figura 9.96 - Biblioteca de materiais V-Ray.

- Navegando pelos diretórios, visualiza-se um que agradou bastante, na pasta **Plastic**. Veja:

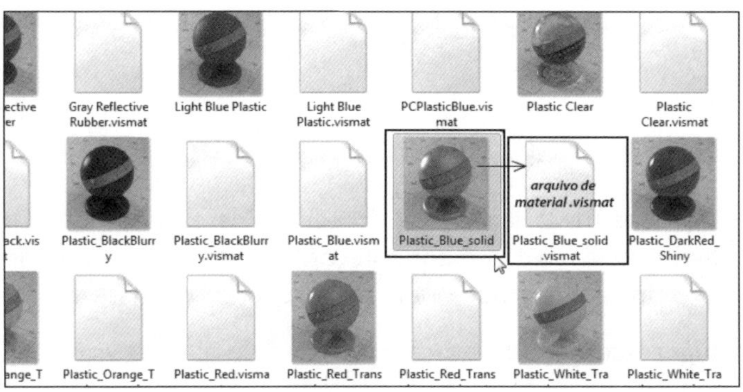

Figura 9.97 - Biblioteca de materiais V-Ray - escolha prévia.

Escolhido o material, voltamos ao SketchUp.

- Abra o painel **Material Editor (M)**.
- Na descrição **Scene Materials**, clique com o botão direito e clique na opção **Load Material**. Veja a Figura 9.98.

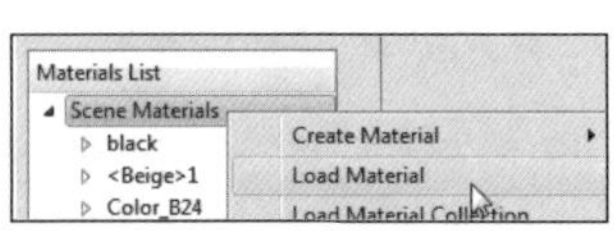

Figura 9.98 - Carregar um material .vismat para a lista corrente.

- Na tela de busca do Windows, encontre o diretório e dê um duplo clique para carregar o material sugerido.

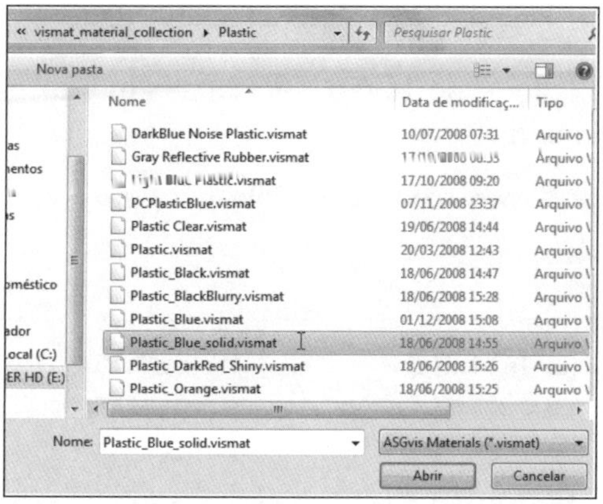

Figura 9.99 - Carregar um material .vismat.

- Visualize a sua lista de materiais com o novo material carregado.
- Selecione o novo material e clique no botão **Preview** do mesmo painel para constatar seu acabamento.

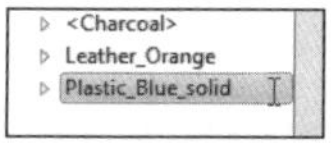

Figura 9.100 - Material plástico azul.

Figura 9.101 - Novo material carregado, pronto para uso.

Esses materiais armazenados de forma separada foram salvos pelos seus criadores. Que tal aprender a salvar o material que você fez?

9.13 Salvar um material na biblioteca

Agora é a hora certa para salvar um material que você criou. A variedade começa a ser grande e você precisa armazenar para não perder nem ter de fazer tudo novamente.

Procedimento

Vamos criar um material para usá-lo e aprender a salvar:

- Abra o painel **Material Editor (M).**
- Crie um material Standard com o nome de **"Concreto"**.

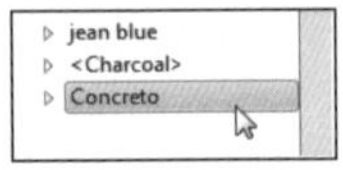

Figura 9.102 - Material sendo criado.

- Na aba **Diffuse**, clique no botão de mapas "m" do parâmetro **Colors** para adicionar uma nova textura.
- Selecione a opção **TexBitmap** *e em* **File** *busque a textura "Concrete.jpg".*

Figura 9.103 - Escolha de bitmap. **Figura 9.104 - Textura de acabamento.**

- Clique em **OK**.
- Desça até a aba **Maps** e clique para ativar o parâmetro **Bump**. Clique no botão de mapas "m" e escolha também a opção **TexBitmap**. Em **File**, busque o arquivo *"Concrete_bump.jpg"*. Veja as Figuras 9.105 e 9.106.

Figura 9.105 - Escolha de bitmap. **Figura 9.106 - Textura de Bump.**

- Clique em **OK**.

Para salvar, existem duas opções. Veja a seguir.

9.13.1 Save Material

Com essa opção, podemos salvar o arquivo **.vismat**. Ao ser salvo, não são salvas as texturas usadas com o arquivo, ou seja, é preciso depois copiar as texturas utilizadas e colar no mesmo diretório em que o arquivo .vismat foi gravado.

- Clique com o botão direito no material Concreto que acabamos de criar. Clique na opção **Save Material**, como mostra a Figura 9.107.

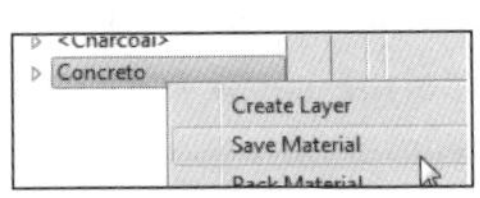

Figura 9.107 - Opção Save Material.

- Escolha um nome e um local. A Figura 9.108 mostra que antes foi criado um diretório para salvar os materiais com um nome sugestivo. Veja:

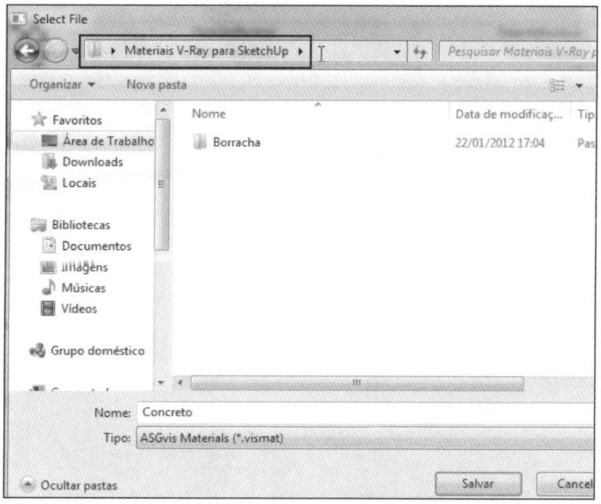

Figura 9.108 - Salvar o material .vismat.

Pronto! Seu material está salvo. Não se esqueça de copiar e colar as texturas utilizadas para o mesmo diretório.

9.13.2 Pack Material

A opção de salvar **Pack Material** é mais inteligente. Ela cria um arquivo **.zip** contendo o arquivo .vismat, juntamente com as texturas vinculadas ao material e uma imagem de pré-visualização. Muito legal, não é?

Para usar essa opção, proceda da seguinte forma:

- Clique com o botão direito no material e clique na opção **Pack Material**.

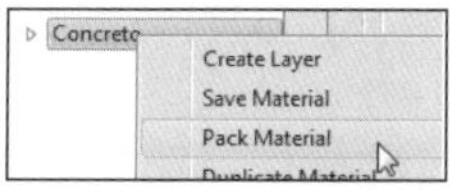

Figura 9.109 - Opção Pack Material para salvar o material.

- Escolha um nome e um local. Veja como a janela sugere a extensão *.zip*.

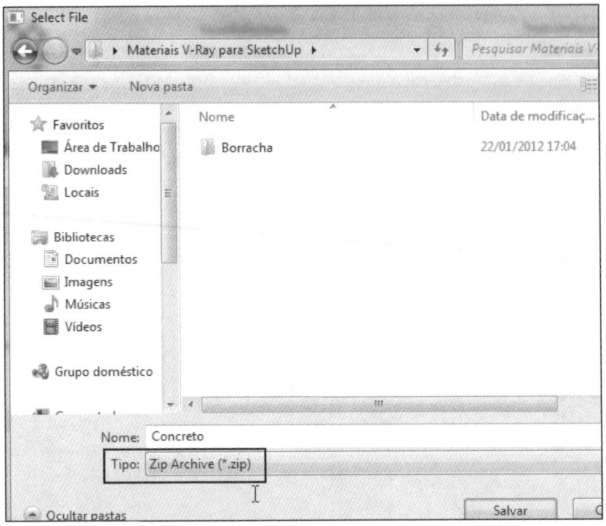

Figura 9.110 - Salvar arquivo .zip.

- Assim que clicar em **Salvar**, minimize o SketchUp e vá até o diretório em que você salvou o arquivo .zip. Descompacte-o e verifique os arquivos gerados no pacote do material.

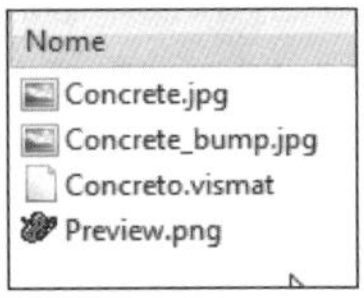

Figura 9.111 - Arquivos gerados.

Crie sua biblioteca sempre! Reaproveite o tempo; não deixe de utilizar esse recurso.

9.14 Materiais emissivos

Criar um material emissivo significa que ele tem a propriedade de emitir luz. É o tipo de material ideal para renderizar uma lâmpada, uma tela de TV, um neon.

Esse material não somente é autoiluminado, como também ilumina o que está ao seu redor. Essa característica necessita da inserção de uma layer no material Standard.

- Com o **Material Editor** aberto, clica-se com o **botão direito** em um material criado e adiciona-se então uma nova layer, denominada **Emissive**. Veja a Figura 9.112.

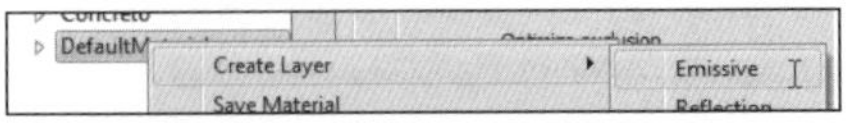

Figura 9.112 - Nova layer Emissive.

Veja como foi anexada a nova layer ao material na Figura 9.113.

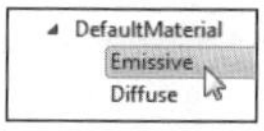

Figura 9.113 - Layer Emissive.

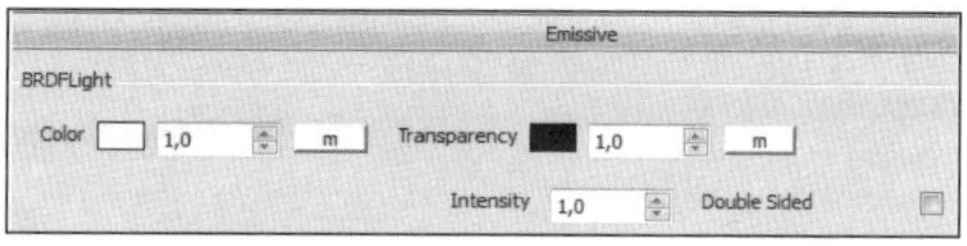

Figura 9.114 - Parâmetros para emissão de luz.

O arquivo Cap09002.skp para o procedimento a seguir, encontra-se disponível para download no site da Editora Érica.

Procedimento

- Abra o arquivo **Cap09002.skp** (ou modele um que queira).
- No painel Material Editor, crie um material Standard chamado "**Luz_lâmpadas"**. Também anexe uma layer do tipo **Emissive**.

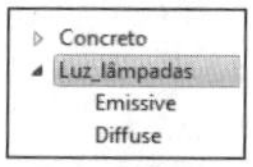

Figura 9.115 - Material com layer Emissive.

- Uma a uma, selecione cada lâmpada e aplique o material *Luz_lâmpadas*. Veja a Figura 9.116.

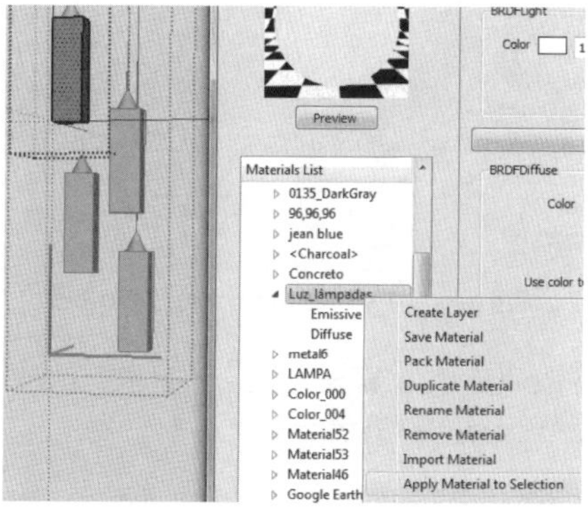

Figura 9.116 - Aplicação do material emissivo.

Intensity

- Na aba Emissive, altere o valor de **Intensity** para **5**.
- Agora, renderize para ver o efeito. Observe a Figura 9.118.

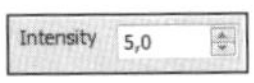

Figura 9.117 - Parâmetro de intensidade de emissão da luz.

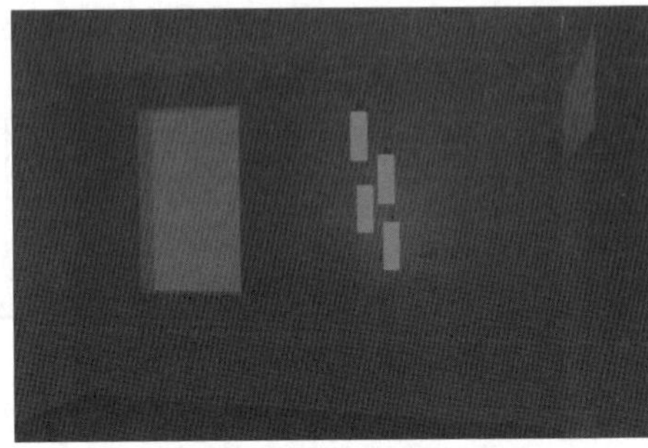

Figura 9.118 - Intensidade da luz. Valor = 5.

- A intensidade pode ser aumentada até chegar ao ponto que desejamos. Na Figura 9.119, foi utilizado o valor **Intensity = 15**.

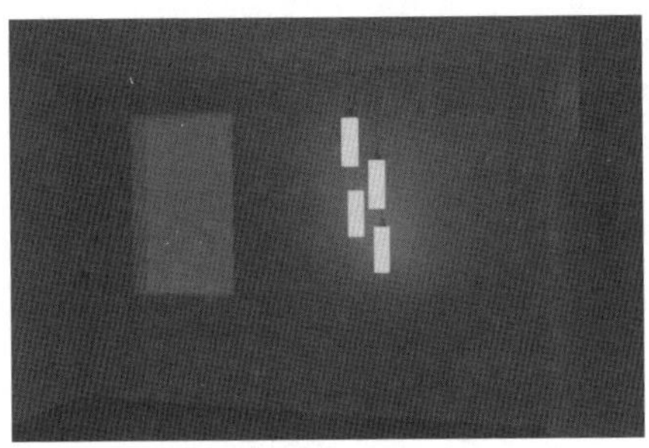

Figura 9.119

Color

Com esse parâmetro, podemos alterar a cor da luz emitida.

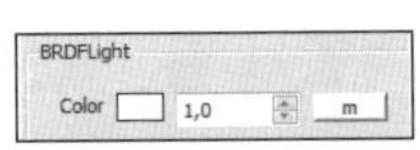

Figura 9.120 - Parâmetro Color.

- Clique na caixa de cores do material Luz_lâmpadas e escolha uma cor desejada. Basta renderizar para verificar.

Color map

- Com a opção do botão de mapas "m", podemos colocar um bitmap para dar a impressão de que a lâmpada tem um desenho, um material que pode emitir luz. É assim que criamos, por exemplo, uma tela de TV ligada numa cena de interiores, ou lâmpadas diversas decorativas.
- Clique no botão de mapas "m" e escolha a opção **TexBitmap**.

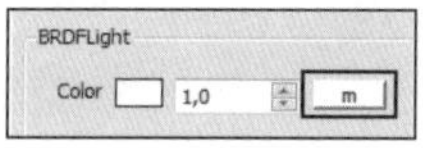

Figura 9.121 - Botão de mapas.

Figura 9.122 - Opção TexBitmap.

- Em **File**, clique para buscar uma textura desejada ou, conforme o exemplo a seguir, a textura stripes_sign01.jpg, da pasta Texturas, disponível para download. Veja a Figura 9.123.
- Por fim, ajuste a escala da textura na mesma tela, na opção **Repeat**.

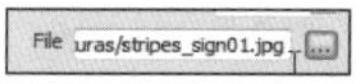

Figura 9.123 - Textura para iluminação.

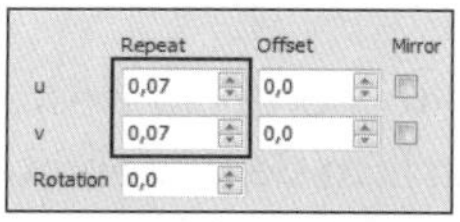

Figura 9.124 - Repetição e escala da textura para iluminação.

- Renderize para visualizar o acabamento.

Figura 9.125 - Textura na layer Emissive.

Acompanhe uma tabela de valores para estudos de intensidades:

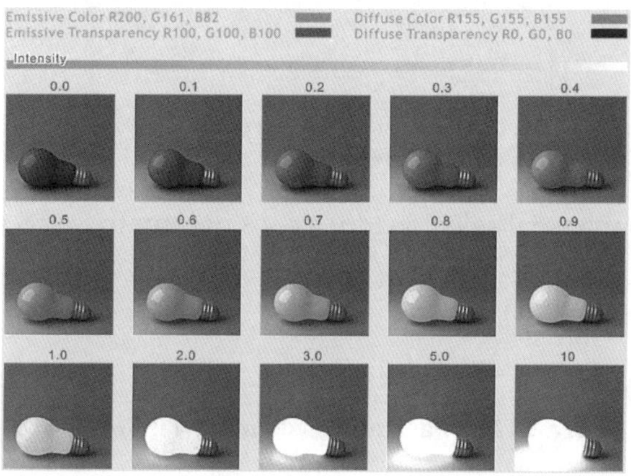

Figura 9.126 - Intensidades do material Emissive.

> Essa layer pode trabalhar em conjunto com outras layers, em que o material emissivo também pode ser reflexivo (layer Reflection).

É preciso lembrar que não resolvemos todas as situações de iluminação da cena com esses materiais. Em boa parte, vamos precisar usar as ferramentas da categoria "Lights" do V-Ray para simular fontes luminosas reais. Veremos isso no próximo capítulo.

9.15 Material Two Sided

Para não deixar passar, vamos ao menos verificar o Preset Two Sided.

Como dito no início deste capítulo, com esse preset podemos aplicar materiais diferentes na face de um objeto do SketchUp. Uma superfície qualquer modelada, por ter dois lados, é um objeto perfeito para esse tipo de material.

Para efeito de caso, modelamos um objeto com linhas, a fim de criar uma superfície. Veja a Figura 9.127.

- A superfície não tem espessura, somente faces com dois lados possíveis de aplicação de material.

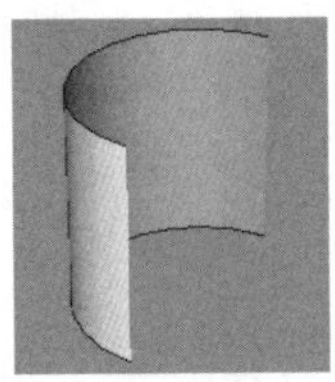

Figura 9.127 - Objeto do tipo superfície.

Assim, ao abrir o Material Editor, é possível criar um material com o **Preset Two Sided**. Observe a Figura 9.128.

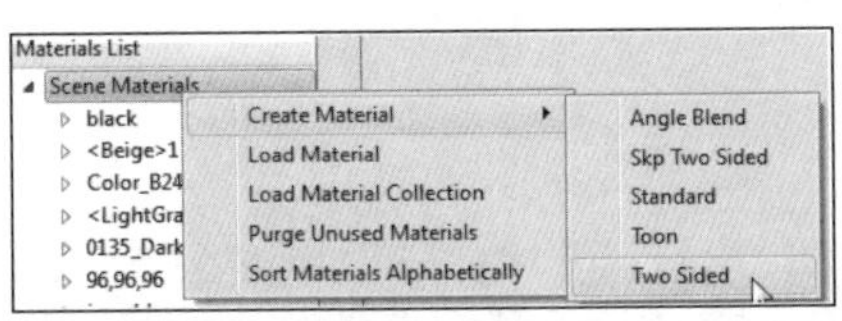

Figura 9.128 - Novo material Two Sided.

- Com o novo material selecionado, alguns parâmetros são exibidos:

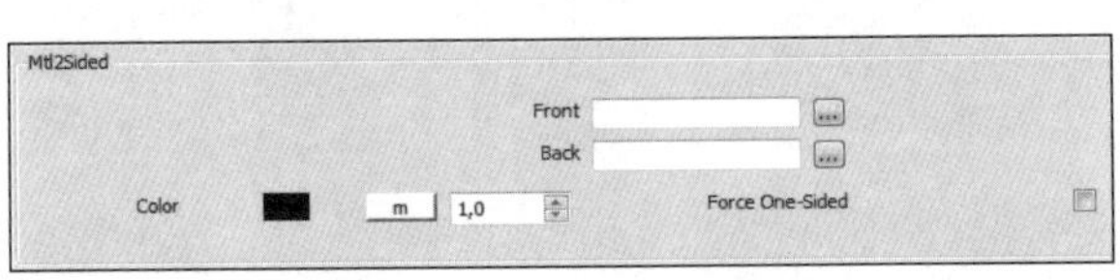

Figura 9.129 - Parâmetros do material Two Sided.

Existem então dois campos para vincularmos um material pré-criado a estes. O parâmetro Front é usado para vincular o material das faces da frente do objeto e o parâmetro Back, um material para as faces de trás.

- Ao clicar no *botão de "reticências"* de **Front**, anexa um material já existente, seja ele proveniente do SketchUp ou do V-Ray, Figura 9.130.

Figura 9.130 - Material vinculado Front.

- Por fim, clica-se no *botão "reticências"* de **Back** para vincular outro material já criado.

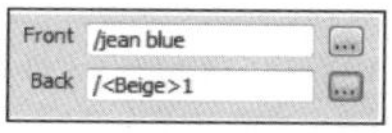

Figura 9.131 - Material vinculado Back.

Aplicando esse material ao objeto, é renderizado para exibir o acabamento, Figura 9.132.

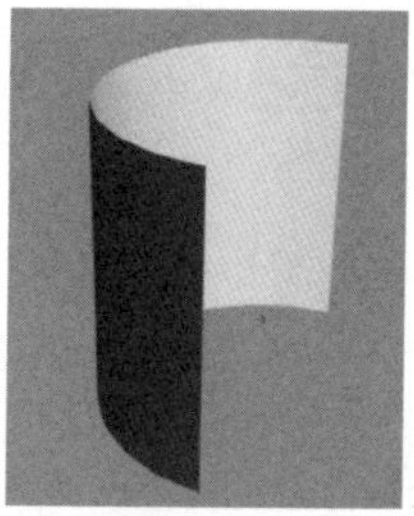

Figura 9.132 - Objeto com material Two Sided aplicado.

Na área gráfica do SketchUp, o modelo fica com a aparência de apenas um material aplicado, mas não se assuste, é assim mesmo!

9.16 Exercícios

Vamos revisar tudo que aprendemos?

a. Qual layer consegue criar materiais como vidro, acrílico, água e qualquer outro tipo de material transparente e de refração?

b. O que significa IOR e qual a sua importância para o material transparente?

c. O que é efeito de reflexão Fresnel?

d. Qual parâmetro permite dar impressão de materiais polidos ou foscos?

e. Para que serve a layer Emissive?

Capítulo 10

Luzes Artificiais do V-Ray

Objetivos

Aprender os tipos de luzes
Posicionar e configurar as luzes do V-Ray
Iluminação de ambientes

10.1 A importância das luzes do V-Ray

Em ambientes de projetos arquitetônicos, a existência de fontes luminosas é sempre um requisito essencial, não somente pela funcionalidade, como também pela ordem decorativa.

Em imagens de computação gráfica, as luzes são fundamentais para a exibição correta das propriedades dos materiais virtualmente criados. Uma cena mal iluminada corre tanto o risco de escurecer de forma geral os modelos 3D e seus acabamentos como de poder refletir em exageros os feixes de luzes, quanto do excesso de colocação delas, e ocasionando o estouro da exposição de luz geral da cena.

No V-Ray, estão disponíveis modelos que simulam as mais diversas opções de fontes luminosas artificiais que criamos no mundo real. As luzes podem ser desde uma fonte genérica até modelos de fabricantes reais que encontramos no mercado.

As luzes no V-Ray simulam as mais diversas propriedades das lâmpadas reais, como:

- intensidade;
- alcance;
- dispersão;
- cor;
- direção.

Ao longo do capítulo vamos simular todas estas peculiaridades.

O estudante de V-Ray ou de qualquer software de renderização deve atentar que, para cenas de maquetes eletrônicas ou qualquer simulação de ambientes, é preciso colocar exatamente as lâmpadas existentes no projeto. Luzes desnecessárias podem equivocar o software nos cálculos e gerar situações de demora de renderização, ou mesmo luzes indesejadas na cena.

10.2 Como inserir uma nova luz V-Ray na cena

Vamos aprender neste tópico como colocar uma nova luz nas cenas. Você começará a perceber a importância e o diferencial desses recursos.

> Para o aprendizado deste capítulo, abra o arquivo Cap10001.skp - cena do dormitório (disponível no site da Editora Érica).

Vamos começar?

- Antes de tudo, abra o arquivo sugerido. Veja na Figura 10.1.

Figura 10.1 - Cena dormitório.

As luzes do V-Ray estão disponíveis a partir de sua barra principal. Para cada uma delas, basta um clique no botão para ativar o procedimento de inserção.

Procedimento

- Clique, por exemplo, na lâmpada **Spot Light**. Veja a Figura 10.2.

Figura 10.2 - Spot Light.

- A seguir, clique em algum ponto da cena para fixar sua posição.

Figura 10.3 - Posicionamento da Spot Light.

Veja o que acontece. Uma forma geométrica é criada, representando a luz do tipo Spot.

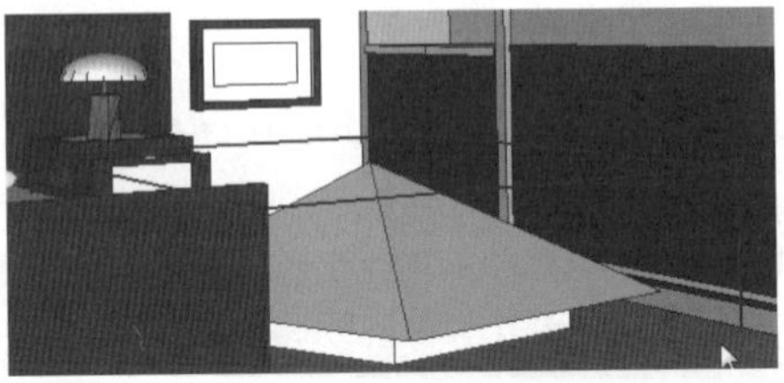

Figura 10.4 - Spot Light inserida na cena.

Como vemos, está muito grande sua representação. Quase todas as vezes, é necessário diminuir o seu tamanho, ficando mais proporcional ao resto da imagem e, também, deixando a visualização mais confortável no aspecto geral.

- Para diminuir, clique na ferramenta do SketchUp chamada **Scale** e diminua usando suas alças. Observe as Figuras 10.5 e 10.6.

Figura 10.5 - FerramentaScale.

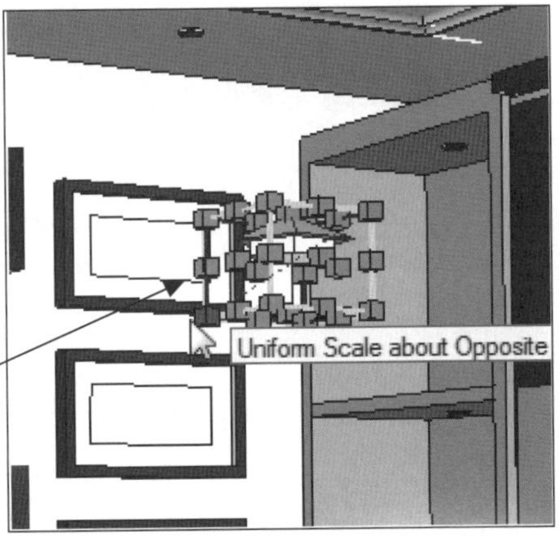

Figura 10.6 - Spot Light já reduzida.

- Bem melhor, não é? Se for necessário, em alguns momentos, usar a ferramenta **Move** do SketchUp para posicionamento, use-a então.

- Com mais alguns ajustes de posicionamento, coloque a lâmpada no local indicado nas Figuras 10.7 e 10.8.

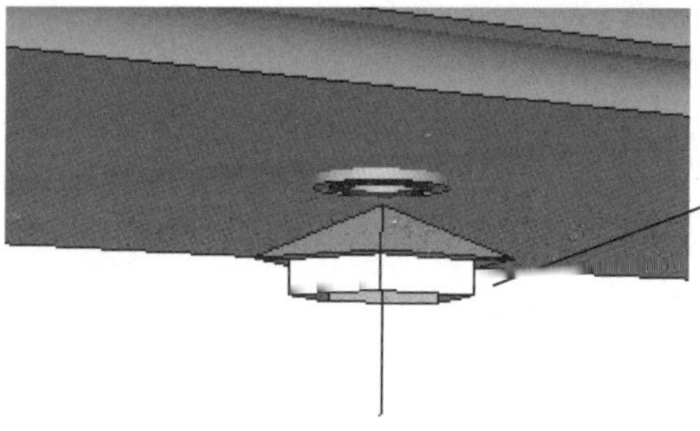

Figura 10.7 - Spot Light em detalhe de sua nova posição.

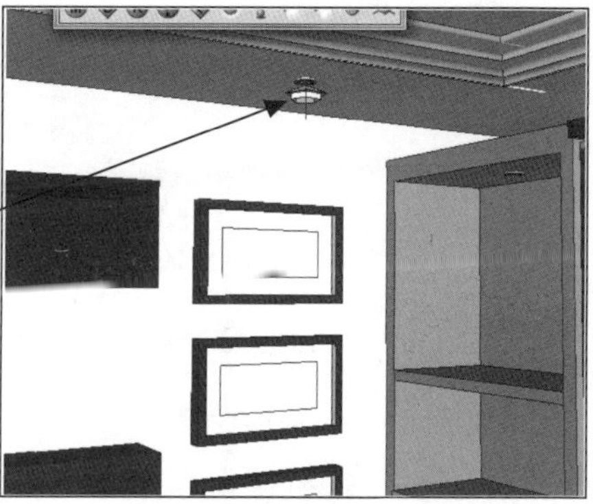

Figura 10.8 - Spot Light posicionada na sanca do dormitório.

- Ainda, se fosse necessário, poderia usar a ferramenta **Rotate** do SketchUp para dar uma nova direção de iluminação a essa Spot. Por padrão, seu posicionamento já permite um direcionamento sempre para baixo dos feixes desse tipo de luz do V-Ray.

Vamos completar com mais alguns ajustes que foram deixados em branco justamente para maior treino.

- Primeiro, acesse a opção **Shadows** para ativar sombras na cena.

Figura 10.9 - Ativação das sombras do Sol.

- Faça o seguinte ajuste de hora e data, além do fuso horário no botão **Shadow Settings**:

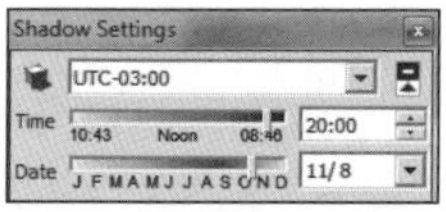

Figura 10.10 - Ajustes de data e hora.

- Acesse o botão Options Editor:

Barra V-Ray ➤ Botão Options Editor ( )

- No painel, abra a **aba Output** e digite **800** (pixels) no parâmetro **Width**. Depois, clique no botão **Get view aspect**, Figura 10.11.

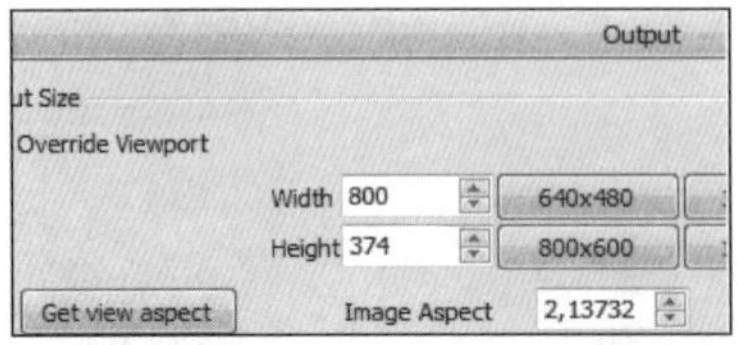

Figura 10.11 - Configurações de saída - Output.

Também abra a aba **Camera**. Faça os seguintes ajustes:

- **Type** = Still Camera
- **Shutter Speed** = 80
- **Zoom Factor** = 1
- **F Number** = 9
- **Film Speed(ISO)** = 100

Confira a Figura 10.12.

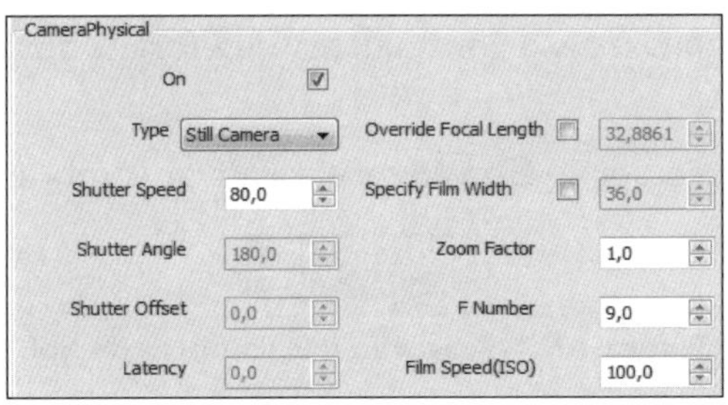

Figura 10.12 - Parâmetros do CameraPhysical.

Essas configurações foram propositais, para que deixássemos a imagem com aspecto de anoitecer. Um pouco de escuro faz bem para que as luzes ganhem destaque no produto final da imagem.

- Acesse também a aba **Image Sampler** e configure o parâmetro **Antialiasing filter** para a opção **Catmull Rom** - filtro de antisserrilhado. Ele refina bem as arestas e detalha melhor as sombras. Veja a Figura 10.13.

Figura 10.13 - Filtro de renderização.

- As opções de definição por áreas fáceis e de difícil detalhamento, como já visto, são dispostas ainda na mesma aba, Figura 10.14.

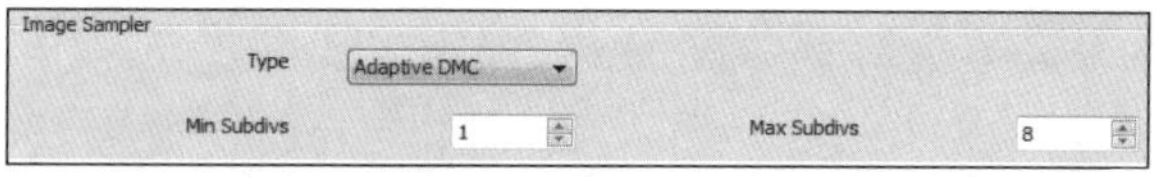

Figura 10.14 - Min Subdivs e Max Subdivs.

Vamos, por enquanto, manter esses valores padrão, respectivamente, em **1** e **8**. Para testes iniciais, deixar uma excelente qualidade pode ocasionar demoras que não queremos no momento. Deixemos então para voltar e melhorar esses ajustes de qualidade quando concluirmos toda a iluminação e os materiais.

Por ora, precisamos aprender como configurar uma luz Spot. Vamos ao próximo tópico.

10.3 Acessar os parâmetros de uma luz

Depois que a Spot ou qualquer outro tipo de luz foi inserida e posicionada na cena, precisamos ajustar seus parâmetros para personalizar essa luz.

Procedimento

- Clique com o **botão direito** sobre a **Spot Light**, acesse a opção **V-Ray for SketchUp** e depois clique em **Edit light**. Veja a Figura 10.15. Um grande menu suspenso é exibido.

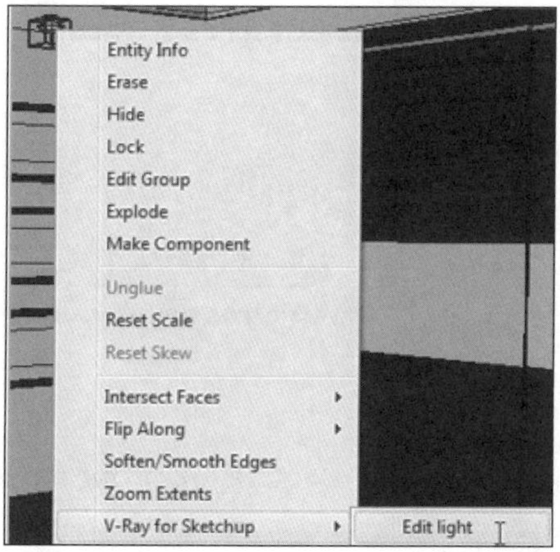

Figura 10.15 - Acesso à opção Edit light.

- Depois do clique, percebemos um grande e novo painel que é aberto. Começaremos a chamá-lo de **Light Editor**, Figura 10.16.

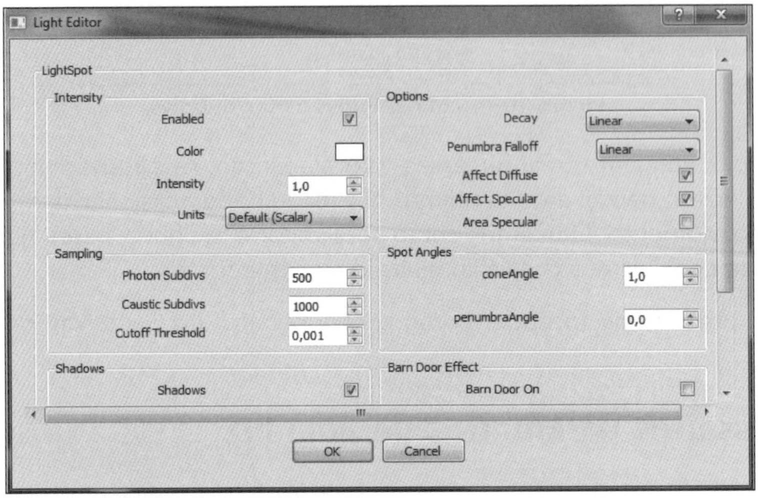

Figura 10.16 - Parâmetros do painel Light Editor.

10.4 Parâmetros da Spot Light

Os parâmetros exibidos nesse painel variam de acordo com o tipo de luz a ser configurado. Já que estamos na Spot, vamos aprender como configurá-la e personalizar para as nossas necessidades.

Vamos começar pelo **grupo de parâmetros Intensity**.

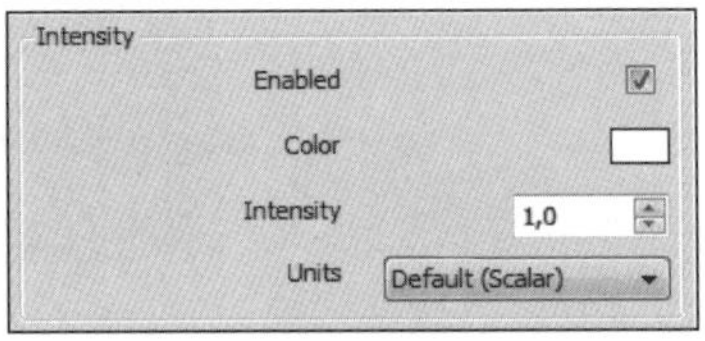

Figura 10.17 - Parâmetros de intensidade.

Enable

Esse parâmetro permite ligar ou desligar a luz propriamente dita.

Color

Clicando na sua caixa de cor, podemos escolher uma outra tonalidade de cor emitida.

Intensity

Neste caso, podemos ajustar um valor numérico para deixar a luz mais potente ou não. É nesse parâmetro que precisamos ajustar valores maiores quando uma cena está muito escura e a luz proveniente da Spot (ou qualquer outro tipo).

Acompanhe nas Figuras 10.18 e 10.19 as diferenças de intensidade propostas.

Figura 10.18 - Luz com intensidade = 1.

Figura 10.19 - Luz com intensidade = 10.

Respectivamente, os valores utilizados para a Spot foram **1** e **10**. Note a diferença bruta entre elas.

As intensidades anteriores foram ajustadas em uma unidade genérica de potência. Esse parâmetro que acabamos de conhecer trabalha em conjunto com o parâmetro a seguir, que é o **Units**.

Units

Aqui, podemos alterar para uma unidade de medida de potência de luminosidade real. Escolhendo, basta colocar o valor numérico no parâmetro **Intensity**.

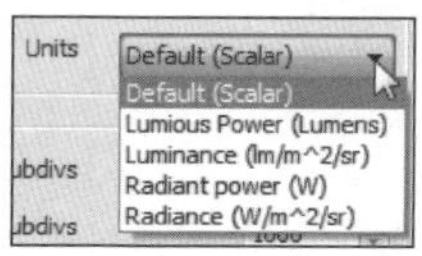

Figura 10.20 - Unidade de potência da luz.

Agora vamos verificar os parâmetros do **grupo Options** da luz Spot:

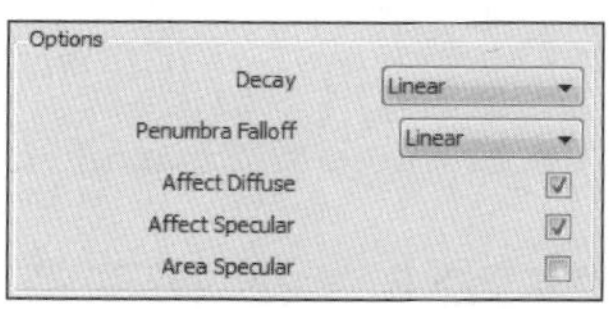

Figura 10.21 - Opções da luz Spot.

Decay

O parâmetro **Decay** permite simular o decaimento real das luzes. As opções são:

- Linear
- Inverse
- Inverse Square

A opção **Linear** permite um alcance infinito da luz. Veja na Figura 10.22 como a intensidade de luz do início ao fim é sempre a mesma.

Figura 10.22 - Opção Linear de alcance.

Agora, se trocarmos para a opção **Inverse Square**, teremos a perda desse alcance infinito. A visualização desse efeito pode ou não ser satisfatória, de acordo com o tipo e a proximidade da luz e os objetos iluminados por ela, além da intensidade, Figura 10.23.

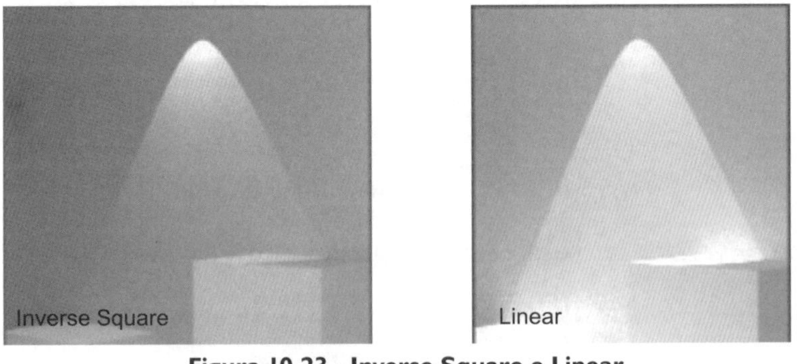

Figura 10.23 - Inverse Square e Linear.

Para conseguir esse efeito, vamos precisar fazer as seguintes alterações na luz do dormitório:

- Primeiro, alterar a intensidade em **Intensity** para 10.000 (dez mil).
- Segundo, trocar em **Decay** para a opção **Inverse Square**.

A luz emitida torna-se muito mais suave, ficando então muito mais real. Observe a Figura 10.24 do dormitório.

Figura 10.24 - Intensidade = 10000 e decaimento = Inverse Square.

Melhor, não acha? Não fica aquele raio de luz superforçado no chão. Assim fica bem melhor!

> A intensidade das luzes pode variar muito em seus valores. Pode acontecer de precisar usar valores maiores que centenas de milhares. Fique atento!

Affect Diffuse e Affect Specular

Para ilustrar esses dois parâmetros, criamos uma esfera e aplicamos um material reflexivo, também com uma cor qualquer. Isso porque a geometria já existente do dormitório não é capaz de mostrar o efeito, por não oferecer pontos especulares de luz, que é aquele acúmulo de reflexo de luz em formas curvas e arredondadas.

Na Figura 10.25, o ponto especular e as áreas iluminadas estão "ao natural", sem maiores interferências.

Com a opção **Affect Diffuse** desligada, todas as áreas iluminadas em geral perdem esse efeito, como se não houvesse luz por ali. Veja:

Figura 10.25 - Esfera com reflexos.

Figura 10.26 - Affect Diffuse desligado.

Porém, o ponto especular de luz permanece.

Já com a opção **Affect Specular** desligada, é o ponto especular de luz que vai embora. Acompanhe então a Figura 10.27.

Figura 10.27 - Affect Specular desligado.

Interessante, não é mesmo? Mesmo que um software ofereça aspectos reais para renderização, eles podem sofrer interferência e, assim, é possível eliminar o efeito que julgarmos não ser tão necessário.

Vamos averiguar agora o grupo **Spot Angles** e seus parâmetros:

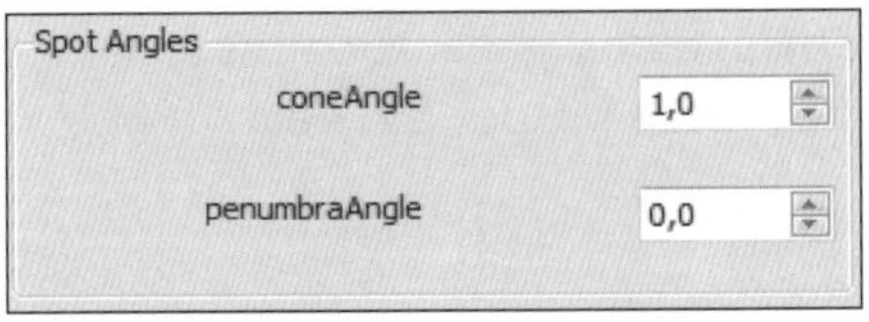

Figura 10.28 - Parâmetros Spot Angles.

coneAngle

Esse parâmetro oferece a possibilidade de aumentar ou diminuir o raio de abertura do cone de iluminação da luz spot.

Vejamos alguns exemplos:

Figura 10.29 - Ângulo no padrão = 1.

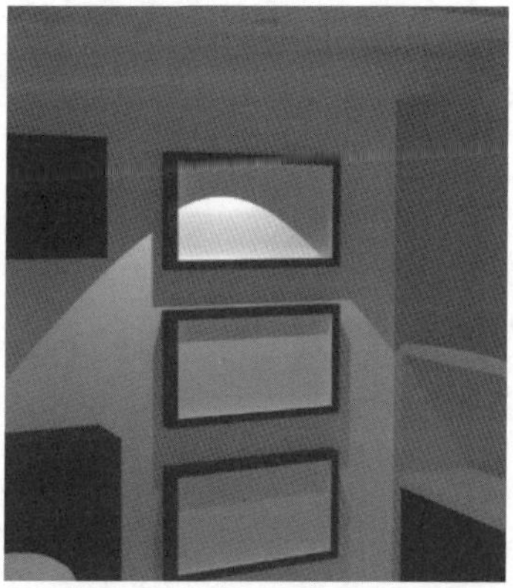

Figura 10.30 - Ângulo mais aberto.

penumbraAngle

Este é um recurso muito interessante, tratando-se da estética da luz rebatida nos objetos. Você percebe na Figura 10.31 o efeito esfumaçado do ponto inicial da luz. Se ficar muito forte, diminua a intensidade, se for necessário, até a metade.

Figura 10.31 - Efeito do parâmetro penumbraAngle.

No grupo **Sampling**, temos controles de definição de alguns aspectos da luz.

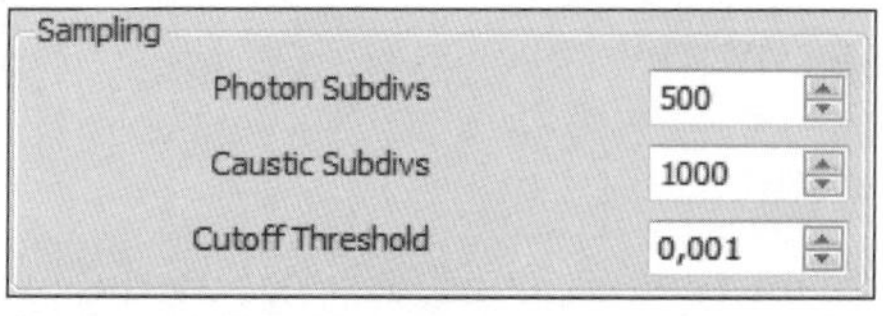

Figura 10.32 - Parâmetros de Sampling.

Photon Subdivs

Não costumamos alterar esses valores, mas para se ter conhecimento, o Photon Subdivs permite dar maior definição aos feixes de luz e, consequentemente, às áreas iluminadas. O valor padrão de 500 já é mais do que suficiente.

Caustic Subdivs

Definição da luz refratada por um objeto transparente. Esse valor pode ser alterado, dependendo do efeito.

Cutoff Threshold

Quanto menor o valor, já no padrão = 0,001, mais conseguimos manter a fidelidade de cada informação de cor do modelo e acabamento para a imagem renderizada final. Também não é aconselhável alterar esse valor.

Vamos aprender os parâmetros do grupo **Shadows**:

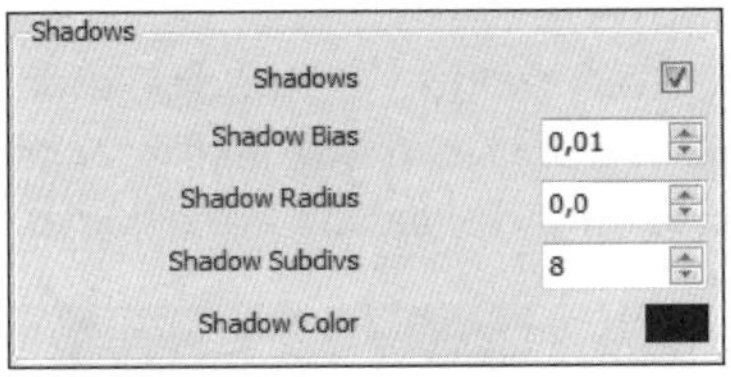

Figura 10.33 - Parâmetros do grupo Shadows.

Shadows

Clique nessa opção para ativar ou desativar as sombras geradas pela luz.

Shadow Bias

Esse recurso permite o afastamento do ponto inicial da sombra com relação ao seu objeto dono. Quanto maior o valor inserido, mais afastada a sombra começa sua projeção. Para maquetes, aconselha-se não alterar esse valor, que já está ótimo.

Shadow Radius

Esse parâmetro faz com que as sombras se espalhem um pouco, a fim de deixá-las mais suaves e não tão demarcadas.

Shadow Subdivs

Esse parâmetro possibilita melhorar as definições das sombras geradas por essa luz. Valores como 12 ou 16 já melhoram o suficiente para deixar muito bonitas as sombras da cena. Cuidado com valores maiores, pois a qualidade não ficará tão diferente assim se comparar com os valores citados, e também pode carregar a renderização, deixando-a bem demorada.

Shadow Color

Clicando na caixa de cor, podemos gerar sombras coloridas.

- Clique para alterar a cor e renderize para visualizar o efeito.

Bem, estes são os parâmetros que permitem gerar todos os efeitos interessantes com a **Spot Light**.

10.5 Parâmetros da Rectangle Light

Neste tópico vamos aprender a configurar uma **Rectangle Light** ou, no português, um *retângulo de luz*. Na verdade, é um objeto em forma de face retangular que pode emitir luz de um de seus lados ou mesmo dos dois lados. Com a Rectangle Light é possível criar uma área de luz capaz de emitir luz para preencher um ambiente, como uma caixa de luz de teto ou qualquer outra situação. Quanto maior o retângulo, mais emissão de luz por espaço quadrado conseguimos obter.

Encontramos a luz **Rectangle Light** como um botão na **barra V-Ray**. Veja:

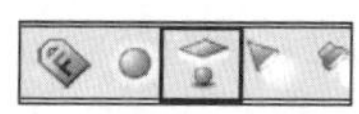

Figura 10.34 - Botão Rectangle Light.

- Basta pressionar o botão esquerdo do mouse e arrastar para abrir uma dimensão num ponto qualquer da cena.

Lembre-se de utilizar as ferramentas Move, Scale e Rotate do SketchUp para deixar a luz conforme a sua necessidade.

Veja como foi colocada a Rectangle Light na cena do dormitório, próxima ao teto, na Figura 10.35.

Em muitos casos acontece de a Rectangle Light ter sua face luminosa apontada para cima. Como, neste caso, queremos que essa luz ilumine para baixo, dê um duplo clique para entrar no grupo da luz e, com o botão direito, clique na opção **Reverse Faces**.

Figura 10.35 - Rectangle Light como uma caixa de luz direta.

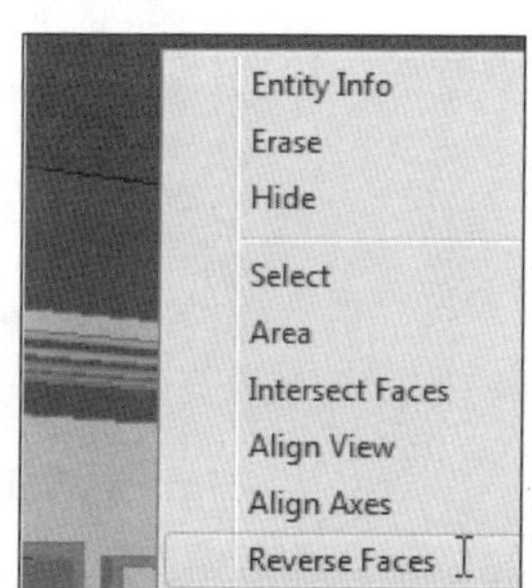

Figura 10.36 - Reverse Faces.

Agora que já sabemos como indicar o lado luminoso do retângulo de luz, vamos acessar o painel **Light Editor** com o **botão direito sobre o retângulo de luz**, já explicado anteriormente.

Veja o painel de parâmetros do **Rectangle Light**.

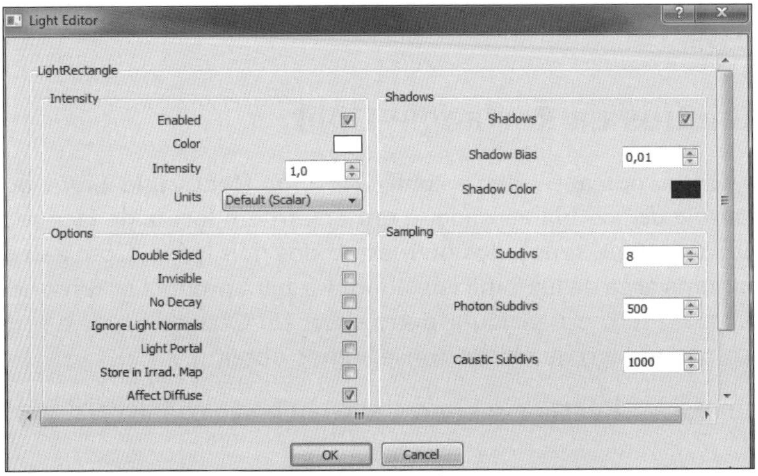

Figura 10.37 - Parâmetros do Rectangle Light.

Muitos dos parâmetros dessa luz existem tanto na *Spot Light* como na luz **Rectangle Light**, como as opções *Color, Intensity, Units, Shadows, Subdivs* e *Shadow Color.*

Vamos logo de início configurar uma boa intensidade para a nova luz. No parâmetro **Intensity**, configure o valor para **140** e renderize.

Figura 10.38 - Quarto com luz de teto - cena iluminada.

Se não houvesse a Rectangle Light, ou mesmo se **desabilitássemos** a opção **Enable Light**, a cena ficaria desta forma:

Figura 10.39 - Luz Rectangle Light apagada - Enable desabilitado.

- Clique na opção **Enable** para habilitar a luz novamente caso tenha realizado o procedimento anterior.

Vamos ver os parâmetros específicos desse tipo de luz:

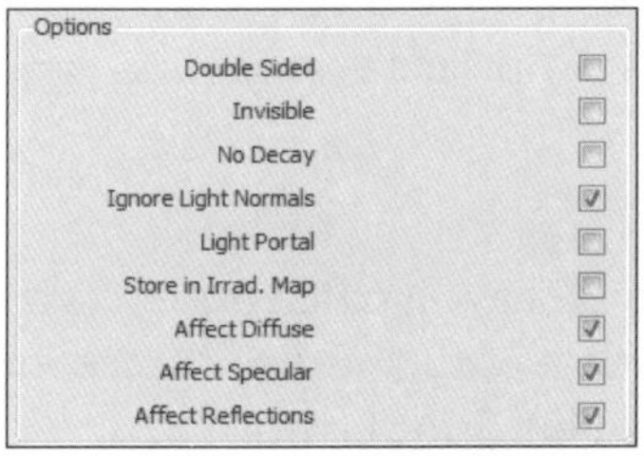

Figura 10.40 - Options.

Double Sided

Com algumas imagens de referências de outros estudos pessoais, vamos aprender os efeitos desse parâmetro e mais alguns desse grupo.

O **Double Sided** ativado permite que o retângulo emita luz pelos dois lados. Veja a Figura 10.41.

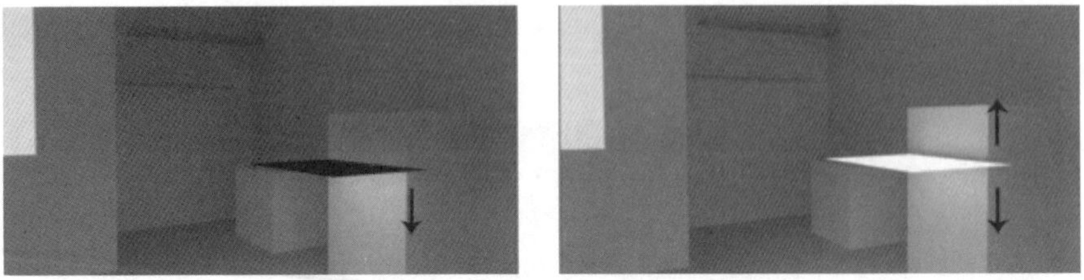

Figura 10.41 - Double Sided.

Invisible

Ativando essa opção, a **Rectangle Light** pode se tornar invisível, Figura 10.42.

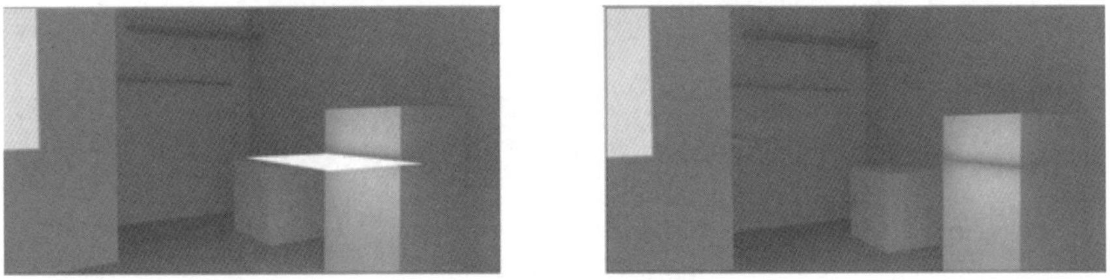

Figura 10.42 - Invisible.

É interessante essa opção, pois temos como modelar uma caixa de luz principal para o teto com lâmpadas, e essas mesmas lâmpadas serem autoiluminadas. Caso sua iluminação não seja potente, o retângulo vem com propriedade de reforçar e, ficando invisível, é como se fossem as próprias lâmpadas da caixa iluminando o ambiente.

No Decay

Habilitar o parâmetro No Decay significa potencializar o retângulo de luz, pois não haverá o decaimento natural dele, deixando o alcance infinito da luz. É o mesmo efeito do Decay = Inverse Square da luz Spot Light.

Veja como fica o dormitório com essa opção ativa na Figura 10.43.

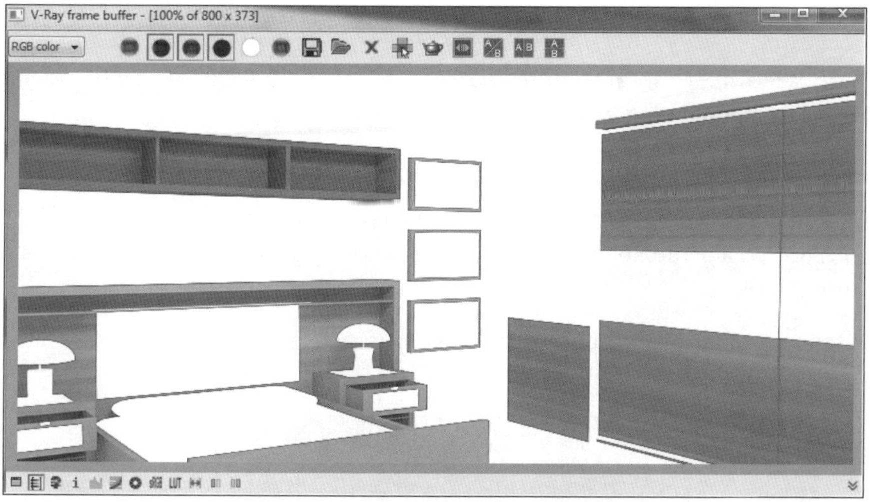

Figura 10.43 - No Decay ativado.

Muito forte a luz! Chega a estourar a cena, não é mesmo? É um parâmetro que deve ser utilizado cautelosamente para ambientes internos.

Ignore Light Normals

Ou, em outros softwares, **Normal Lights**, esse recurso permite fazer um realce na iluminação da Rectangle Light.

Na Figura 10.44, pode-se ver a diferença. Na esquerda está desligado; na direita, ligado.

Figura 10.44 - Normal Lights e seu realce.

Light Portal

Essa opção é muito interessante, porque podemos utilizar Rectangle Light como "reforço" de entrada de luz em ambientes fechados.

Por exemplo, numa janela, podemos posicionar do lado de fora a Rectangle Light.

- A *Rectangle Light está* posicionada muito próximo da área da janela. Deve estar um pouco afastada para não haver encontro de geometria e gerar desconfortos nos cálculos.
- Deve-se estar atento para que a face que emite luz esteja voltada para dentro do ambiente e não para fora.

Figura 10.45 - Rectangle Light como um Light Portal.

Veja na Figura 10.46 como os objetos refletem a luz externa da Rectangle Light, simulando a luz externa entrando no ambiente - luz do Sol.

Figura 10.46 - Light Portal.

Affect Diffuse, Specular e Reflections

Esses recursos são os mesmos explicados no tópico da luz Spot Light. De qualquer forma, vamos analisar mais uma vez, com outros objetos como exemplo:

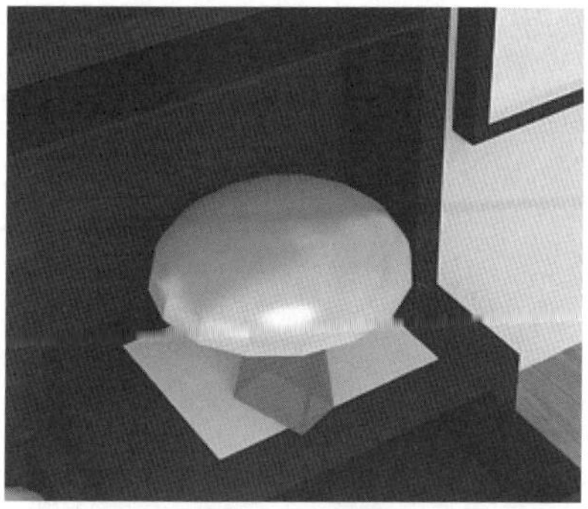

Figura 10.47

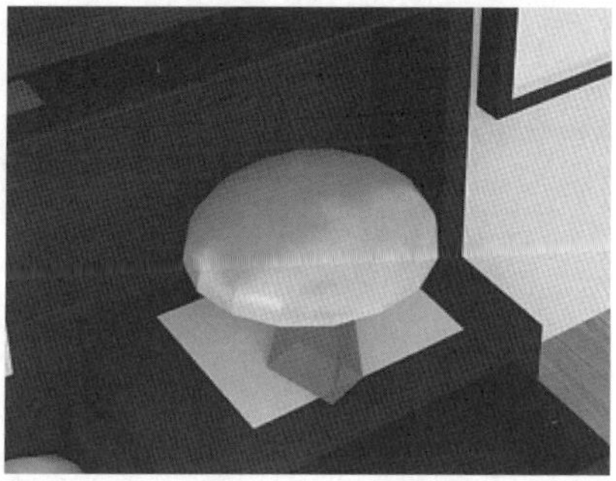

Figura 10.48

É possível utilizar a Rectangle Light na forma que for mais interessante. Utilizamos em maquete geralmente para simular a fonte luminosa principal do ambiente ou como uma Light Portal, simulando a entrada de iluminação solar nele.

10.6 Parâmetros da IES Light

As luzes do tipo IES serão as representantes das luzes de fabricantes que encontramos no mundo real. As principais marcas fornecem inclusive para download, em seus websites, arquivos de extensão **.IES** para utilizarmos em projetos de decoração em maquetes eletrônicas.

A IES Light é a mesma fonte para qualquer arquivo .IES vinculado. Vejamos:

Procedimento

- Com a cena do dormitório ainda aberta no SketchUp, clique no botão **IES Light**, que se encontra na barra V-Ray.

Figura 10.49 - Botão IES Light.

- Insira com um clique na cena para um posicionamento inicial e, posteriormente, posicione e escalone essa luz no local desejado.

Se renderizarmos agora, nada vai acontecer, pois o arquivo .IES ainda não foi vinculado à luz.

- Com o botão direito sobre a luz, acesse o painel **Edit light**.

Figura 10.50 - Luz IES posicionada.

Figura 10.51 - Painel Edit light.

Veja o painel na Figura 10.52.

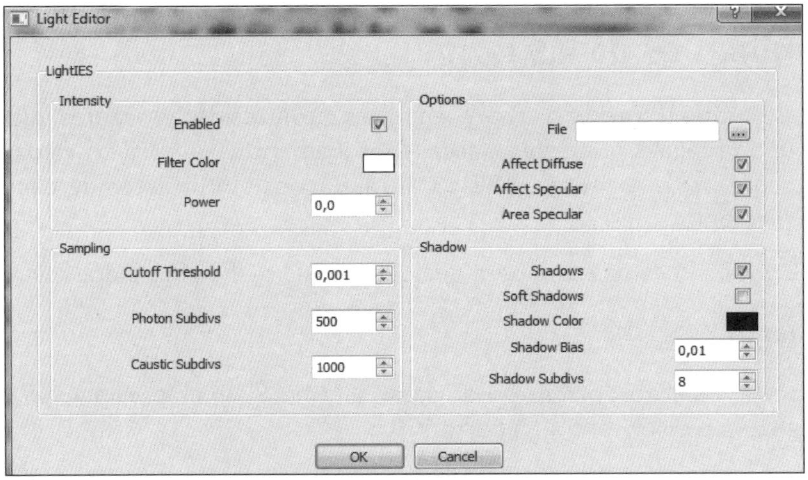

Figura 10.52 - Parâmetros da IES Light.

File

Dos parâmetros existentes, o principal a ser configurado está no grupo **Options**, denominado **File**, Figura 10.53.

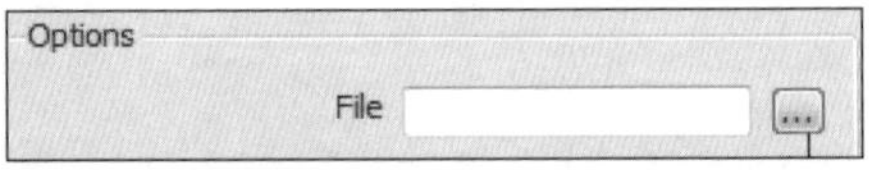

Figura 10.53 - Busca de arquivo .IES.

Faça o download da pasta Luzes IES (disponível no site da Editora Érica) para utilizar os arquivos agora citados.

- Clique no botão de reticências para buscar no diretório Luzes IES o arquivo l3.IES. Veja a Figura 10.54.

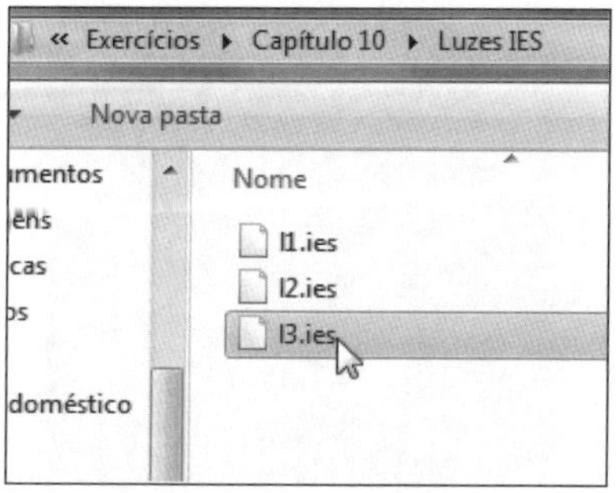

Figura 10.54 - Diretório com luzes .IES.

- Ao selecionar, dê um duplo clique para selecionar o arquivo. Observe como fica:

Figura 10.55 - Arquivo IES selecionado no parâmetro File.

Essa nova luz precisa ter sua intensidade alterada. Muitas vezes, por já termos ajustado a exposição de luz da cena, a intensidade que vem não é suficiente para iluminar ou mesmo fazer qualquer efeito.

Power

Parâmetro para regular a intensidade das luzes IES.

Figura 10.56 - Intensidade da luz IES.

- Digite o valor de **10.000.000** (dez milhões). Veja como fica na Figura 10.57.
- Um dos quadros do exemplo foi apagado para verificarmos bem a reflexão da luz na parede.

Figura 10.57 - Luz IES acesa.

- Com mais uma luz IES, duplicada da primeira, vamos colocá-la dentro do armário embutido.

Figura 10.58 - Nova luz IES na cena.

Figura 10.59 - Imagem renderizada.

Para o efeito da autoiluminação da lâmpada dicroica, é necessário que a IES Light esteja "entrando" nela, assim como mostrou a Figura 10.50. Deve-se atentar para deixar exposta a abertura do cone representativo da luz IES, pois é dele que sai a luz.

Caso queira fazer o efeito de uma arandela, posicione duas luzes IES, uma contra a outra, buscando o arquivo .IES conveniente para o efeito. Veja as Figuras 10.60, 10.61 e 10.62.

- Primeiro, vejamos o modelo 3D da arandela e as duas luzes IES posicionadas, uma apontando para cima e a outra para baixo.

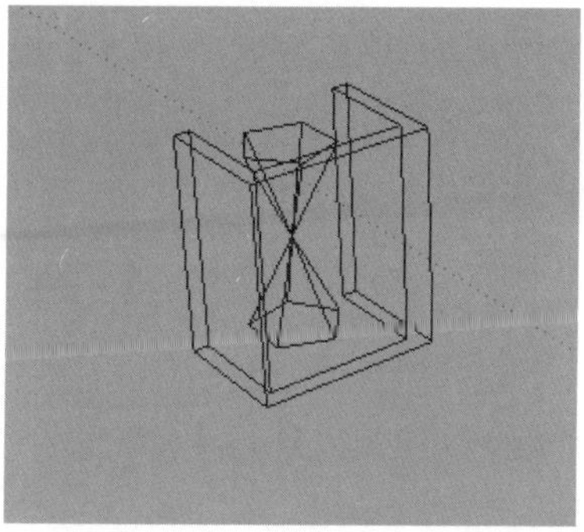

Figura 10.60 - Luzes IES posicionadas.

- Com o botão direito sobre uma delas, acesse o painel **Edit light**. No parâmetro **File**, busque a luz IES chamada **l4_arandela.IES**.

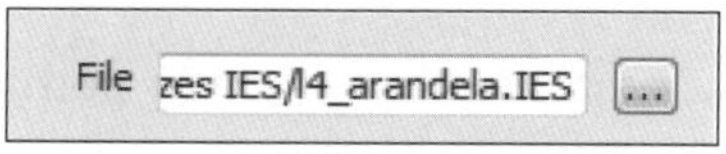

Figura 10.61 - Luz da arandela.

- Assim, ajuste o parâmetro **Power** entre 10 e 15 milhões. Faça o mesmo com a outra luz IES.

Esses altos valores no parâmetro Power são necessários devido ao uso do **CameraPhysical**. Por ele estar ativado, seus ajustes de *F Number, Shutter Speed* e *Film Speed* são configurados de tal forma que minimizem a alta exposição de luz, principalmente para não capturar a alta intensidade de luz proveniente do Sol. Sendo assim, as nossas luzes artificiais necessitam de um alto valor de intensidade para aparecer e fazer efeito nas cenas.

Veja o render final da arandela. Muito bonito, não é mesmo?

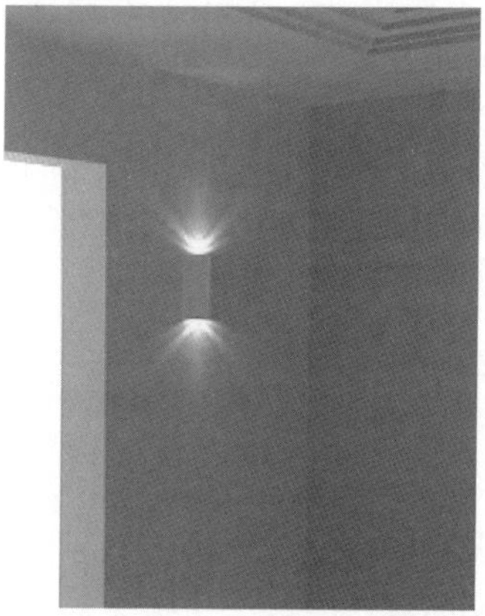

Figura 10.62 - Arandela com duas IES Light.

Vamos passar para um aspecto geral dos demais parâmetros das luzes IES, começando pelo **grupo Shadow**:

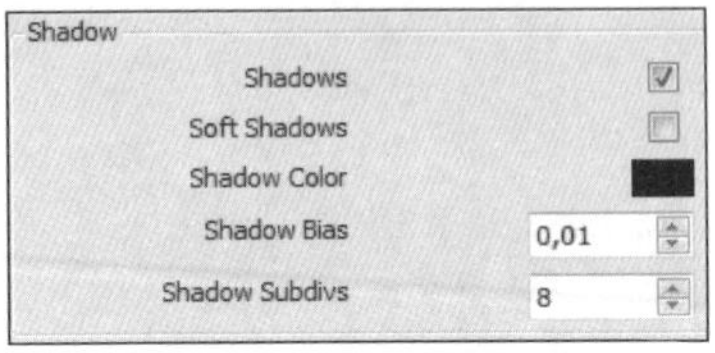

Figura 10.63 - Grupo Shadow.

Shadows

Possibilita que os objetos iluminados por essa luz gerem sombras.

Soft Shadows

Ativando, as sombras ficam mais suaves, não tão demarcadas sobre as superfícies.

Shadow Color

Clicando na caixa de cor, podemos configurar outra tonalidade de cor para as sombras geradas pelos objetos que as projetam.

Shadow Bias

É o distanciamento da sombra para com o seu objeto 3D gerador. O valor padrão de 0,01 é o chamado de fisicamente correto.

Shadow Subdivs

Define a qualidade das sombras geradas pela luz. Os valores interessantes podem chegar a **12** ou **16**. Lembramos que aumentar o valor excessivamente pode ocasionar cálculos de render bem demorados.

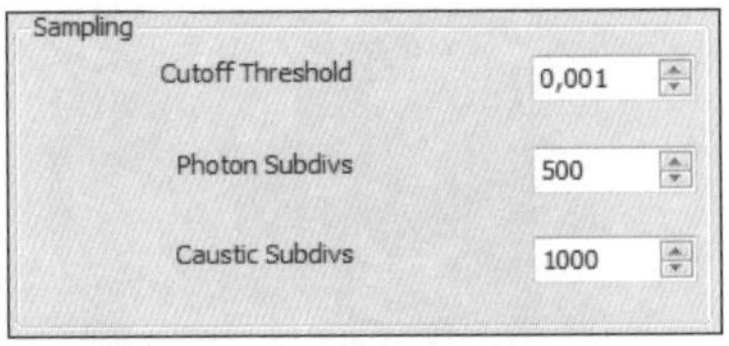

Figura 10.64 - Grupo Sampling.

O **grupo Sampling**, como já citado nos tipos de luzes anteriores, é responsável pela qualidade da luz propriamente emitida.

Cutoff Threshold

Aumentando esse valor, podemos ter variações nas tonalidades de cores do programado para o render. Isso é usado para deixar o processo de render um pouco mais rápido, porém menos fiel com relação às cores que programamos para o produto final. Não é aconselhável alterar o valor padrão de 0,001.

Photon Subdivs

Cuida da qualidade dos feixes de luz ou áreas diretamente iluminadas. O valor de 500 já é suficientemente agradável.

Caustic Subdivs

Qualidade do efeito de *Caustic* - efeito da luz refratada.

10.7 Parâmetros da Omni Light

A luz do tipo **Omni** simula lâmpadas mais comuns porque ela tem a propriedade de emitir feixes de luz para todos os sentidos. Ela também está disponível na barra V-Ray. Veja a Figura 10.65.

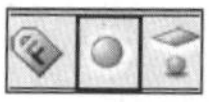

Figura 10.65 - Botão Omni Light.

Procedimento

- Como as outras, a Omni Light é fácil de inserir em cena. Ela necessita de apenas um clique em algum ponto da cena para fixá-la.

Figura 10.66 - Omni Light posicionada num ponto qualquer da cena.

- Use as ferramentas **Move** e **Scale** para ajustar sua posição e dimensão. Vamos mostrar seu efeito, colocando-a como a lâmpada da luminária ao lado da cama, Figura 10.67.

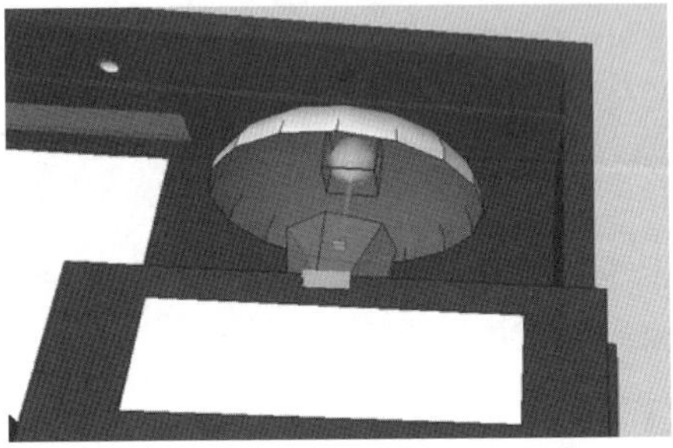

Figura 10.67 - Omni Light dentro da luminária.

Pode acontecer que, quando houver o primeiro render da cena, nenhum feixe de luz saia da Omni, porque sua intensidade está no padrão de **valor = 1**. Como dito no tópico sobre as luzes IES, é necessário aumentar sua potência para que a iluminação tenha algum efeito sobre o controle de exposição do recurso **CameraPhysical**, do V-Ray (painel Options).

- Acesse as propriedades da **Omni** e configure sua intensidade, no caso das luminárias do dormitório, para o **valor = 12.000** (doze mil). Veja na Figura 10.68 como fica o resultado da iluminação.

Figura 10.68 - Luminárias com Omni configuradas.

Muitas das luminárias de ambientes internos utilizam a Omni Light para efeito de iluminação. Como a Omni é colocada dentro da armação da luminária, sua geometria e forma conduzem o desenho e a direção da luz.

Vamos verificar mais alguns exemplos de como iluminar usando as luzes do V-Ray em combinação com alguns modelos 3D de diversos tipos de luminárias.

10.8 Iluminação com tipos diferentes de luminárias

Este tópico foi criado porque muitos alunos sempre perguntam como configurar a iluminação com diferentes tipos de luminárias, querendo um algo a mais sobre a cena do dormitório ou qualquer cena usada para iluminação. É justa a pergunta, pois são tantos os modelos que podemos encontrar no mercado e cada um proporciona um ajuste único das luzes V-Ray.

Vamos começar pelo exemplo da Figura 10.69.

Figura 10.69 - Luminária.

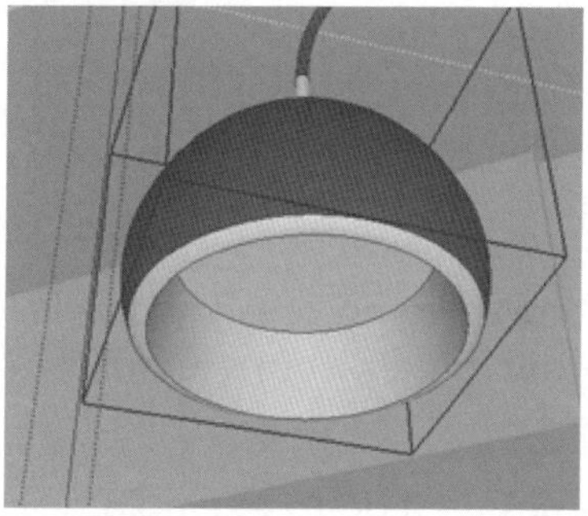

Figura 10.70 - Bocal de inserção da luz V-Ray.

Neste caso, pela grande abertura de saída de iluminação dessa luminária, o melhor tipo de luz V-Ray é a **Omni**.

Veja o posicionamento e seus parâmetros ajustados para o modelo e a exposição de luz habitual utilizados neste livro:

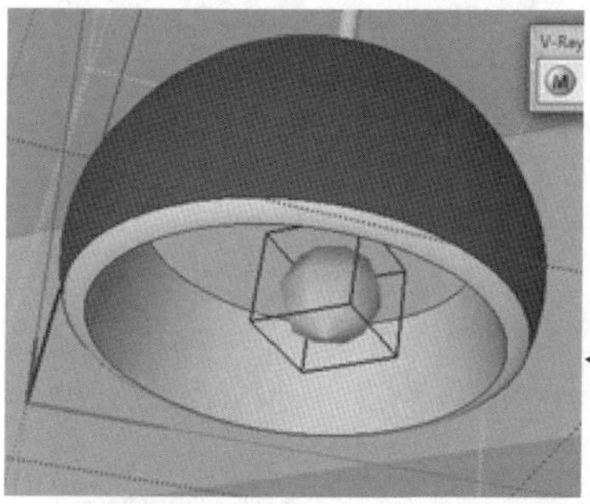

Figura 10.71 - Omni posicionada.

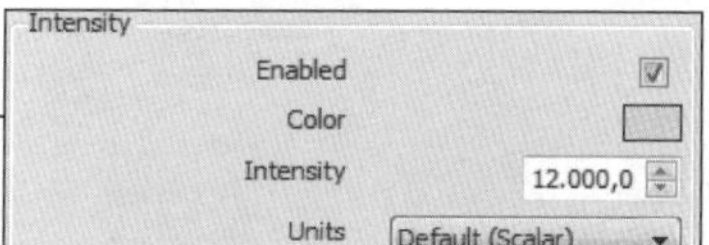

Figura 10.72 - Ajustes para a Omni da luminária.

O valor utilizado para a intensidade, de 12.000 (doze mil), pode ser alterado a gosto do leitor. Podemos deixar mais suave a iluminação, diminuindo até para 10, 8 ou 6 mil, de acordo com o efeito que se deseja alcançar.

Veja a imagem da luminária com a Omni em funcionamento, já renderizada, Figura 10.73:

Figura 10.73 - Luminária com Omni ajustada.

Observe como o V-Ray obedece à geometria e ao design da peça da luminária e simula muito bem com a Omni seu efeito final, com alcance e amplitude fisicamente corretos.

Vamos para outro exemplo:

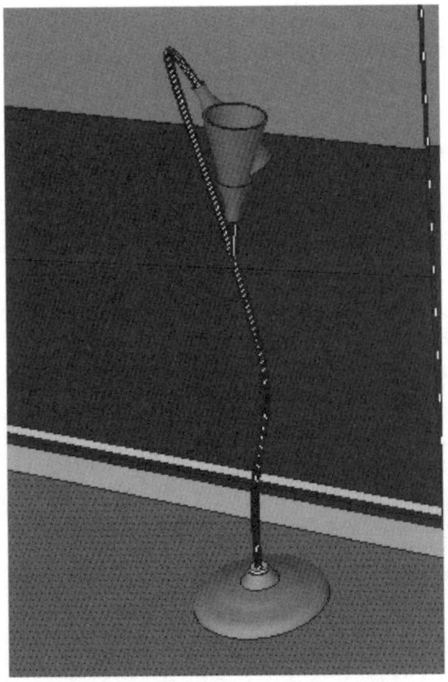

Figura 10.74 - Luminária de chão.

Figura 10.75 - Posicionamento de uma Spot dentro da luminária.

As Figuras 10.74 e 10.75 exibem um modelo de luminária em que o bocal é bem fechado. Pode-se usar Omni, por que não? No entanto, para conhecer mais efeitos dos tipos de luzes do V-Ray, optamos por exemplificar mais um uso da **Spot Light**. Veja como ela fica disposta, voltada para cima e bem pequena, ajustada com as ferramentas *Move, Rotate* e *Scale* (não se esqueça desses ajustes).

Veja os parâmetros utilizados e a renderização final, como fica muito bonita a iluminação!

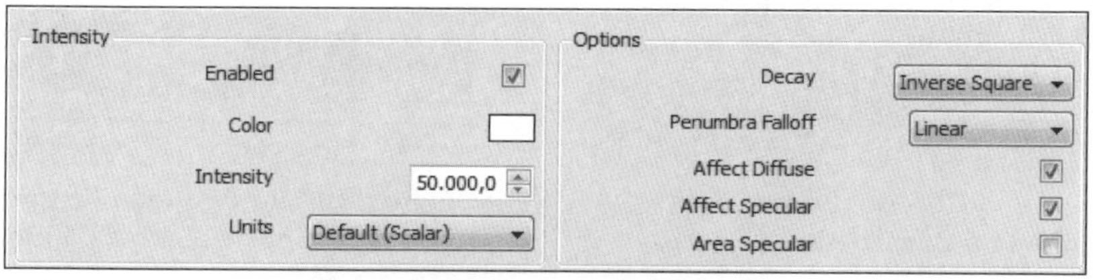

Figura 10.76 - Parâmetros configurados para a luminária com Spot.

Figura 10.77 - Luminária com duas luzes do tipo Spot configuradas.

Acompanhe mais um exemplo, usando novamente a luz do tipo **Rectangle**, conforme o modelo da Figura 10.78.

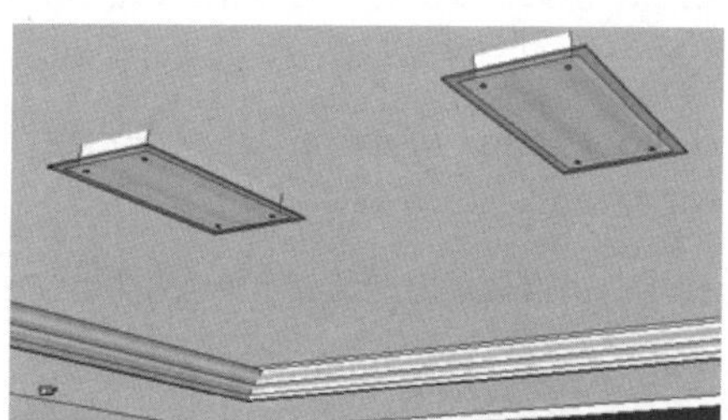

Figura 10.78 - Luminárias de teto.

A **Rectangle Light** foi inserida bem próximo da caixa de luz, com a face que ilumina apontada para baixo. Veja seu posicionamento e seus parâmetros configurados de forma adequada:

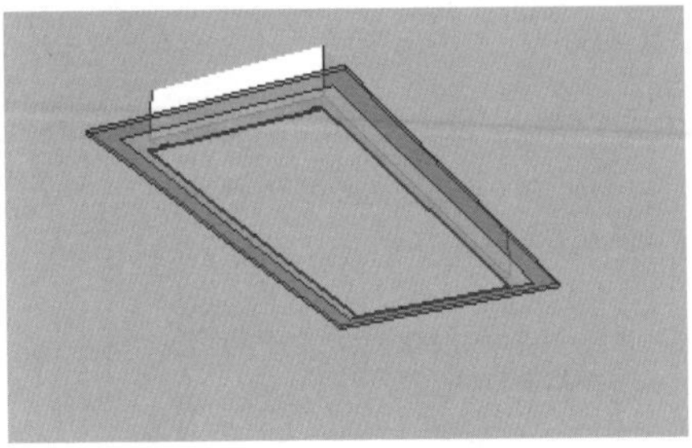

Figura 10.79 - Rectangle Light alinhada à caixa de luz de teto.

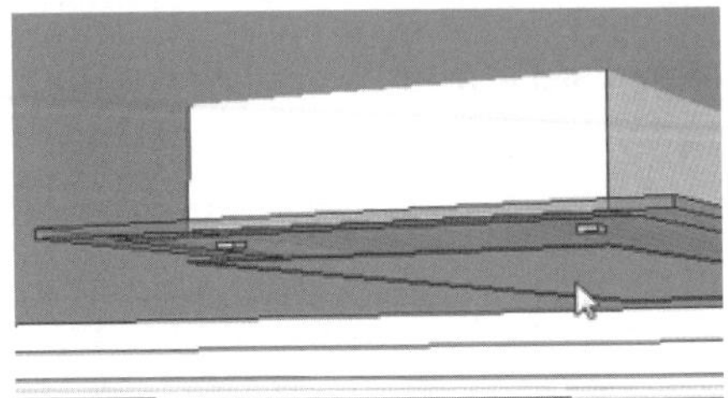

Figura 10.80 - Pequena distância da Rectangle Light e a caixa da luminária.

Repare nas configurações dessa luz de teto agora na Figura 10.81.

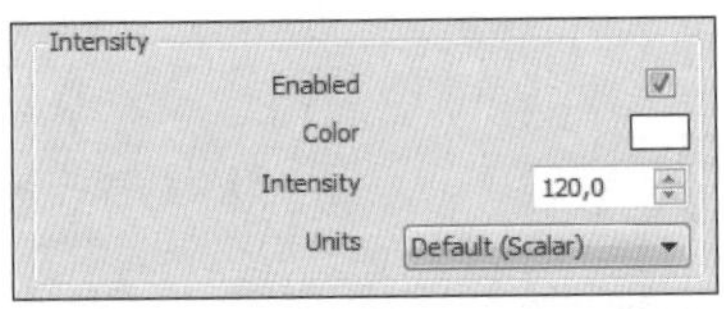

Figura 10.81 - Ajustes da Rectangle Light da luz de teto.

Por fim, veja a renderização das luzes:

Figura 10.82 - Luzes do teto renderizadas com a Rectangle Light.

A intensidade de valor 120 pode alterar bem a imagem devido à quantidade de luzes de teto no ambiente, ao horário do dia, à quantidade de metros quadrados a serem iluminados. Fique atento a essas variantes!

Por fim, mais um exemplo. Vamos ver como configurar uma luz emitida por cima da sanca no teto.

É interessante utilizar também a luz **Rectangle Light**. A sua disposição é mostrada na Figura 10.83.

A *Rectangle Light* precisa ser bem "fininha" para caber no estreito vão entre a sanca e o teto. É necessário inserir uma luz em todos os lados do ambiente. No caso do dormitório, foram quatro delas.

Figura 10.83 - Rectangle Light para luz de roda-teto.

A configuração dessa luz é a seguinte:

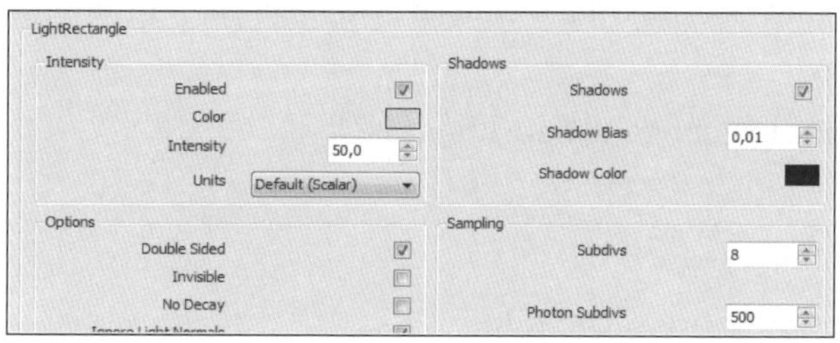

Figura 10.84 - Parâmetros da luz sobre a sanca.

Veja a renderização final:

Figura 10.85 - Luz sobre a sanca, um lindo efeito do V-Ray.

As possibilidades são tantas que seria possível fazer um livro só de estudos de iluminação no V-Ray. Até aqui conseguimos fornecer muitas informações a respeito de tipos de luz, configurações mais utilizadas e como posicioná-las na cena 3D do SketchUp.

Veja como fica o dormitório com os materiais aplicados e as luzes (todas elas) explicadas neste capítulo. Foram feitas algumas alterações na cena com relação ao modelo disponível para download no site da Editora. Fique à vontade para decorar e deixar com a sua cara!

Figura 10.86 - Luz sobre a sanca, um lindo efeito do V-Ray.

Acabamento muito profissional e satisfatório, seja para uma empreiteira, seja para um cliente comum.

Vamos revisar alguns conceitos aprendidos?

10.9 Exercícios

Vamos aos estudos sobre o capítulo:

a. Qual a importância das luzes numa cena fotorrealística de computação gráfica?

b. O que representa o parâmetro Decay?

c. Qual a diferença entre utilizar as luzes Spot Light e IES Light?

d. O que representa o parâmetro Double Sided na luz Rectangle Light?

e. Como o controle de exposição influencia a intensidade das luzes artificiais do V-Ray?

Capítulo 11

Recursos Avançados do V-Ray

Objetivos

Recursos avançados sobre materiais
Ajustes de iluminação global
Volumetria com Ambient Occlusion
Ajustes de Environment, canais e render distribuído

11.1 Displacement x Bump

Vamos primeiramente relembrar o Bump. Ele é um parâmetro de materiais que possibilita criar imperfeições na superfície do objeto com ele aplicado. Em vez de o acabamento ser liso como um papel, por exemplo, ele pode ter saliências e amplitudes como uma pedra, um tijolo, um gramado.

O Displacement é como o Bump, mas com maior potência no efeito das imperfeições de superfície dos acabamentos.

Nos materiais V-Ray, vamos verificar a diferença de utilizar o canal Displacement, que substitui o Bump em algumas ocasiões.

Primeiramente, o Displacement também utiliza um mapa preto e branco para criar variantes de desníveis ou relevos na superfície dos objetos com esse canal acionado no acabamento. A diferença é que o Displacement realmente cria imperfeições de grande efeito no modelo 3D, e o Bump tem esse efeito com muito mais sutileza, basicamente gerando um jogo de luz e sombra para sua simulação.

Vamos aprender?

Procedimento

- Em um novo arquivo aberto no SketchUp, crie um modelo como uma **parede** de **2,50 m x 1,90 m x 0,28 m**.
- Em seguida, deve-se criar um material no painel **Material Editor (M)**.
- Crie um material do tipo **Standard**. Veja a Figura 11.1.

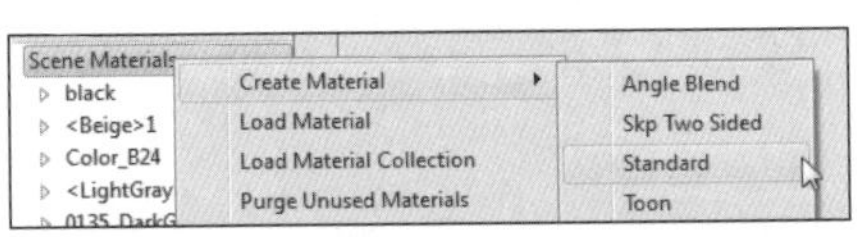

Figura 11.1 - Criação de um material.

- Renomeie esse novo material como "muro displace".

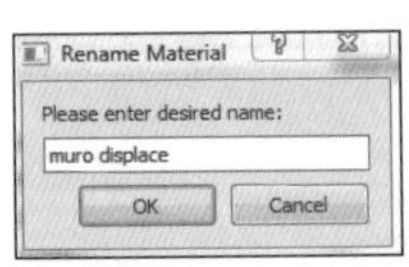

Figura 11.2 - Novo nome para o material criado.

- Aproveite para já aplicar o material novo ao objeto 3D criado na cena (**selecione o objeto 3D**, clique com o **botão direito no material** criado e clique na opção **Apply Material to Selection**, como já visto em capítulos anteriores).

Para a sequência, faça o download das texturas displace que se encontram no site da Editora Érica, ou utilize as que desejar.

- No parâmetro **Diffuse Color**, clique no **botão de mapas "m"** para buscar uma textura de aparência. Veja as Figuras 11.3 e 11.4.

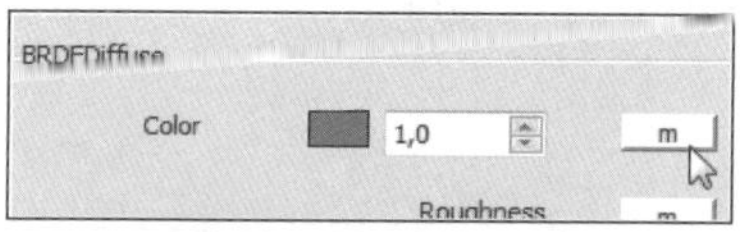

Figura 11.3 - Botão de mapas Diffuse.

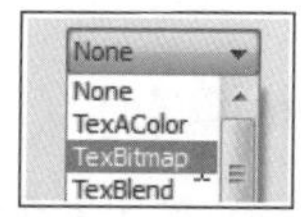

Figura 11.4 - Opção de texturas TexBitmap.

- No parâmetro **File**, clique no botão de reticências para buscar o arquivo *"bricks diffuse.jpg"* e ajuste a escala nos parâmetros de **Repeat**, Figuras 11.5 e 11.6.

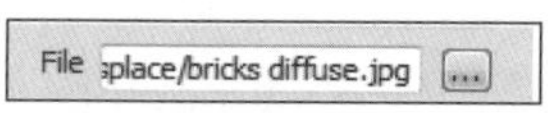

Figura 11.5 - Parâmetro File.

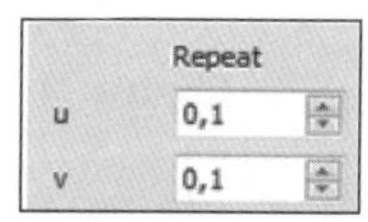

Figura 11.6 - Repeat UV.

Com a textura de aparência configurada, vamos agora configurar o Displacement.

- Ainda no material, desça a barra de rolagem do Material Editor até chegar à aba divisória **Maps**. Clique para ativar a opção **Displacement**. Acompanhe a Figura 11.7.

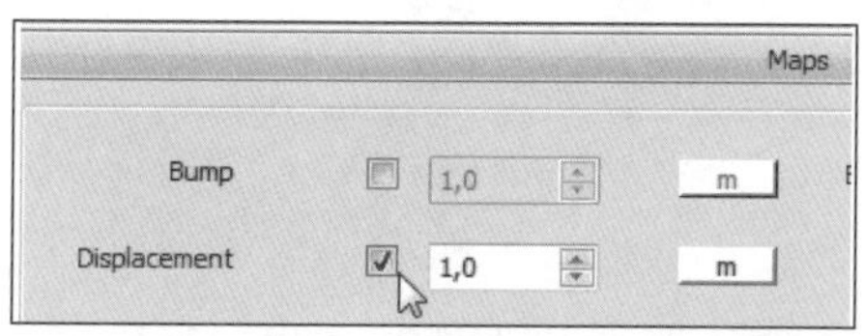

Figura 11.7 - Parâmetro Displacement sendo acionado.

- Clique agora no **botão de mapas "m"** do **Displacement** para buscar a textura em preto e branco, para que sejam ajustados os níveis altos e baixos da superfície. Devemos lembrar que os tons brancos elevam as áreas da superfície do modelo 3D no qual o material está aplicado e o tom preto gera os níveis baixos.

- Igualmente, no **Diffuse Color**, escolha a opção **TexBitmap** e, no parâmetro **File**, busque a textura *"bricks displace.jpg"*, Figuras 11.8 e 11.9.

Figura 11.8 - Opção TexBitmap.

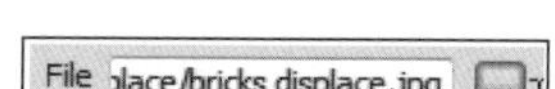

Figura 11.9 - Textura preto e branco para uso no Displacement.

- Também configure a opção de **Repeat** para os mesmos valores utilizados no Diffuse Color. Veja:

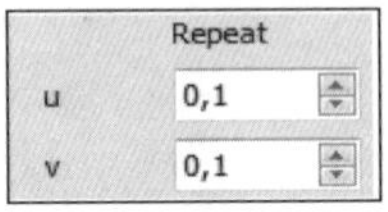

Figura 11.10 - Repeat UV da textura Displacement.

- Clique em **OK**.

Ainda no painel **Material Editor**, veja que há um campo de inserção de valor numérico no parâmetro **Displacement**. Esse campo permite configurar a intensidade do efeito, ou seja, quanto maior o valor numérico inserido, mais altas e mais baixas serão as áreas afetadas. Para este exercício, vamos colocar o **valor = 3**.

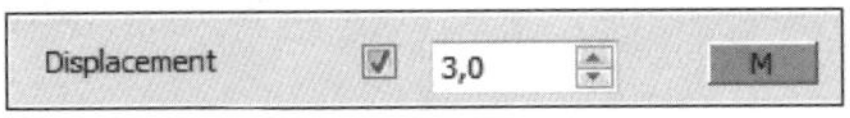

Figura 11.11 - Intensidade do efeito Displacement.

Para verificar o efeito, é preciso renderizar a cena. Você vai perceber principalmente nas arestas como o efeito é bem executado, e também nas sombras.

Renderize e confira o resultado, conforme a Figura 11.12.

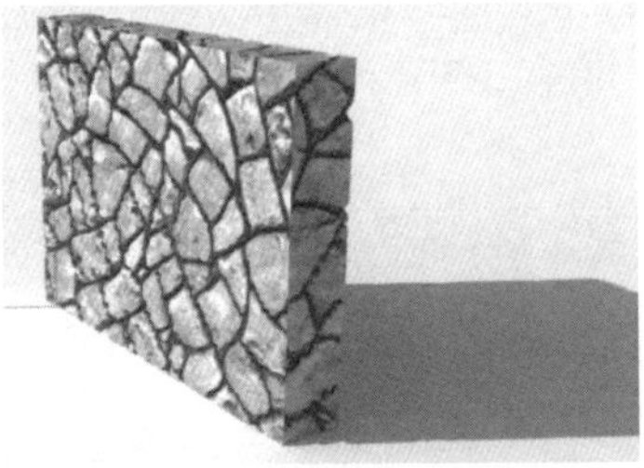

Figura 11.12 - Parede de blocos de pedras com Displacement.

11.2 Transparency Mapping

Em português, podemos chamar essa técnica de **"mapa de transparência"**. Consiste em aplicar áreas transparentes no material. Assim, áreas do objeto com esse material aplicado serão, consequentemente, invisíveis.

Veja um exemplo na Figura 11.13.

Figura 11.13 - Exemplo com áreas transparentes.

O parâmetro **Transparency** encontra-se na mesma *aba Diffuse* de um material. Veja:

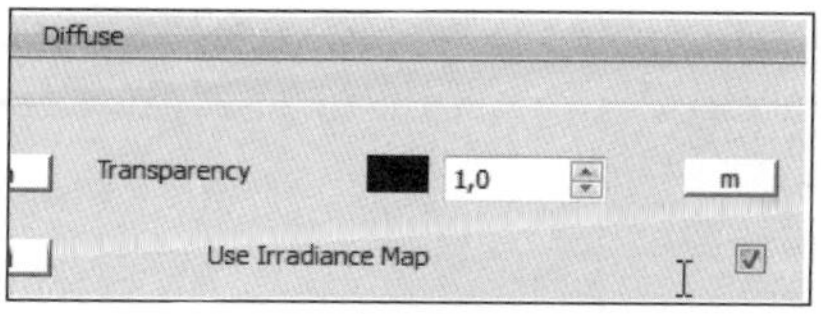

Figura 11.14 - Parâmetro Transparency.

No **botão de mapas "m"** do parâmetro **Transparency**, clica-se para adicionar uma textura de cores preta e branca. Com a opção **TexBitmap** selecionada, também é usado o parâmetro **File** para buscar o mapa preto e branco. Observe um exemplo:

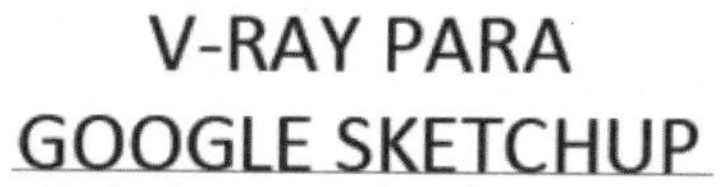

Figura 11.15 - Imagem preta e branca para controle de áreas invisíveis.

As áreas cobertas pelos textos em preto ficam visíveis, e toda a área branca deixa o resto do material invisível ou com transparência zero.

Esse tipo de técnica é usado para fazer redes, telas de arame, entre outros.

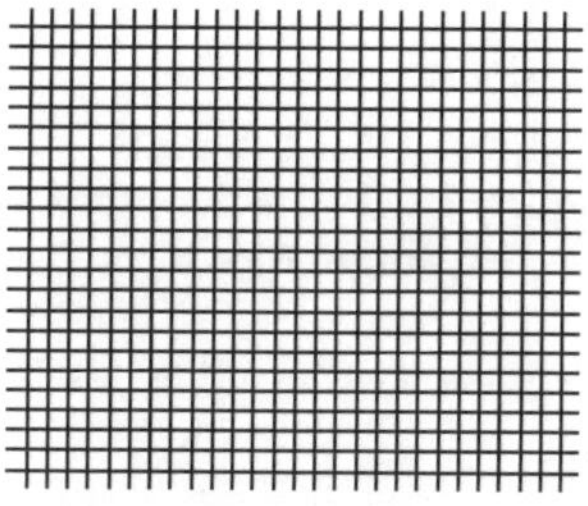

Figura 11.16 - Imagem em preto e branco.

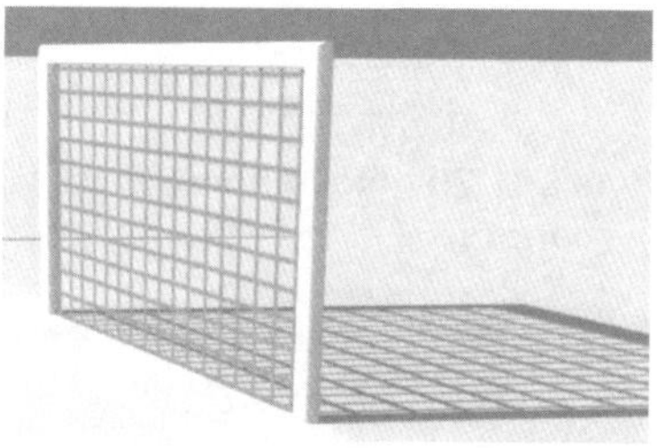

Figura 11.17 - Material de rede - Transparency.

O acabamento que sobra como parte visível é exibido conforme o que é configurado no parâmetro **Diffuse Color**. Se a cor estiver num tom vermelho, a rede será da cor vermelha, por exemplo.

11.3 Material Angle Blend

É uma forma de mesclar outros dois tipos de materiais já criados para gerar um terceiro no qual, dependendo do ângulo de visão do observador, predomine um ou outro. Como um efeito *Fresnel*, conforme se perde a vista nas laterais, o segundo material aparece no acabamento.

Veja um exemplo na Figura 11.19.

Assim como criamos um material com Standard, o do tipo **Angle Blend** segue o mesmo caminho. Basta um clique com o **botão direito** na descrição **Scene Materials** e, entrando em **Create Material**, um clique em **Angle Blend**.

Figura 11.18 - Modelo 3D com material Angle Blend.

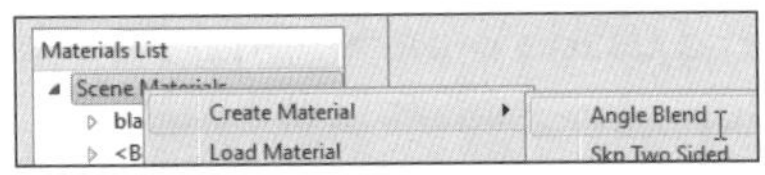

Figura 11.19 - Criar um material Angle Blend.

É possível atribuir um novo nome, assim como nos outros materiais que já criamos durante o estudo.

Ao verificar os parâmetros desse novo material, vamos constatar que existem dois campos com os prefixos **Mtl** - proveniente de Material, Figura 11.21.

Figura 11.20 - Novo nome para o material Angle Blend.

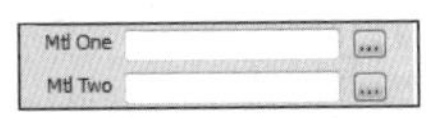

Figura 11.21 - Parâmetros do Angle Blend.

Cada um desses dois parâmetros deve ser preenchido com materiais já criados, para gerar o efeito de mescla.

Clicando em cada um dos botões de reticências, devemos escolher na lista de materiais prontos um para cada um dos dois botões. Veja as Figuras 11.22 e 11.23.

O que acontece pode ser visto no exemplo das figuras a seguir, cujos materiais usados são do tipo metal:

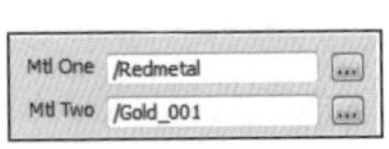

Figura 11.22 - Parâmetros Angle Blend.

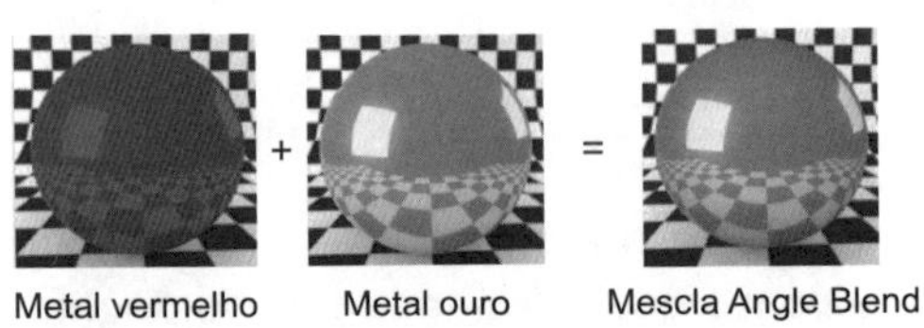

Figura 11.23 - Mescla dos dois materiais usados nos parâmetros de Angle Blend.

Os tipos de materiais usados nesse recurso são geralmente os de acabamento metálico ou pintura metálica. Existem algumas pinturas automotivas que utilizam esse processo de mescla de cores, com o qual, dependendo de onde se observa e da quantidade de iluminação do local, as cores se alteram.

11.4 Ambient Occlusion - volumetria

Para maior realismo nas cenas renderizadas com o V-Ray, precisamos sempre nos preocupar com todos os detalhes do mundo real para que sejam considerados e simulados também no mundo da computação gráfica.

O Ambient Occlusion é um desses detalhes que precisamos sempre, na medida do possível, simular e representar na renderização. Também conhecido como AO, ou, em português, "sombras de contato" ou de "oclusão", esse efeito proporciona pequenas sombras em locais da cena em que não há tanta luz penetrada ou direta. O AO é reforçado em cantos de parede, próximo ou debaixo de pezinhos de mesas e cadeiras, dentro de móveis com prateleiras expostas, ou seja, qualquer lugar que tem pouca luz.

Visualize a cena da Figura 11.24.

Figura 11.24 - Cena sem AO.

A cena renderizada na figura não contém materiais por questão de visualizarmos, por enquanto, apenas o efeito de oclusão (AO). Para criar esse efeito, é preciso acessar o painel Options:

Barra V-Ray ➤ Botão Options Editor ( )

> Caso queira executar junto com o procedimento, modele uma cena simples no SketchUp com medidas reais e escala humana - como as cenas disponíveis para download já utilizadas neste livro.

Continuando, precisamos abrir a aba divisória de parâmetros chamada **Indirect Illumination**:

Figura 11.25 - Aba Indirect Illumination - painel Options Editor.

Com diversos parâmetros que ainda serão explanados, um grupo deles interessa no momento, que se chama **Ambient Occlusion**. Veja a Figura 11.26.

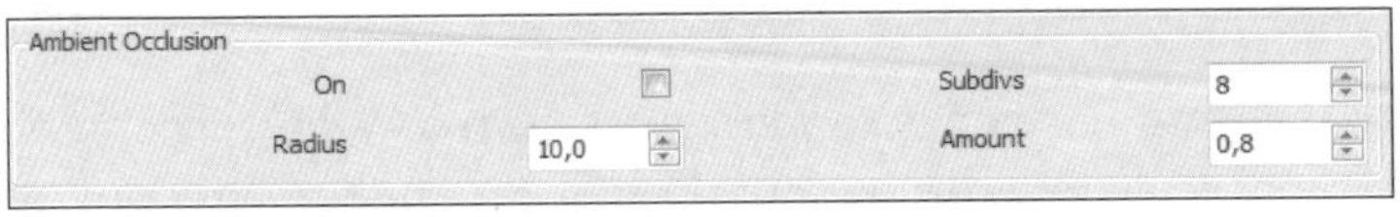

Figura 11.26 - Parâmetros do Ambient Occlusion.

Vamos ver os quatro parâmetros existentes.

On

Ligando a opção **On**, o efeito é aplicado. O efeito não é visível quando se está na cena gráfica do SketchUp, mas somente no render final, Figura 11.27.

Figura 11.27 - Imagem com AO aplicado.

Porém, sempre há como fazer ajustes para melhorar ou refinar ao nosso modo, e com o AO não é diferente. Vejamos os demais ajustes:

Subdivs

Esse parâmetro é responsável por definir a qualidade das sombras geradas pelo AO. Visualize na Figura 11.28 ajustes diferentes para o efeito:

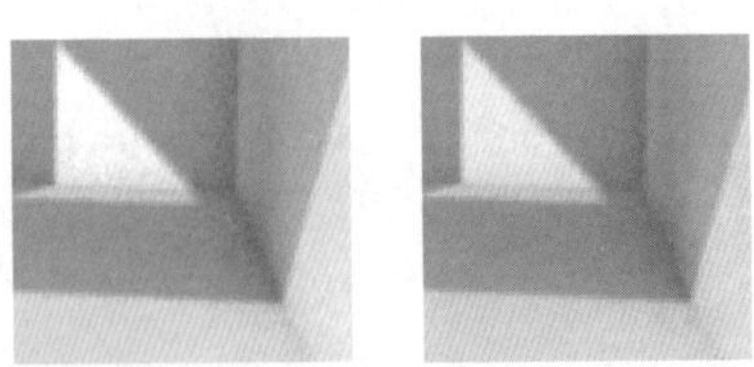

Subdivs AO = 4,0 Subdivs AO = 16,0

Figura 11.28 - Ruído de AO.

Veja como na imagem da esquerda há mais ruído (ou granulado) devido à baixa subdivisão. Já na imagem da direita, a qualidade é melhor.

Nesse parâmetro Subdivs, quanto maior o valor, além da melhor qualidade, mais demorado o render fica. Tome certo cuidado para não exagerar no valor. Um valor de até ***32*** é mais do que suficiente, porém o valor de ***Subdivs = 8*** é muito comum no uso do efeito.

Vamos continuar com os demais ajustes.

Radius

O parâmetro **Radius** possibilita um alcance maior das sombras de oclusão. Quanto maior o valor numérico, mais as sombras se propagam. O valor de **Radius** pode ser trabalhado entre **10** e **40**. Com um valor maior do que **40**, a sombra se propaga tanto que acaba se dispersando, perdendo um pouco o efeito.

Veja a comparação na Figura 11.29 que traz dois valores em uso. Procure perceber que a propagação das sombras é maior do lado direito do que do lado esquerdo:

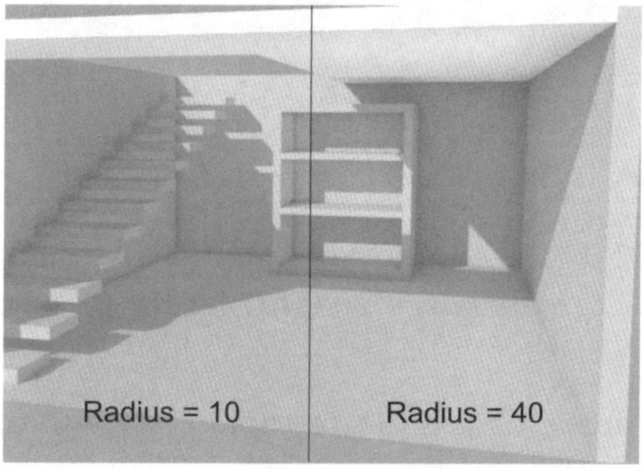

Figura 11.29 - Comparação de valores do parâmetro Radius do efeito AO.

Amount

Já a opção **Amount** existe para intensificar o efeito, para mais claro ou mais escuro. Esse parâmetro também requer certa atenção para não haver exagero, pois o efeito de AO muito escuro fica além das boas expectativas de uma cena que simula a realidade.

A seguir, vamos visualizar duas imagens. A Figura 11.30 segue com valor de **Amount = 0,5**. Percebemos que as sombras do efeito AO estão um pouco claras. Veja:

Figura 11.30 - Parâmetro Amount com valor = 0,5.

A segunda imagem, Figura 11.31, exibe o parâmetro **Amount** com um valor = **1,0**. O efeito de sombras do AO fica mais intenso, mais escuro.

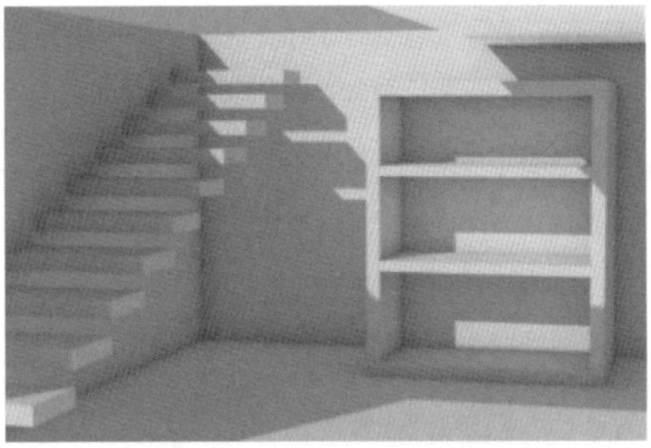

Figura 11.31 - Parâmetro Amount com valor = 1,0.

O valor padrão de **0,8** já é bem interessante. Aconselha-se utilizar valores próximos a esse padrão. Valores maiores que **1,0** fazem parte dos que escurecem em excesso.

Veja a mesma cena dos exemplos deste tópico com AO e, junto, um acabamento com materiais V-Ray:

Figura 11.32 - Cena com acabamento + AO.

Como conselho final deste tópico, é interessante então sempre usar esse efeito, sejam cenas de interiores ou de exteriores, pois a diferença final é grande, portanto nunca deixe de usar.

11.5 Global Illumination - iluminação global

Mesmo que este tópico apareça somente agora, o **Global Illumination** foi utilizado em todas as cenas que criamos durante o estudo do V-Ray, já que esse recurso é habilitado automaticamente, sem precisar acioná-lo.

O Global Illumination, também conhecido pela sigla **GI**, é um grande algoritmo calculado quando há iluminação, seja ela natural (Sol) ou artificial, e os fótons da luz rebatem de uma superfície à outra, gerando preenchimento de luz na cena e fazendo também com que as cores de um objeto reflitam em outro objeto muito próximo.

Observe a Figura 11.33.

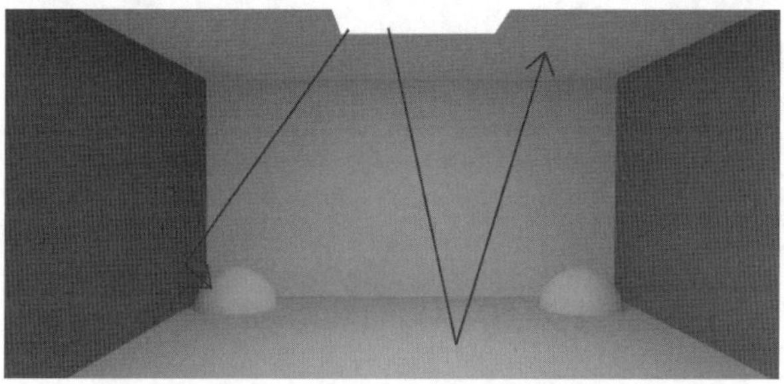

Figura 11.33 - As setas dão ideia do rebatimento da luz no ambiente.

A cena da Figura 11.33 encontra-se disponível para download no site da Editora Érica, "cena GI.skp" - para estudos e acompanhamento deste tópico sobre GI.

Nessa cena, há uma parede de cor vermelha ao lado esquerdo, uma parede de cor verde ao lado direito e o piso azul-claro. Essas tonalidades de cor refletem neles próprios e nos demais objetos da cena - esferas, parede ao fundo e no branco do teto.

Procedimento

O **Global Illumination** encontra-se para ajustes no painel **Options Editor**:

Barra V-Ray ➤ Botão Options Editor ( )

Figura 11.34 - Aba divisória Indirect Illumination.

Vamos aos parâmetros:

On

É o parâmetro que liga ou desliga o efeito do Global Illumination (GI).

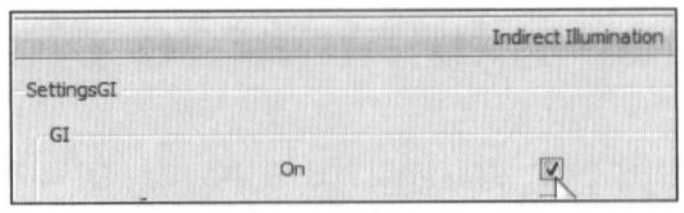

Figura 11.35 - Parâmetro On do GI.

- Desligue o parâmetro **On** e renderize toda a cena. Você perceberá a ausência de iluminação na cena, ficando bem escura. Com a opção do **Render Region**, demarque a metade da direita na tela do FrameBuffer, ligue o parâmetro **On** do GI e renderize novamente. Veja a diferença, como mostra a Figura 11.36.

Figura 11.36 - Imagem compara o GI desligado e ligado na mesma cena.

Esse rebatimento da luz, com o qual são carregadas as propriedades dos materiais, refletindo então em outros objetos, chama-se **Radiosity** (ou radiosidade, em português).

Essa **radiosidade** pode ser intensificada; as cores rebatidas podem ser mais vistas e a luminosidade pode ser também mais contrastada com relação às áreas mais escuras. Para isso, existem parâmetros específicos, que também se encontram na aba **Indirect Illumination**. A Figura 11.37 ilustra esses parâmetros.

Figura 11.37 - Parâmetros de reforço de radiosidade.

Saturation

É utilizado para saturar as cores, ou seja, as informações de cores serão mais intensas na radiosidade.

- **Saturation com valor = 0:** deixa a imagens em tons de cinza, removendo todas as tonalidades de cor da imagem.
- **Saturation com valor = 1:** ao natural.
- **Saturation com valor = 1,1 ou maior:** mais vivacidade nas tonalidades de cor da cena.

Contrast

Esse parâmetro ajusta o contraste de luz e sombra. Quanto maior o valor numérico, mais claras e contrastantes serão as áreas diretamente iluminadas na cena e mais escuras as áreas sombreadas.

Contrast Base

O parâmetro **Contrast Base** oferece um patamar para os ajustes anteriores. Se aumentar o seu valor, os parâmetros **Saturation** e **Contrast** terão seus aspectos revelados proporcionalmente e comumente. Se o valor for diminuído em Contrast Base, os outros dois ajustes também terão seus valores decaídos, com diferença menor na cena original.

Observe mais alguns exemplos de cena com e sem o GI ativado:

Figura 11.38 - Cenas de interiores sem e com o GI ativado.

Na Figura 11.38, o lado esquerdo tem aspecto bem escuro do ambiente porque não há o rebatimento de luz distribuído no ambiente, já que esta é a função do GI, quando ligado. Percebemos que são bem definidas as áreas diretamente iluminadas com relação às que estão em penumbra. O lado direito da figura mostra a mesma cena com o GI ativado.

Figura 11.39 - Cena de maquete sem e com o GI ativado.

Mais um exemplo, agora com uma cena externa de maquete. O GI desativado do lado esquerdo da Figura 11.39 mostra os locais com sombras num tom de preto praticamente 100%. Como não há fótons espalhados na cena devido à ausência do rebatimento da luz, mais uma vez observa-se o contraste intenso entre sombras e áreas diretamente iluminadas pelo Sol. Já no lado direito da mesma figura o GI está ativado.

11.6 Override Materials

Haverá algumas situações em que vamos pretender fazer alguns estudos de iluminação, seja ela simplesmente natural (Sol), como também estudos de luminotécnica do seu ambiente interno. Em diversas situações, os materiais já empregados nos modelos 3D da cena podem fazer com que o render seja um pouco demorado, se a sua ideia é somente estudar como estão os ajustes de iluminação. Se quiser testar as luzes sem levar os materiais em consideração, como se pudesse desabilitar seus reflexos, brilhos, transparências, canais de **bump** e **emission**, neste caso vai precisar do recurso chamado **Override Materials**.

Veja a mesma cena da maquete utilizada em alguns capítulos anteriores:

Figura 11.40 - Renderização padrão.

A cena da Figura 11.40 mostra uma cena com o Sol configurado e alguns materiais do V-Ray já aplicados. Também está ativado o GI, que é por padrão sempre acionado pelo V-Ray, e foi configurado o **Ambient Occlusion** com o parâmetro **Radius = 25** e **Subdivs = 16**.

Repare na mesma imagem da maquete anterior com o recurso **Override Materials** ativado:

Figura 11.41 - Cena renderizada com Override Materials ativado.

Acompanhe como ajustar o recurso **Override Materials**:

Procedimento

- Vamos precisar entrar no painel:

Options - Barra V-Ray ➤ Botão Options Editor ( )

- Continuando, clique para abrir e visualizar os parâmetros da aba divisória chamada **Global Switches**, Figura 11.42.

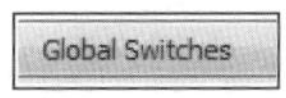

Figura 11.42 - Aba divisória Global Switches.

- Encontre os seguintes parâmetros na aba que abriu:

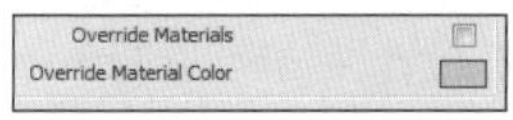

Figura 11.43 - Parâmetros do Override Materials.

- Clicando para ativar a caixa do **Override Materials**, consegue-se o mesmo efeito anterior da Figura 11.41.

Perceba também que há um parâmetro denominado **Override Material Color**. Quando se clica nessa caixinha de tom cinza inicialmente, é possível escolher qualquer outra tonalidade para sobrepor os materiais da cena.

Lembrando que este não é um efeito final do produto, e sim apenas uma etapa nos estudos de iluminação sobre suas maquetes eletrônicas e ambientes internos.

Veja mais um exemplo, só que agora com a cena do dormitório. Quando se renderiza, é nítida a diferença do tempo de renderização, como dito antes. Em cenas de interiores há mais fontes luminosas e mais reflexos, refrações e tantos outros efeitos de materiais calculados. Removidos pelo recurso, garante-se um rápido estudo de luminância na cena. Veja:

Figura 11.44 - Imagem renderizada com Override Materials ativado.

Até que fica bonito, não acha?

11.7 Parâmetros do Global Switches

Antes de tudo, veja os parâmetros da aba citada no título deste tópico:

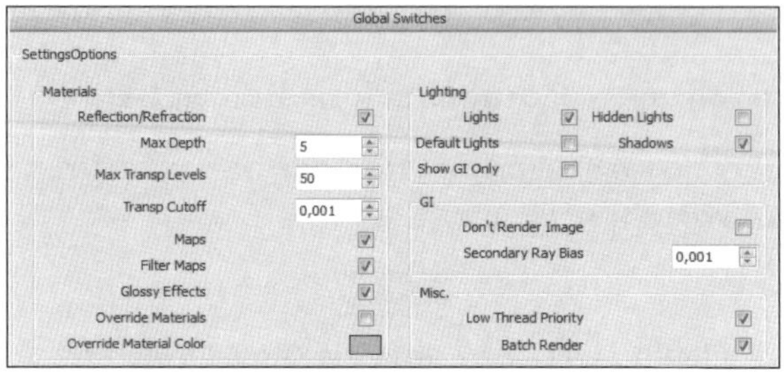

Figura 11.45 - Parâmetros da aba Global Switches.

A cada tópico estudado, compreendemos cada vez mais as possibilidades de simulação e testes de diversas situações que não sejam ainda da renderização da imagem do produto final. Aproveitando o tópico anterior do recurso *Override Materials*, vamos visualizar os demais recursos existentes na aba.

Acompanhe a imagem exemplo da Figura 11.46.

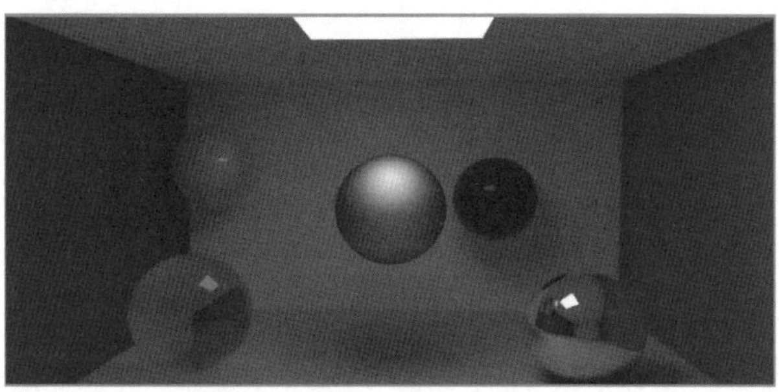

Figura 11.46 - Esferas e diferentes materiais aplicados em cena iluminada.

A figura mostra alguns objetos com reflexos, materiais refratários, polimento, todos recebendo iluminação da lâmpada do teto do ambiente. Vamos mostrar nessa imagem a interferência dos parâmetros dessa aba.

Reflection/Refraction

Quando esse parâmetro é desligado, os reflexos e as refrações deixam de ser calculados pelo V-Ray, uma forma de minimizar tempo de renderização em testes iniciais de fins específicos. A Figura 11.47 mostra como ficam os materiais que possuem essas características.

Figura 11.47 - Reflection/Refraction desligado.

Lembre-se de manter esse parâmetro sempre ligado para imagens finais.

Max Depth

De pouco efeito, esse parâmetro determina um padrão global dos reflexos sobre os modelos 3D com materiais envolvendo mapas (ou texturas, como desejar). Se aumentar o valor para próximo de **100**, um leve aumento dos realces dos reflexos sobre esses materiais é obtido. O valor padrão e que pode ser mantido sempre é de **5**. Não fará muita diferença, mesmo em testes de renderização.

Max Transp Levels

Alterando o valor numérico, indica-se um novo padrão de alcance da luz dentro dos materiais com propriedade transparente. Valores bem pequenos podem produzir materiais transparentes com pouca refração e dar impressão de o seu volume estar mais opaco. Não se aconselha alterar esse valor; sem maior diferença.

Transp Cutoff

O valor padrão = **0,001** mantém fiéis as informações de cores e geometria por trás dos materiais transparentes, com relação ao observador (nós). Aumentar esse valor pode fazer com que o tempo de renderização seja mais breve, mas só para testes.

Maps

Quando esse parâmetro é desligado, remove os mapas existentes na cena 3D sobre a imagem renderizada, todavia mantém todas as demais layers configuradas com cores difusas. Veja as Figuras 11.48 e 11.49. Na primeira, a cena com o parâmetro ligado; na segunda (à direita), com o parâmetro desligado.

Figura 11.48 - Objetos da cena com mapas em seus acabamentos.

Figura 11.49 - Parâmetro Maps desligado.

Filter Maps

Importante deixar ligado, pois esse parâmetro permite filtrar algumas pequenas imperfeições de exibição dos mapas no render final da imagem, porém pouco significativo quando desligado.

Glossy Effects

Esse parâmetro, quando desligado, remove todos os efeitos do parâmetro **Glossy** dos materiais, como se todos ficassem configurados com valor padrão = **1**. Veja uma comparação entre as Figuras 11.50 e 11.51.

Figura 11.50 - Materiais com Glossy estilizado.

Figura 11.51 - Cena com o parâmetro global Glossy Effects desligado.

Vamos verificar agora as configurações globais com relação à iluminação geral das cenas produzidas:

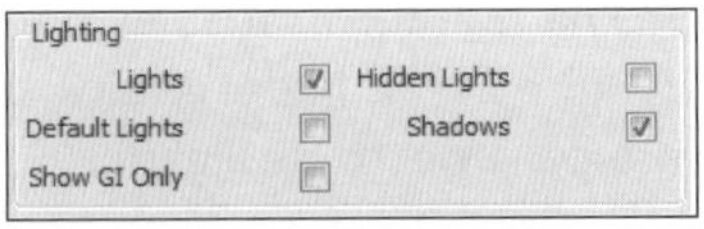

Figura 11.52 - Parâmetros do grupo Lighting - Global Switches.

Lights

Quando esse parâmetro é desligado, todas as luzes da cena ficam com o parâmetro Enable desligado. Essa cena das esferas, quando renderizada, fica totalmente escura, por ser totalmente fechada. Se for uma cena aberta, a luz padrão do SketchUp é acionada para visualizar os objetos, ao menos.

Hidden Lights

Por padrão, esse parâmetro é desativado e, assim, não renderiza a iluminação de luzes do V-Ray que foram escondidas com o recurso do SketchUp chamado **Hide**, Figura 11.53.

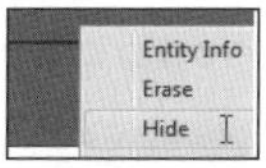

Figura 11.53 - Parâmetro Hide do SketchUp.

Se acionado, todas as luzes da cena, estando ou não escondidas, terão a iluminação realizada no processo de renderização da imagem.

Shadows

Se esse parâmetro for desligado, todas as sombras projetadas em cena não serão renderizadas. Para testes específicos, é interessante quando a volumetria não é levada em consideração. Observe:

Figura 11.54 - Parâmetro Shadows desligado - Global Switches.

Na Figura 11.54, notamos a ausência das sombras que deveriam ser projetadas das esferas situadas na cena modelada. Já na Figura 1.55, com o recurso **Shadows** ativado, voltamos ao padrão comum de geração dessas sombras.

Figura 11.55 - Sombras projetadas pelas esferas - Shadows habilitado.

Show GI Only

Esse parâmetro permite visualizar apenas o efeito de **Global Illumination (GI)** em ação na cena. Acontece que as luzes existentes e suas iluminações diretas não são renderizadas, para efeito de averiguar, por exemplo, como está o preenchimento de luz na cena sem a interferência do efeito ligado das fontes luminosas. Usado para simples teste de conferência e não como resultado final do produto.

Na Figura 11.56, o lado esquerdo mostra o parâmetro ligado, ou seja, exibe somente o efeito de rebatimento de luz, o GI. Já no lado direito, o efeito está desligado, voltando ao normal como nos acostumamos a visualizar, com luz direta e sombra.

Figura 11.56 - Comparativo da opção Show GI Only ligada (esquerda) e desligada (direita).

GI: Don't Render Image

Este é um dos mais interessantes parâmetros para realizar testes de iluminação. Quando o Don't Render Image é ativado, não é feito o processo de "embelezamento" da cena, com qualidade final. O que acontece é que ele mostra uma prévia do render, o que chamamos de pré-cálculo, exibindo em qualidade "rascunho" como estão a iluminação e o preenchimento de luz do GI na cena 3D. Por ser uma renderização rápida, vale a pena para testes de iluminação, Figuras 11.57 e 11.58.

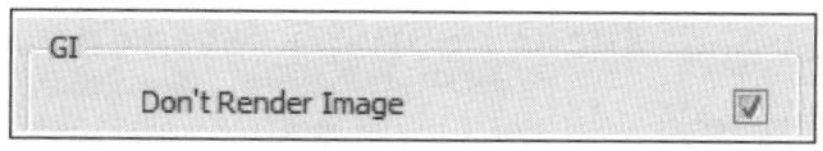

Figura 11.57 - Parâmetro para exibir no render apenas o pré-cálculo.

Agora a imagem de exemplo:

Figura 11.58 - Imagem com o parâmetro Don't Render Image acionado.

11.8 Environment

Há alguns aspectos que não foram citados diretamente, os quais tratam da tonalidade padrão de luz incidida sobre a maquete eletrônica do SketchUp e das configurações de luz e plano de fundo de cena.

No painel Options Editor do V-Ray, encontramos uma aba de parâmetros específica para esses ajustes, denominada **Environment**:

Figura 11.59 - Aba divisória Environment - painel Options Editor.

Na versão atual do V-Ray, que é a **1.49**, os parâmetros **GI Color** e **BG Color** já são automaticamente ajustados para simular a iluminação global do Sol, o tom azulado do céu (efeito atmosférico) e também o plano de fundo, no caso o céu, o Sol e os efeitos visuais atmosféricos em geral.

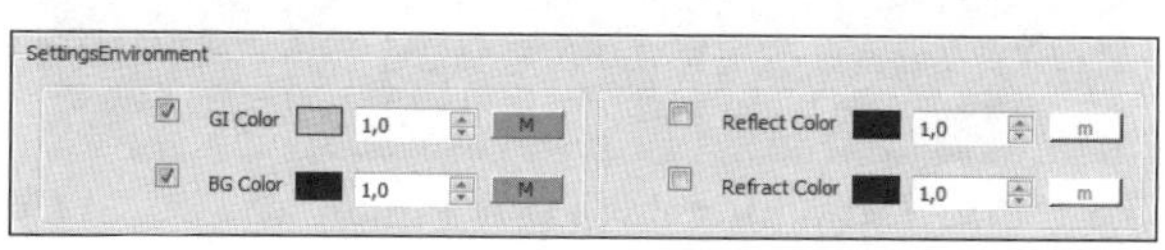

Figura 11.60 - Parâmetros de ajuste de Environment.

Os parâmetros existentes são:

- **GI Color:** define o padrão de cores ou mapas emitido no modelo 3D do SketchUp.
- **BG Color:** indica as definições de exibição de cores ou mapas do plano de fundo.

- **Reflect Color:** define qual cor ou mapa será refletido por padrão dos objetos 3D da cena do SketchUp.
- **Refract Color:** define qual cor ou mapa será refratado por padrão pelos objetos 3D da cena.

Para projetos de arquitetura e design de interiores, os parâmetros utilizados na prática são os encontrados à esquerda: *GI Color* e *BG Color*, sendo os ensinados neste livro.

11.8.1 GI Color

Temos um seletor inicial que liga e desliga a opção. Temos também uma caixa de seleção de cores, um ajuste de inserção de valores numéricos e um botão de mapas "m". Veja:

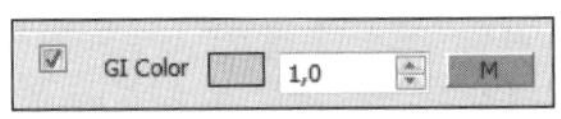

Figura 11.61 - Parâmetros do GI Color.

Se clicarmos na caixinha seletora - primeiro parâmetro, haverá ausência total de luz na cena, ou seja, a iluminação global do céu e do Sol vai embora "para bem longe".

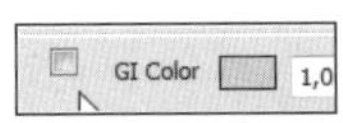

Figura 11.62 - GI Color desativado.

Figura 11.63 - Cena modelada sem iluminação de GI Color.

Na versão 1.48, que é a anterior do V-Ray, esse recurso precisava ser habilitado manualmente e o botão de mapas e intensidade também. Veja como fica, no padrão, esse parâmetro habilitado:

Figura 11.64 - GI Color ativado - padrão do V-Ray.

Lembre-se de manter esse parâmetro sempre ligado.

A personalização começa agora. Temos uma caixa de seleção de cor para alterarmos a cor predominante na iluminação geral da cena. O detalhe fica por conta de que, se houver um mapa já configurado no botão de mapas, **essa caixa de cor não faz efeito nenhum**. Para ver o efeito, clique no **botão de mapas "m"** e na opção **None**. Veja a Figura 11.65.

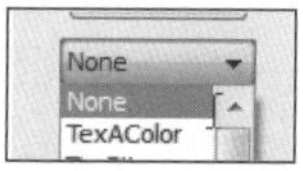

Figura 11.65 - Opção None para mapa de iluminação global.

Agora podemos escolher uma tonalidade de cor para averiguar o efeito sobre a imagem posteriormente renderizada, Figura 11.66.

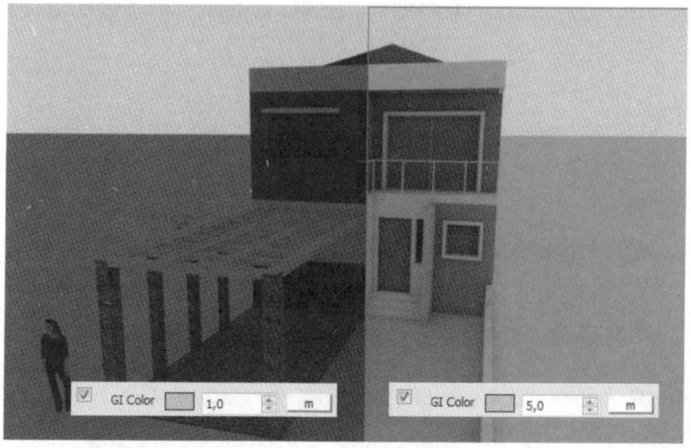

Figura 11.66 - Comparativo das intensidades de cor com o GI Color.

11.8.1.1 TexSky e Sungliht

Como agora vamos conhecer os mapas de iluminação global, a cor, como dito anteriormente, volta a perder o seu efeito, mas o valor numérico para intensidade continua valendo; é interessante voltar ao valor padrão inicial = **1**.

O tipo de mapa mais utilizado é o chamado **TexSky**. Ele é procedural, ou seja, é uma "textura" que ilumina e se altera conforme parâmetros pré-estipulados. Sua função é simular a iluminação solar e o nosso querido céu.

Vamos começar?

Procedimento

- Com a cena da casa moderna aberta, clique no **botão de mapas "m"**.

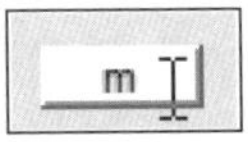

Figura 11.67 - Botão de mapas "m".

- A seguir, selecione na lista de mapas a opção TexSky. Ela inclusive já estava configurada antes, por ser o mapa de iluminação global padrão desta versão do V-Ray (se já tiver selecionado o mapa, mantenha):

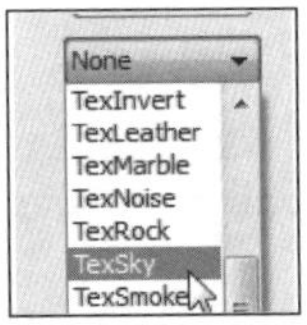

Figura 11.68 - Opção TexSky para iluminação global atmosférica.

Veja o primeiro grupo de parâmetros desse mapa na Figura 11.69.

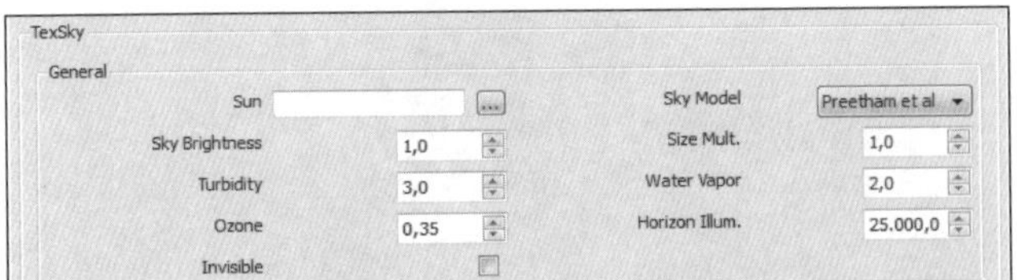

Figura 11.69 - Grupo de parâmetros TexSky para o GI Color.

- A primeira coisa a ser feita é uma configuração do Sol, já que o mapa **TexSky** simula o estudo de insolação e condições atmosféricas na maquete. Clique no **botão de reticências** do parâmetro **Sun** e troque a opção **None** por **SunLight**. Veja as Figuras 11.70 e 11.71.

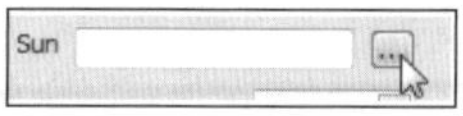

Figura 11.70 - Botão de reticências Sun.

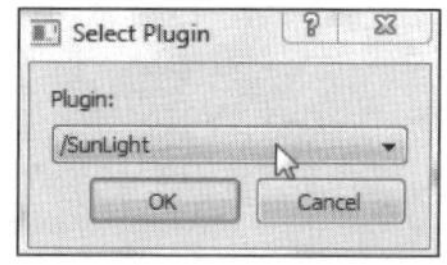

Figura 11.71 - Padrão de iluminação solar - SunLight.

- Depois dessa seleção, percebemos que é habilitado o grupo de parâmetros denominado **SunLight**. Acompanhe na Figura 11.72.

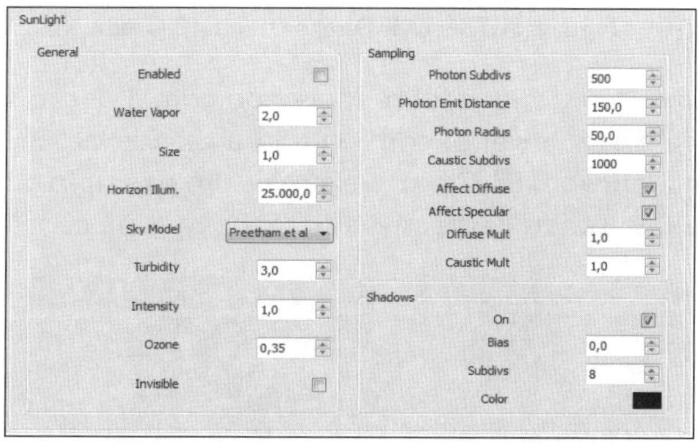

Figura 11.72 - Grupo SunLight e seus parâmetros de ajuste da iluminação global solar.

Vamos aprender os que fazem diferença e que são interessantes para as maquetes eletrônicas.

Sky Model

É um recurso muito legal que possibilita simular três tipos de condições atmosféricas:

- **Preetham et al:** efeito padrão ensolarado.
- **CIE Clear:** efeito intenso de luminosidade, um céu totalmente limpo.
- **CIE Overcast:** efeito de luminosidade sobre a maquete como se o céu estivesse encoberto de nuvens.

Sendo o valor padrão o **Preetham**, renderize um comparativo das opções CIE Clear e CIE Overcast e tire suas conclusões. Realmente o efeito atmosférico tem suas diferenças e simula as descrições anteriores.

Veja a Figura 11.73.

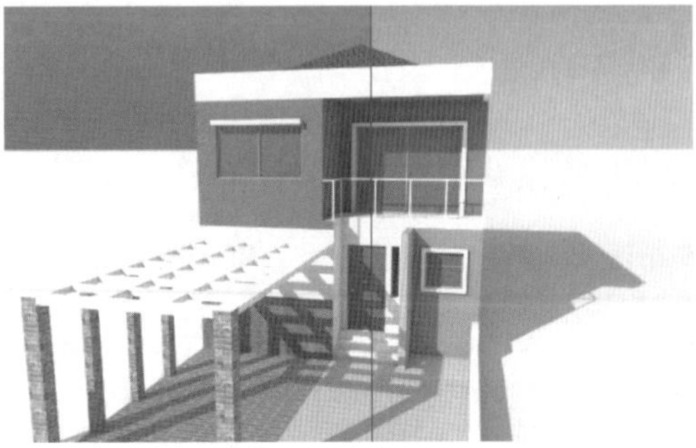

Figura 11.73 - CIE Overcast e CIE Clear.

Na figura, o lado esquerdo, que foi renderizado com a opção **CIE Overcast**, está com o céu escuro. Já o lado direito, com uma intensidade de céu bem azul e limpo, foi renderizado com a opção **CIE Clear**. Veja mais um exemplo, agora com as opções **Clear**, **Preetham** e **Overcast**, respectivamente, na mesma cena:

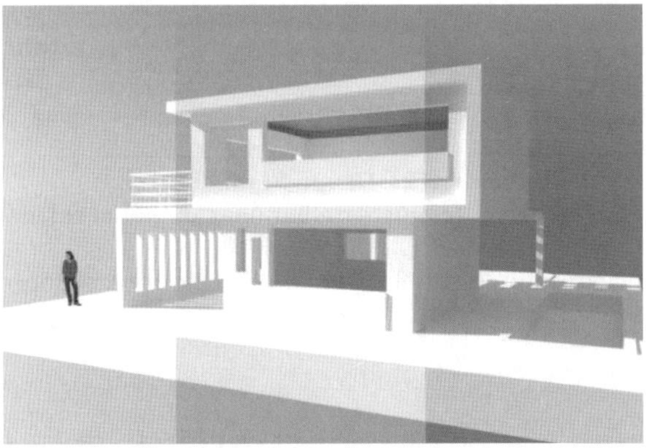

Figura 11.74 - Comparativo dos efeitos atmosféricos Clear, Preetham e Overcast.

O padrão **Preetham** fica como um meio-termo entre as opções **Clear** e **Overcast**.

Vamos ver os demais parâmetros desse grupo:

Intensity

É a intensidade da luz direta do Sol sobre a maquete eletrônica. Seu valor pode variar de 0,1 até centenas de milhares. É interessante fazer um teste com valores entre 0,5 até 1,5. Seguem algumas imagens mostrando a diferença:

Figura 11.75 - Parâmetro Intensity = 0,5.

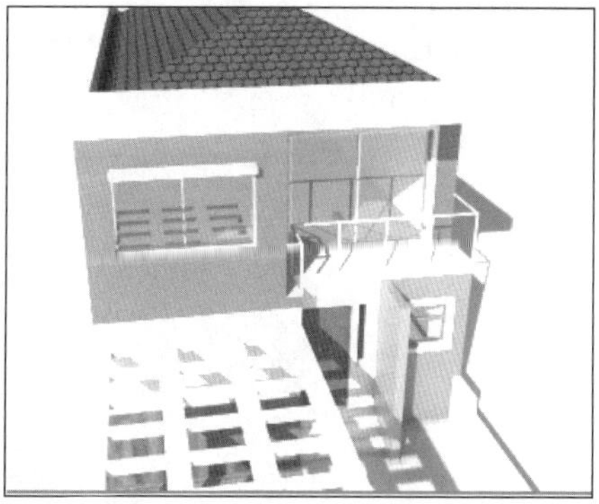

Figura 11.76 - Parâmetro Intensity = 1,5.

Veja como um valor até mesmo menor que o padrão, no caso da Figura 11.75, que recebeu o valor **Intensity = 0,5**, fica muito bom, sem excessos. Faça seus testes com valores aproximados.

Ozone

Esse parâmetro é muito útil quando se quer intensificar o **tom azul** do céu rebatido sobre a maquete. Ele possui valores entre **0** e **1,0** e pode ser muito bem empregado para maquete quando se usa algo próximo de **0,3** ou **0,4**. Faça as renderizações e tire suas próprias conclusões.

Turbidity

Este é outro parâmetro interessantíssimo. Seus valores podem variar de 2 até 20. Valores menores proporcionam a visibilidade de imagens com um céu limpo e tons amarelos e azuis na cena. Já valores mais altos sugerem que há poeira no ar, como se estivesse mais poluído, dando a sensação de imagem em cidade grande, num leve tom alaranjado.

Invisible

Esse parâmetro, quando acionado, desliga a visibilidade do Sol na cena final de renderização e também remove os seus reflexos quando aparece, por exemplo, nos vidros das janelas, onde o efeito da reflexão, por muitas vezes, pode estourar e ficar ruim no resultado final do produto.

Horizon Illum.

Permite alterar a intensidade de iluminação sobre o horizonte e, também, refletindo sobre a maquete eletrônica.

Na Figura 11.77, observe o comparativo. O lado **esquerdo** foi renderizado com o valor de **Horizon Illum. = 24.000** (vinte e quatro mil) e o lado **direito** com o valor = **3.000** (três mil).

Figura 11.77 - Comparativo com os valores 24.000 e 3.000, respectivamente, no parâmetro Horizon Illum.

Water Vapor e Size

São dois parâmetros que, em conjunto, podem simular o ar mais condensado de vapor-d'água, deixando a cena um pouquinho menos estourada, já que os raios de luz do Sol não chegam 100% à superfície dos objetos em cena.

Eles também podem esmaecer as sombras da cena, deixando-as menos "desenhadas", mais ao natural.

São tantos os ajustes de **GI Color** que é possível ficar bem perdido na hora de escolher qual utilizar ou não e quais valores são os ideais.

Na Figura 1.78, há uma configuração bem interessante; na Figura 1.79, o seu resultado.

Agora, a imagem:

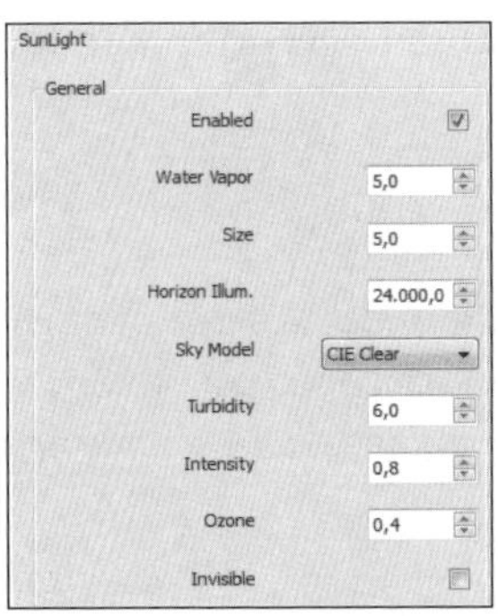

Figura 11.78 - Parâmetros TexSky do GI Color.

Figura 11.79 - Imagem renderizada.

Nessa base, intensifique mais ou menos a iluminação global (Sol e céu) e os demais aspectos visuais atmosféricos na sua maquete eletrônica.

Ainda no mesmo painel de parâmetros do GI Color, existem à direita outros dois grupos denominados **Sampling** e **Shadows**. O grupo Sampling cuida da resolução e dos efeitos sobre a imagem renderizada e o grupo Shadows das sombras projetadas em cena.

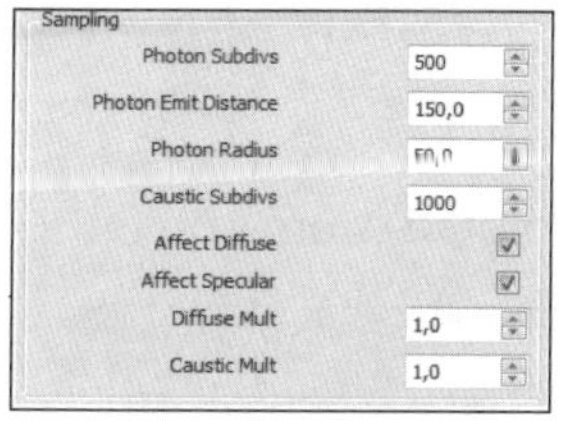

Figura 11.80 - grupo Sampling do GI Color

Photon Subdivs

Permite aumentar a definição dos fótons da iluminação global da cena. Aumentar o valor para **600** ou até mesmo **700** é interessante.

Photon Emit Distance

Aumenta ou diminui o raio de alcance dos fótons emitidos na cena.

Photon Radius

O valor padrão de **50** por si só já está de bom tamanho. Esse parâmetro define o raio de iluminação de cada fóton emitido na cena. Em outros softwares que podem realizar esse tipo de renderização fotorrealística, geralmente é necessário aumentar ou diminuir para evitar áreas manchadas na cena. Com o V-Ray para o SketchUp, isso é bem resolvido com esse valor pré-configurado.

Caustic Subdivs

Trata da qualidade dos efeitos de iluminação refratária em cena.

Affect Diffuse

Liga e desliga o efeito dos ajustes anteriores nas áreas diretamente iluminadas (iluminação difusa).

Affect Specular

Liga e desliga os efeitos dos ajustes anteriores nas áreas de reflexos e o acúmulo de luz em áreas reluzentes dos objetos.

Diffuse Mult

Multiplicador da intensidade dos ajustes anteriores nas áreas diretamente iluminadas na cena.

Caustic Mult

Multiplicador da intensidade dos ajustes anteriores sobre os efeitos de luminância refratária na cena.

On

Liga e desliga as sombras projetadas em cena.

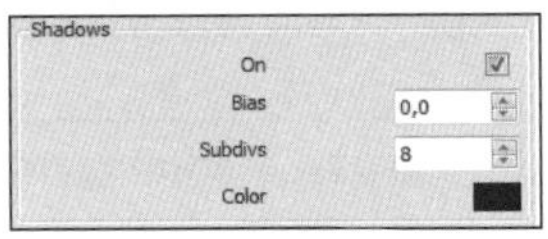

Figura 11.81 - Grupo Shadows - GI Color.

Bias

Distância das sombras para os seus próprios objetos 3D geradores. Manter sempre o valor **0** padrão proposto pelo V-Ray.

Subdivs

Qualidade das sombras das cenas 3D projetadas. Pode aumentar para até 16.

Color

Tom de cor das sombras projetadas em cena.

11.8.2 BG Color e imagens HDR

Vamos voltar as atenções para o outro parâmetro principal da aba **Environment**, que é o **BG Color**. Veja a Figura 11.82.

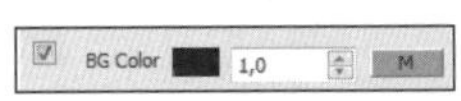

Figura 11.82 - Parâmetros BG Color.

Também com ajustes de ativar ou desativar, caixa de cor para background, parâmetro para inserção de valor numérico para intensidade do grupo e um botão de mapas "m", a função do **BG Color** é personalizar o plano de fundo da cena (daí a sigla **BG = Background**).

Podemos perceber que no **botão de mapas "m"** está configurado também, se clicarmos nele, o mapa procedural **TexSky**. Por quê? Justamente porque é interessante ter como plano de fundo da cena um céu com seus efeitos atmosféricos, azul e um pouco acinzentado, simulando poluição, como também um amarelo e um alaranjado para indicar nascer ou pôr do Sol. Ter um botão como este significa que podemos escolher outros mapas no lugar, personalizando esse plano de fundo das cenas modeladas em SketchUp.

É altamente recomendável que esses mapas sejam no **padrão HDR**, pois precisamos fazer um mapeamento esférico, ou seja, com uma grande esfera ao redor da cena, e esse mapa será a sua textura. Como temos a visualização somente do que está acima do plano (a linha do horizonte), geralmente muitos dos mapas HDR têm um padrão de textura somente na metade superior da sua área total de bitmap.

Veja um exemplo:

Figura 11.83 - Imagem HRD.

Procedimento

- Vamos clicar no **botão de mapas "M"** para trocar o **TexSky** pré-configurado do V-Ray por um novo **mapa HDR**.

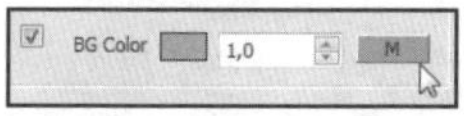

Figura 11.84 - Botão de mapas "m" - BG Color.

- No painel, precisamos clicar no seletor de mapas ao lado esquerdo. Clique na setinha para descer o menu suspenso e clique para escolher a opção **TexBitmap**. Veja a Figura 11.85.

Figura 11.85 - Escolha da opção TexBitmap.

- Agora, vamos atentar ao parâmetro **File**. Clique no **botão de reticências** e busque o arquivo de imagem HDR chamado *"CGSkies_0339_free.hdr"*, disponível junto com os arquivos dos exercícios do capítulo 11.

O arquivo de imagem .hrd citado no parágrafo anterior encontra-se disponível para download no website da Editora, www.editoraerica.com.br.

Observe como fica o parâmetro **File**:

Figura 11.86 - Parâmetro File com imagem HDR inserida.

Porém, o tipo de mapeamento para BG Color não é o mesmo que texturizar um modelo 3D. É necessário trocar o tipo para um mapeamento esférico, assim como é o domo figurativo sobre a maquete gerado pelo V-Ray.

- Troque o tipo de mapeamento no parâmetro **UVW Type** pela opção incluída chamada **UVWGenEnvironment**, Figura 11.87.

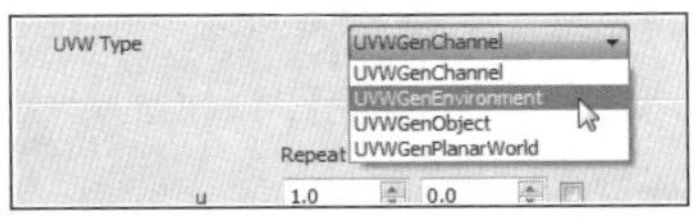

Figura 11.87 - Tipo de mapeamento - parâmetro UVW Type.

- Um pouco mais abaixo, logo após os ajustes de **UV**, verifique se está configurada no parâmetro **Mapping Type** a opção **Spherical**.

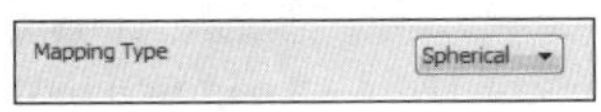

Figura 11.88 - Tipo de mapeamento esférico - domo do V-Ray.

- Feche o painel para confirmar e clique no botão **Render** para averiguar como está a imagem HDR de plano de fundo.

Figura 11.89 - Baixa intensidade do BG Color.

Ficou horrível! Muito escuro o plano de fundo. Para resolver, é necessário aumentar a intensidade do BG Color.

- Abra novamente o painel **Options Editor** (se já não estiver) e digite um valor bem mais alto no campo de inserção de valor numérico. Veja a Figura 11.90.

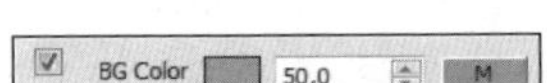

Figura 11.90 - Intensidade do BG Color.

- Digite 50 para o valor de intensidade do BG Color.

- Clique novamente no botão **Render** do V-Ray para averiguar a imagem final renderizada.

Figura 11.91 - Maquete eletrônica com plano de fundo HDR.

Agora ficou muito melhor, não é?

O interessante é que ajustar o BG Color em nada afeta a iluminação realizada pelo GI Color, portanto ainda temos o querido Sol e o estudo de insolação em pleno funcionamento.

11.9 VFB Channels

Para quem gosta de fazer composições dos diferentes canais de render em programas específicos de edição e manipulação de imagens, o V-Ray para SketchUp possui uma aba divisória no painel Options Editor específica para isso.

Como assim, canais?

O V-Ray permite gerar bitmaps específicos de cada efeito de render, de forma separada do que é feito normalmente. Pense que, quando criamos reflexos, luzes, sombras, planos de fundo, volumetria, entre tantos outros efeitos, o V-Ray cria uma espécie de "camada" que registra somente aquele efeito específico, renderizando tudo numa única imagem padrão RGB.

Aprendendo a fazer o render em separado, muitos profissionais da computação gráfica preferem realizar essas sobreposições ao seu modo em softwares específicos para edição de bitmap e, assim, realçar esta ou aquela camada bitmap.

Essas "camadas" são chamadas tecnicamente de canais de render, os quais posteriormente podem ser visualizados um a um no painel **FrameBuffer**.

Veja a Figura 11.92.

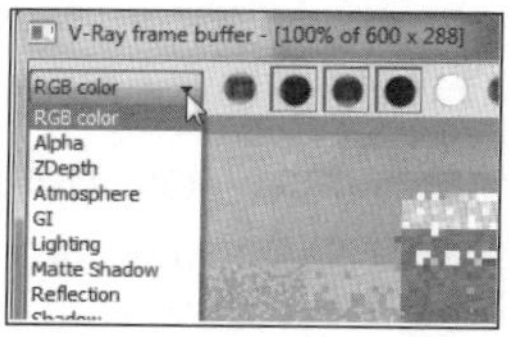

Figura 11.92 - Canais de render - painel FrameBuffer.

A imagem mostra diversos canais, além dos dois padrões RGB color e Alpha, isso porque antes foram escolhidos os demais apenas para apresentar neste exemplo. Vamos aprender como conseguir os demais.

Procedimento

- Clique no botão **Options** para abrir o painel do V-Ray:

Barra V-Ray ➤ Botão Options Editor ( )

Visualize e clique para abrir a aba divisória **VFB Channels**.

Figura 11.93 - Aba divisória VFB Channels.

Seus parâmetros são exibidos na Figura 11.94.

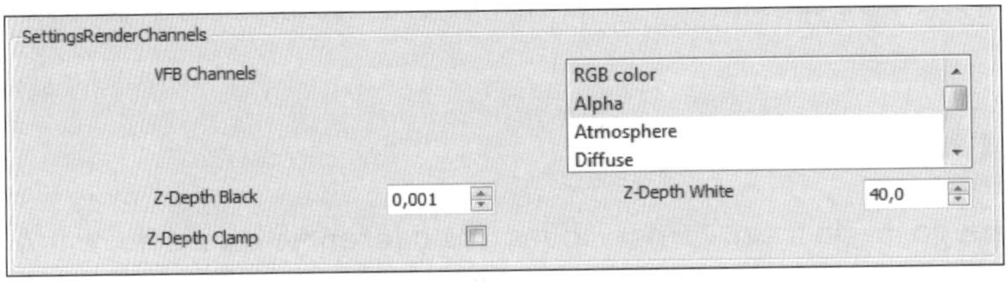

Figura 11.94 - Parâmetros VFB Channels.

De todos os canais de renderização disponíveis, o único que possui ajustes para configurações específicas é o **Z-Depth**, pois é um canal próprio de efeito de câmera, em que, até certa distância, a lente fotográfica consegue manter seu foco e, após a mesma distância dita, o desfoque começa a ocorrer. A unidade de medida dos ajustes de Z-Depth é a polegada.

Nos demais canais, basta "ligar" ou "desligar".

Para maquetes eletrônicas, alguns canais podem ser mais usuais do que outros. Vale destacar os seguintes:

- **RGB color:** canal de renderização padrão, em que todos os canais são processador num só.
- **Alpha:** áreas que não possuem geometria modelada do SketchUp são vazias na cena e, assim, são áreas alpha da imagem.
- **Reflection:** gera um mapa das áreas que refletem na cena para ajustes de realce em produção pós-render.
- **Self-illumination:** gera realce das áreas com layer **emission** atribuída aos materiais, para ajustes em produção pós-render.
- **Shadow:** canal de sombras da cena.

- **Lightning:** canal de áreas diretamente iluminadas.
- **Z-Depth:** canal que gera um mapa dégradé, indicando desfoque da lente da câmera fotográfica (efeito de lente) para ajustes pós-render.
- **Diffuse:** é o canal que armazena um mapa com as cores sólidas.
- **Material ID:** gera cores diferentes para cada material em cena, para substituição ou correções em produção pós-render.
- **GI:** canal que armazena um mapa de rebatimento de luz.

Poder-se-ia, por exemplo, indicar uma cor ID - parâmetro **ID Color** - para o material do piso para, posteriormente, num editor de imagens, fazer ajustes específicos sobre ele.

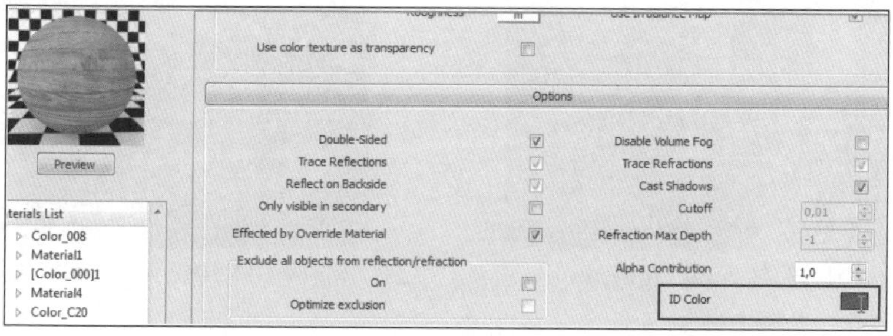

Figura 11.95 - Ajustes de ID Color no Material Editor.

Veja a saída de canal com o material identificado com a cor ajustada em ID Color, na Figura 11.96:

Figura 11.96 - Piso com a cor alterada pelo ID Color.

Assim fica fácil selecionar em um editor de imagem para futuras composições.

Observe algumas saídas de canais do **VFB Channels**:

Figura 11.97 - Canal Diffuse.

Figura 11.98 - Canal GI.

Figura 11.99 - Canal Lightning.

Figura 11.100 - Canal Reflection.

A partir do momento em que se clica no botão **Render** para renderizar as imagens dos canais, pode-se salvá-las com um único clique separadamente no diretório desejado. Para isso, basta clicar no botão **Save** localizado na parte superior do painel **FrameBuffer**.

Figura 11.101 - Botão Save.

Todas as imagens de saída de canal são armazenadas em separado.

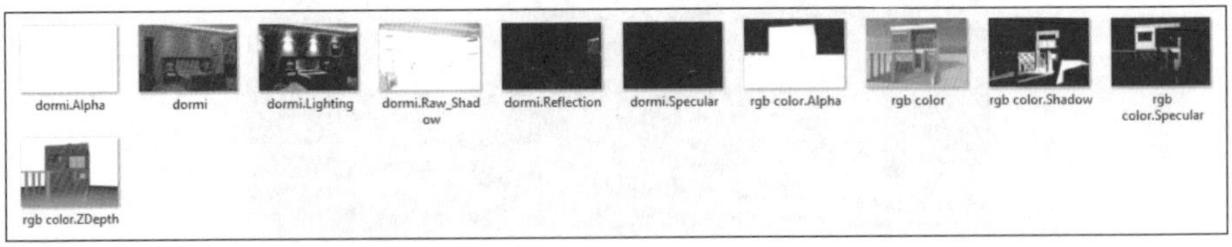

Figura 11.102 - Canais salvos num diretório.

O V-Ray para SketchUp não gera um canal específico de **Ambient Occlusion**, um dos mais utilizados para pós-produção. Geralmente é necessário gerar um render comum habilitando a opção do **Override Materials** no recurso de **AO** da aba divisória **Indirect Illumination**. Acompanhe:

- Clique no botão **Options** para abrir o seu painel:

Barra V-Ray ➤ Botão Options Editor (◈)

- Abra a aba divisória **Global Switches.**
- Clique para ativar a opção **Override Materials.**

Figura 11.103 - Aba divisória Global Switches.

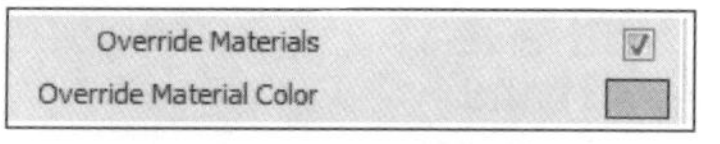

Figura 11.104 - Parâmetros Override Materials.

- Agora, abra a aba divisória **Indirect Illumination** e configure o AO conforme a Figura 11.105.

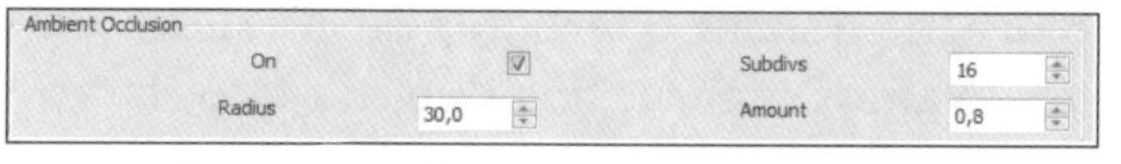

Figura 11.105 - Parâmetros de AO.

Também é interessante desligar as luzes da cena e manter a luz padrão, para não haver realces, importando apenas resgatar o volume e o jogo de sombras da geometria por meio dos parâmetros do grupo **Lighting** da aba **Global Switches.**

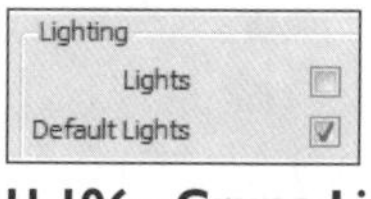

Figura 11.106 - Grupo Lighting.

Figura 11.107 - Render de AO.

11.10 Color Mapping

Color Mapping é o nome de uma aba divisória do painel Options do V-Ray, a qual armazena alguns pré-ajustes de correção de cores da imagem renderizada.

Há uma lista de modos de correção de cores que podem ser ajustados conforme o gosto e a necessidade. As diferenças são bem pequenas; as cores da imagem podem ficar mais ou menos saturadas, mais ou menos brilhantes (ou mais claras, como queira), num aspecto mais ou menos "lavado".

Veja então a aba **Color Mapping**, situada no painel **Options**:

Figura 11.108 - Aba divisória Color Mapping.

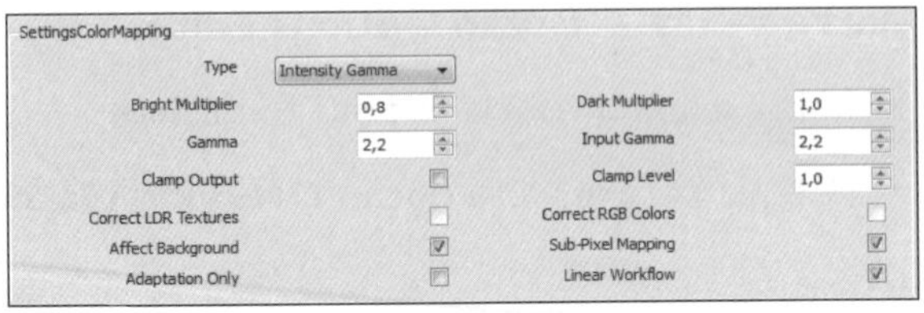

Figura 11.109 - Parâmetros de Color Mapping.

Vamos ver os seus parâmetros, a começar pelo Type:

Type

Esse parâmetro oferece padrões diferentes de correção de cor e brilho da imagem. Como são muitos, vamos atentar aos que, de fato, farão diferença nas cenas de maquete:

- **Linear Multiply:** é um padrão de correção de brilho da imagem que mantém as tonalidades de cor num padrão exato do que se é criado nos materiais.
- **Exponential:** para imagens que contêm muito brilho, cores que emitem certo "estouro" não desejado, o modo **Exponential** faz um diminutivo disso, escurecendo bem de leve a imagem, para conter os altos brilhos que possa haver; a saturação é um pouco diminuída.
- **HSV Exponential:** assim como o modo **Exponential**, ele escurece um pouquinho áreas com excesso de brilho, mas mantém as outras áreas coloridas fiéis ao que eram inicialmente, com saturação no padrão normal.
- **Reinhard:** ele consiste em um meio-termo entre os padrões **Linear Multiply** e **Exponential**; nem tão claro, nem tão escuro.

Veja algumas diferenças entre eles:

Figura 11.110 - Linear Multiply.

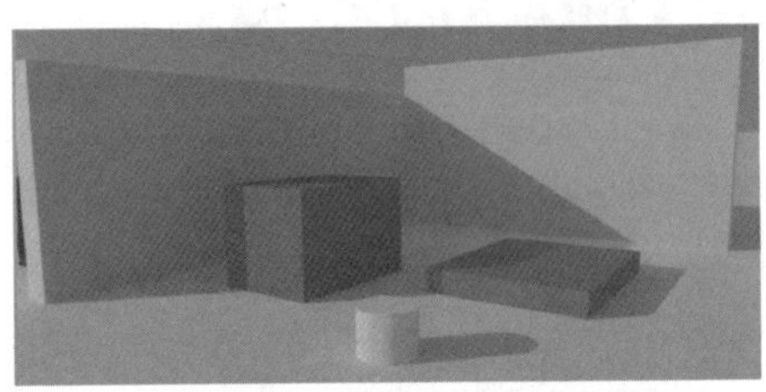

Figura 11.111 - Exponential.

Figura 11.112 - HSV Exponential.

Figura 11.113 - Reinhard.

Esses métodos, apesar de estarem prontos, possuem ajustes manuais para correções de cor das áreas de muito e pouco brilho.

Dos ajustes manuais, vamos aprender:

- Bright Multiplier
- Dark Multiplier
- Gamma e Input Gamma

Bright Multiplier

Esse parâmetro realça ou diminui as áreas com brilho da imagem. Veja a comparação entre as Figuras 11.114 e 11.115, com valores respectivos de **0,8** e **1,2**.

Figura 11.114 - Bright Multiplier de 0,8.

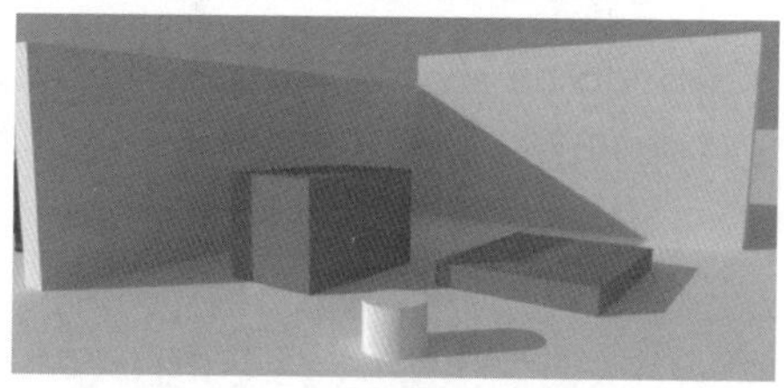

Figura 11.115 - Bright Multiplier de 1,2.

Veja como esse ajuste é ótimo para eliminar o excesso de luz nos cantinhos dos objetos 3D, por exemplo.

Dark Multiplier

Já esse parâmetro escurece mais ou menos as áreas com menos brilho (áreas escuras). Veja a seguir um comparativo, da esquerda para a direita. Os valores respectivos são **1,0** e **1,6** (mais escuro e menos escuro).

Figura 11.116 - Dark Multiplier de 1,0.

Figura 11.117 - Dark Multiplier de 1,6.

Gamma e Input Gamma

São correções de cores de entrada e saída no render final. É preferível sempre manter os valores já corrigidos de **2,2** em ambos para manter a fidelidade de cor já produzida no material.

11.11 Renderização distribuída (em rede)

Se estiver utilizando um computador que se encontra em rede para renderização, você pode partilhar o seu processamento com outros computadores para auxiliar na renderização, a fim de conseguir um tempo menor no processo de geração da imagem.

Esse recurso está no painel **Options** do V-Ray:

Barra V-Ray ➤ Botão Options Editor ( )

Clicando na aba divisória **System**, encontramos o que queremos. Um grupo de ajustes chamado **SettingsDR** é visível. Veja a Figura 11.118.

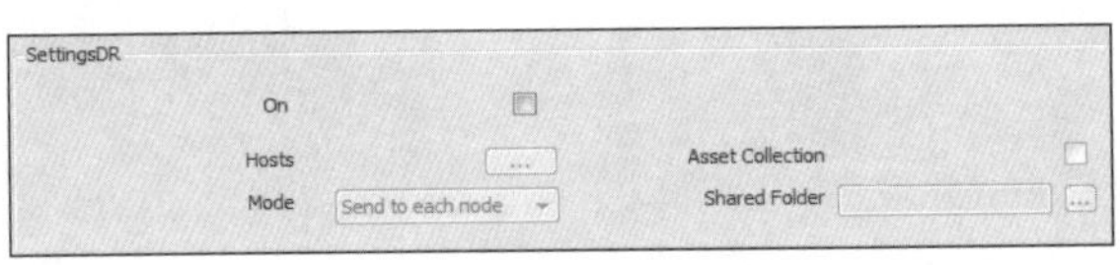

Figura 11.118 - Grupo de ajustes SettingsDR.

On

Ao ativar esse parâmetro, é possível fazer configurações de IPs dos computadores em rede. Poderíamos, por exemplo, querer usar seus processadores e vídeo na renderização da imagem.

Hosts

Clique no **botão de reticências** para digitar os **IPs** dos computadores da rede que serão usados para o render. Veja a tela que se abre.

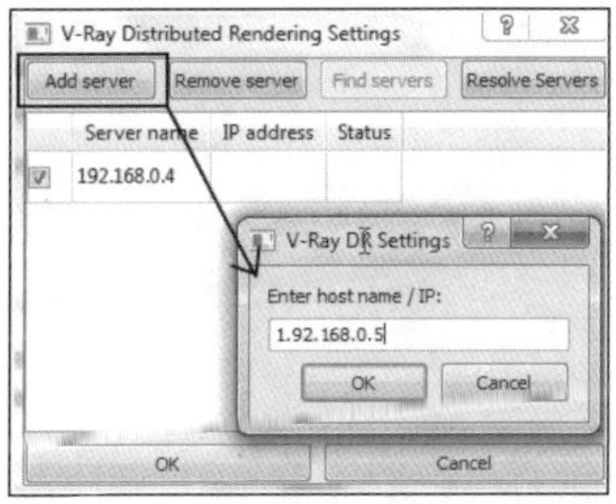

Figura 11.119 - Adição de novos IPs.

Após adicionar os IPs, clique no botão **Resolve Servers** para verificar se os computadores procurados estão realmente sendo achados pelo seu computador, no qual está sendo feita a configuração e será realizada a renderização.

Asset Collection

Quando se clica nesse parâmetro, o outro parâmetro do grupo chamado **Mode** pode ser ajustado.

Mode

Entre as opções, mantenha o valor padrão, que é a opção **Send to each node**. Se escolher a outra opção, vai ter de compartilhar as pastas de texturas e arquivos de luzes .IES num diretório da rede.

Ao renderizar, o processo de render distribuído será ativado.

11.12 Exercícios

Vamos revisar alguns conceitos aprendidos:

a. Qual a diferença de utilizar os recursos para imperfeições de superfície Bump e Displacement?

b. Explique o efeito de AO (Ambient Occlusion).

c. Onde encontramos os ajustes de iluminação solar, como iluminação global (SunLight)?

d. Qual parâmetro é utilizado para colocar um plano de fundo na cena?

e. Quais são as funções dos parâmetros Bright Multiplier e Dark Multiplier em correções Color Mapping?

Anotações

Capítulo 12

Acabamentos Extras para Maquete Eletrônica

Objetivos

Efeito de grama e água para piscina
Plano de fundo
Configuração de cenas noturnas
Renderização de vídeo

12.1 Criação de grama para cenas externas

Pode ser que, em diversas ocasiões, um terreno com um gramado chamado por uma simples aplicação de textura seja suficiente, mas pode ser que não. Imagine dar volume a essa grama em áreas onde há um foco próximo de visualização, ter a sensação de que as "graminhas" de fato existem... Isso valoriza o entorno e a decoração da maquete eletrônica.

Em tempo, para que funcione, vamos precisar converter a face que receberá o material do gramado em um **grupo**. Há algumas situações em que essa conversão é necessária; vai depender do tamanho do detalhe. Se for muito, o componente é necessário.

A Figura 12.1 ilustra o caso.

Figura 12.1 - Face para receber grama com Displacement.

Figura 12.2 - Face do gramado no seu local correto.

- Faça em separado, conforme a Figura 12.1, para converter facilmente em um **grupo**. A seguir, como na Figura 12.2, coloque a face em seu lugar correto, assim facilita a aplicação do material também.
- Clique no botão do Material Editor, da barra V-Ray:

Barra V-Ray ➤ Botão Material Editor (M)

Na lista de materiais, crie então um material do tipo Standard.

- A seguir, renomeie como *"grama realística"*. Veja:

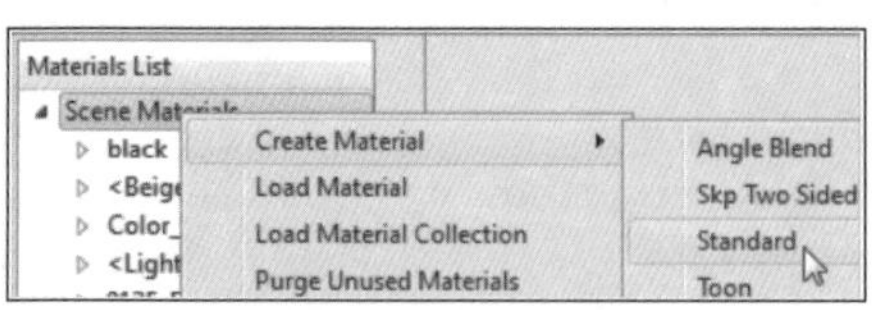

Figura 12.3 - Criação de material Standard.

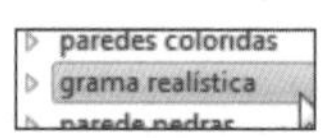

Figura 12.4 - Novo material para a grama.

Precisamos de dois mapas, sendo um colorido, que é a textura da própria grama, e outro em preto e branco, que será utilizado como um mapa de Displacement.

Continuando, vamos aplicar no parâmetro **Diffuse** o mapa colorido da grama. Veja a Figura 12.5.

- Clique no botão de mapas "m" e selecione a opção **TexBitmap** no novo painel.
- No parâmetro **File**, busque a textura *"grama.jpg"*.

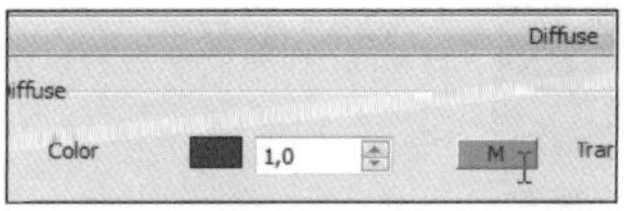

Figura 12.5 - Botão de mapas "m" para buscar a textura da grama aparente.

Figura 12.6 - Parâmetro File.

- Clique em **OK**.

A seguir, vamos descer a barra de rolagem para encontrar a aba de parâmetros Maps. Visualize o parâmetro **Displacement** e clique para ativá-lo, Figura 12.7.

- Clique no botão de mapas "m" e, na sequência, selecione a opção **TexBitmap**.
- No parâmetro **File**, clique no botão de reticências para buscar o arquivo *"displace grama.jpg"*. Veja a seguir:

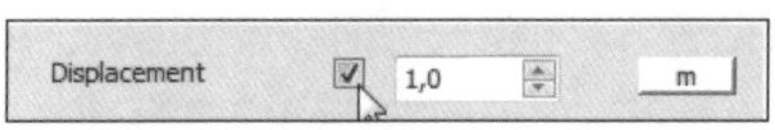

Figura 12.7 - Parâmetro Displacement.

Figura 12.8 - Parâmetro File de Displacement.

- Clique em **OK**.
- Ainda nos parâmetros do **Displacement**, altere o campo de valor numérico para **3,5**. Nesse campo, quanto maior o valor numérico, maior o efeito 3D da grama que estamos criando, Figura 12.9.

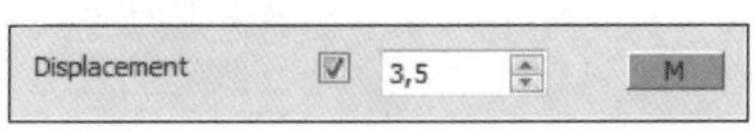

Figura 12.9 - Intensidade do parâmetro Displacement.

- Para finalizar, basta seguir as configurações da Figura 12.10, sendo preciso desligar o parâmetro **Use globals** e, também, alterar o valor do parâmetro **Edge length** para **1,0**.

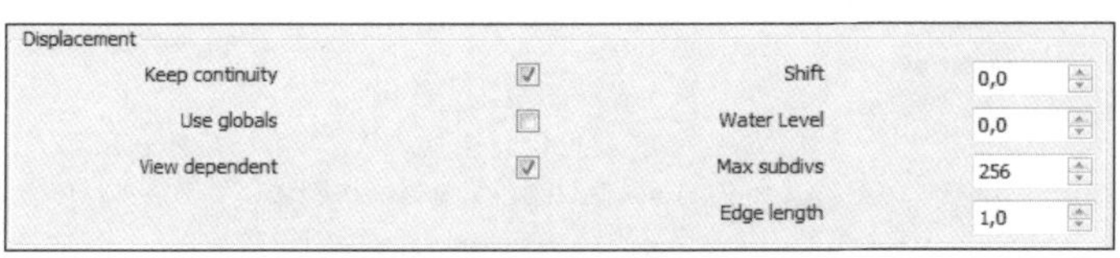

Figura 12.10 - Parâmetros do Displacement

- Feche o painel e clique no botão **Render** do V-Ray para efetuar a renderização da imagem. Veja o resultado na Figura 12.11.

Figura 12.11 - Grama com efeito 3D.

12.2 Criação de água para piscina

A maneira de simular água mostrada no livro parte de um material template, o qual está disponível com os arquivos para download no site da Editora. Se fizer sempre da forma indicada no tutorial disponibilizado a seguir, não haverá erro!

> Faça o download do arquivo water Pool.vismat, disponível com os arquivos do capítulo 12 para download no site da Editora Érica, www.editoraerica.com.br.

- Para começar, tenha uma cena em SketchUp com uma piscina previamente modelada (não há uma cena disponível do site da Editora para download).
- Abra o painel Material Editor:

Barra V-Ray ➤ Botão Material Editor (M)

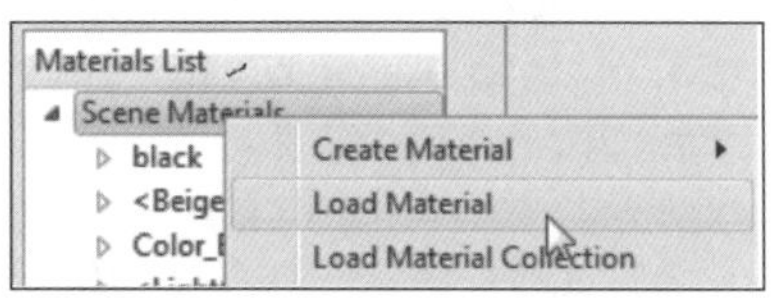

Figura 12.12 - Load Material.

- Procure o arquivo disponível para download no website da Editora chamado *"water Pool.vismat"*. Dê um duplo clique para selecionar e abrir.
- Veja o material template na lista de materiais.

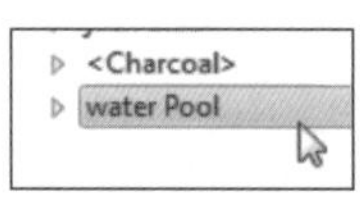

Figura 12.13 - Material water Pool.

O objeto representante da água será uma face também criada em SketchUp, a qual simboliza a superfície da água da piscina. Como o observador está sempre visualizando o local da piscina por cima, o efeito da luz entrando na face da superfície simula que a piscina esteja, de fato, cheia de água.

Veja o material sendo aplicado na superfície da água da piscina, Figura 12.14:

- Clique no botão **Render**, do V-Ray, para renderizar a imagem.

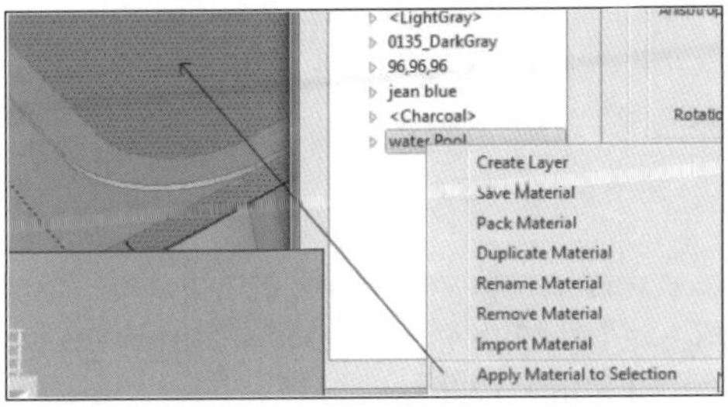

Figura 12.14 - Aplicação do material da face da superfície da água.

Figura 12.15 - Acabamento semipronto da água.

Note que o template de download já fornece o reflexo e também algumas ondulações. Precisamos dar sequência às configurações para concluir a água da piscina e deixá-la bem bonita.

- Na layer **Reflection** do mesmo material, clique no **botão de mapas "m"** do parâmetro **Reflection** e introduza o mapa **TexFrenel**. Veja a Figura 12.16.

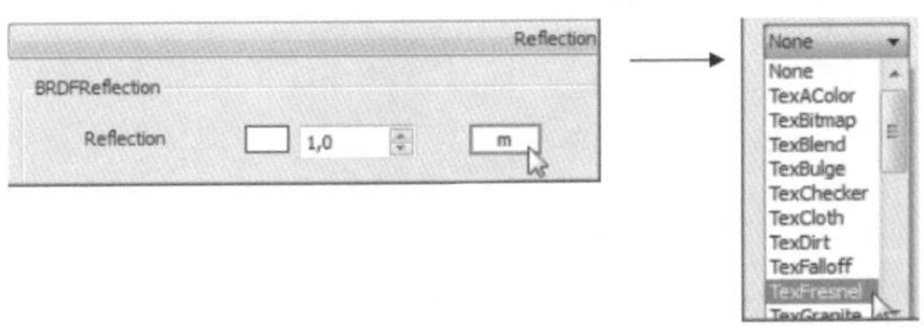

Figura 12.16 - Mapa TexFrenel no Reflection da água.

Não é necessário alterar nenhum valor ou realizar qualquer ajuste de cor no painel do TexFrenel.

- Clique em **OK**.
- Ainda no mesmo material da água, na aba **Diffuse**, altere a cor do parâmetro **Transparency** para um tom quase branco ou mesmo **branco**. Isso dá transparência à água.

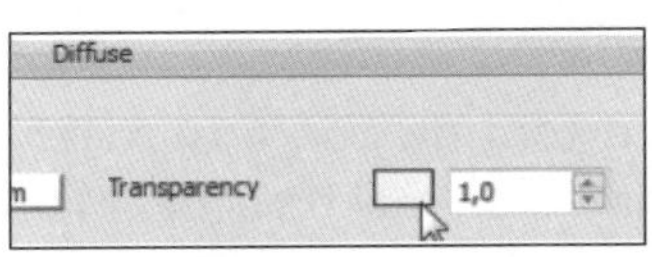

Figura 12.17 - Parâmetro Transparency.

- Adicione agora uma nova layer de **Refraction** para acertar a refração da água. Veja os parâmetros na Figura 12.18 e verifique o parâmetro de IOR.

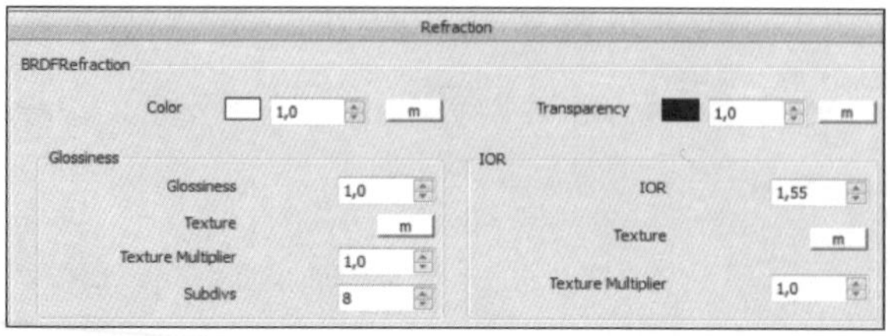

Figura 12.18 - Parâmetros de Refraction da água.

- Como o material template usado neste exercício já veio com o mapa de **Bump** pré-configurado, encontre-o na aba **Maps** do Material Editor e aumente o valor, que está em 0,2, para **1,0**. Observe a Figura 12.19.

Figura 12.19 - Parâmetro Bump realçado.

- Se clicar no botão **Preview** do painel Material Editor com o material da água selecionado, você verá o acabamento exatamente como o da Figura 12.20.

Figura 12.20 - Acabamento da água da piscina.

Observe o resultado aplicado à superfície da água:

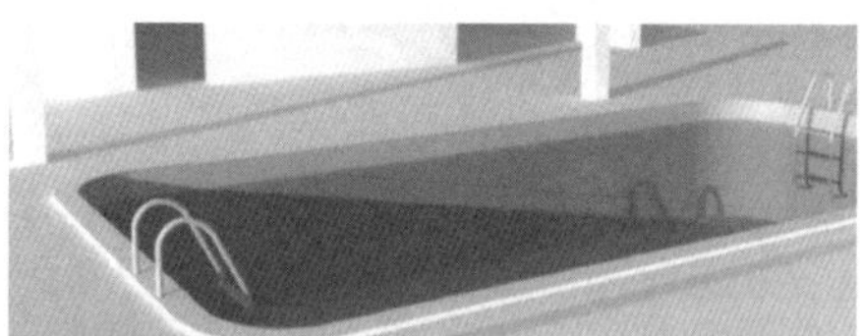

Figura 12.21 - Material V-Ray água pronto.

Veja que a transparência, o tom de cor, a refração e os reflexos do tipo Fresnel estão de acordo com o material físico real da água. Muito bonito!

12.3 Montagem de plano de fundo

Em cenas de V-Ray com SketchUp, há ao menos duas possibilidades principais de criar um background, ou plano de fundo, como queira. Visualizamos no capítulo anterior que é possível aplicar um mapa HDR no parâmetro BG Color (aba divisória Environment).

A outra possibilidade é criar um objeto modelado para simular um plano real de fundo, em que vamos projetar uma textura de paisagem com o céu.

Para o início, utilize a casa moderna disponível para download nos arquivos do capítulo 12, no site da Editora.

Faça o download da cena da casa externa dia.skp, junto com os arquivos do capítulo 12, no website da Editora, www.editoraerica.com.br.

- Abra a cena da maquete *"casa externa dia.skp"* e coloque na vista de topo (pode utilizar a barra chamada **Views**, do SketchUp).
- A seguir, desenhe com a ferramenta **Arc**, do SketchUp, um grande arco aos fundos da casa, envolvendo bem o campo de visualização de onde o render será realizado.

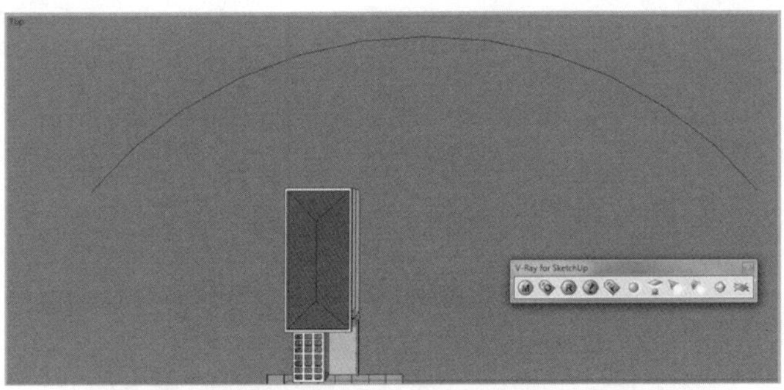

Figura 12.22 - Arco inicial do plano de fundo.

- Trace também com a ferramenta **Line**, do SketchUp, uma linha de ponta a ponta do arco desenhado anteriormente, para fechar uma forma geométrica. Veja:

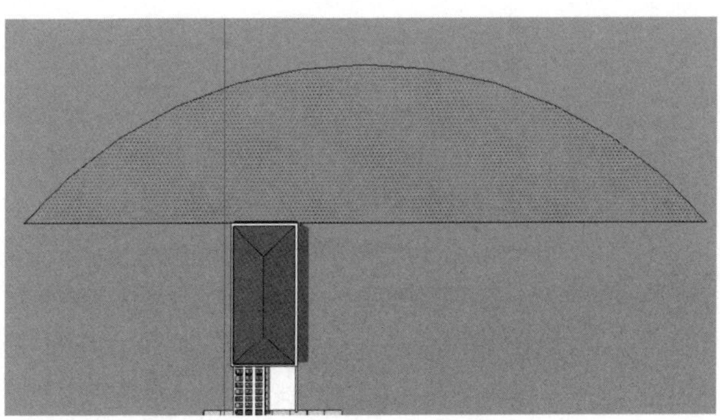

Figura 12.23 - Linha desenhada com o arco anterior.

- Agora, com a ferramenta **Push/Pull** do SketchUp, faça um volume 3D sobre a forma criada. Repare como fica na Figura 12.24.

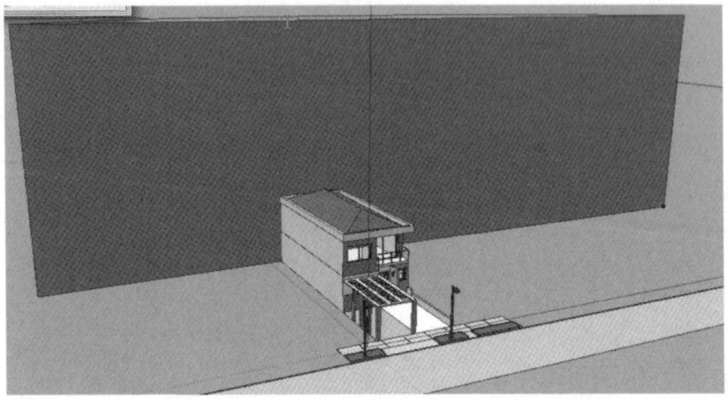

Figura 12.24 - Extrusão com a ferramenta Push/Pull do SketchUp.

A altura vai de acordo com o campo de visão que se pretende obter. É importante que fique bem alto, para que não apareça nada do fundo da cena sobre esse modelo criado.

Para a conclusão desse objeto 3D, veja as Figuras 12.25 e 12.26 numa vista em perspectiva da situação.

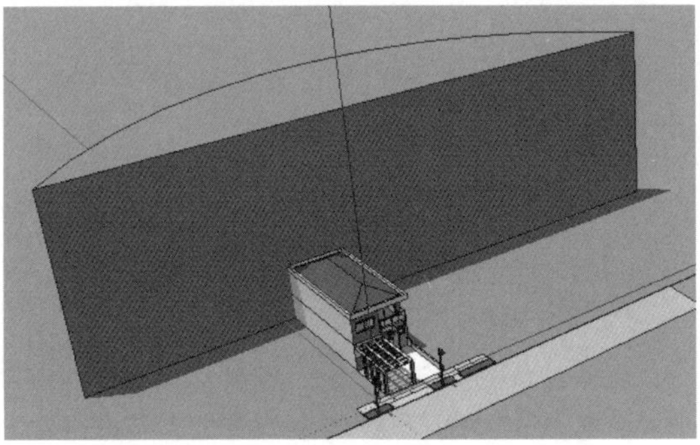

Figura 12.25 - Plano de fundo antes.

Na Figura 12.26, podemos visualizar que alguns elementos do objeto 3D ao fundo foram excluídos, ficando somente a base e uma superfície em arco atrás:

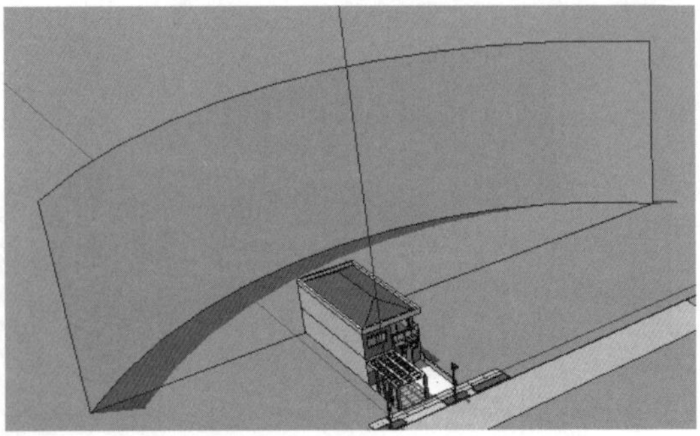

Figura 12.26 - Plano de fundo com alguns elementos excluídos.

- Agora, com o **painel de materiais** do SketchUp, aplique uma textura de paisagem (a textura com o nome "*landscape.jpg*" do exemplo também está disponível para download no website da Editora, junto com os demais arquivos do capítulo 12). Veja como fica na Figura 12.27.

Figura 12.27 - Textura de paisagem de fundo no plano em arco modelado.

Ao posicionar corretamente a câmera, podemos visualizar como fica o enquadramento do objeto de plano de fundo com sua respectiva textura aplicada. Observe a Figura 12.28.

Figura 12.28 - Plano de fundo modelado e com a textura por SketchUp.

- Clique para renderizar. A textura utilizada tem a tonalidade de cor da grama um pouco diferente da grama já feita no plano ao redor da casa. Também há algumas estradas. Não se importe com esse efeito em si; o que interessa é a técnica aprendida.

- Faça então o teste com outras imagens de plano de fundo e deixe suas cenas mais interessantes.

Figura 12.29 - Imagem renderizada com plano de fundo criado.

12.4 Cena externa noturna

Este tópico é interessante porque, sem dúvida alguma, é muito bonito o efeito das luzes sobre uma maquete e, à noite, fica mais bonito ainda! Além de ter um aprendizado a mais com relação às luzes do V-Ray, você vai saber como configurar os parâmetros do V-Ray para deixar a maquete eletrônica com "cara de noite".

É recomendável sempre partir da mesma cena previamente configurada de dia.

- Antes de começar com os parâmetros do V-Ray, é necessário configurar o horário em **Shadows**, do SketchUp. Veja:

  Horário = **19:30**

  Data = **11/8**

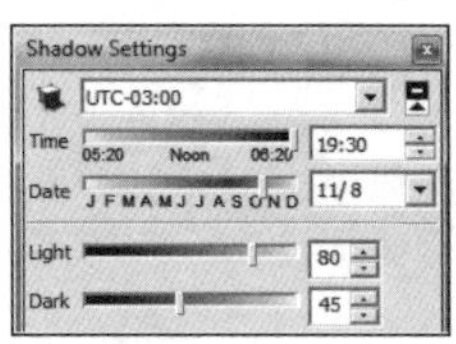

Figura 12.30 - Horário mais à noite.

- Agora, vamos começar a alterar os parâmetros do V-Ray. Abra o painel **Options Editor**:

Barra V-Ray ➤ Botão Options Editor ( )

Acompanhe a sequência dos painéis a seguir neste tópico. Basta fazer a configuração de acordo com o que é apresentado. Vamos lá!

1. Primeiro, configuramos o painel **Camera**.

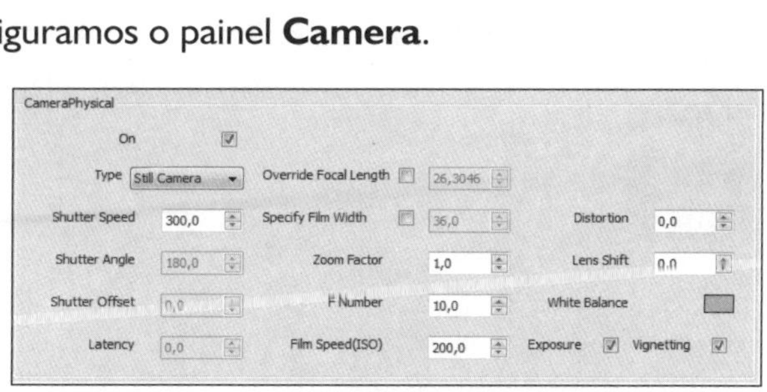

Figura 12.31 - Parâmetros da aba divisória Camera.

Vejamos as principais alterações:

- **Shutter Speed** = 300
- **Zoom Factor** = 1,0
- **F Number** = 10
- **Film Speed(ISO)** = 200
- **White Balance** = cor RGB (170, 202, 241)
- **Vignetting** = ligado

2. Agora, vamos configurar a aba **Environment**.

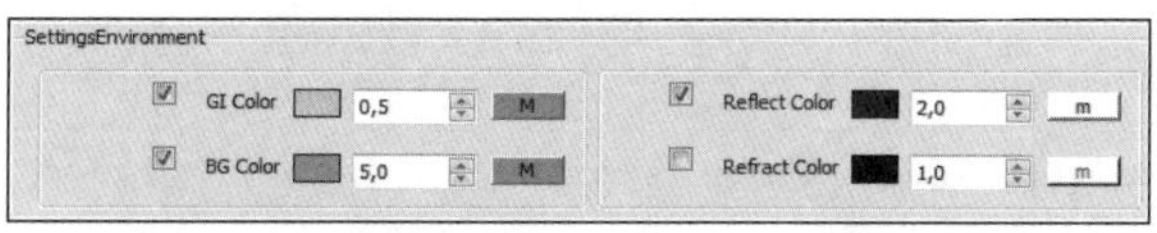

Figura 12.32 - Parâmetros Environment.

- **GI Color** = intensidade de **0,5** e mapa **"TexSky"** selecionado. Observe a Figura 12.33.

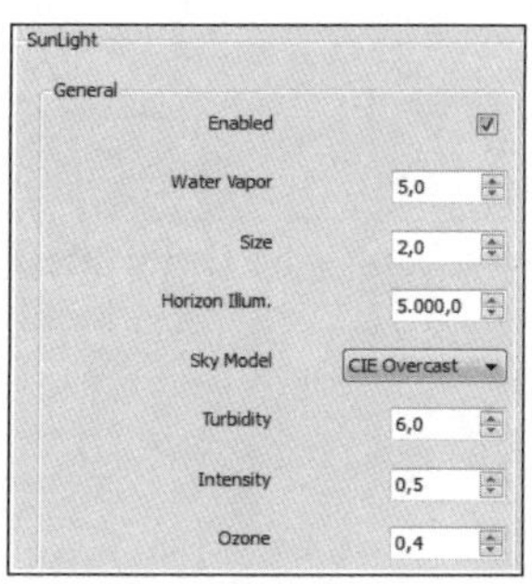

Figura 12.33 - SunLight ajustado para aspecto noturno.

- **BG Color** = intensidade de **5,0** e mapa **HDR** como plano de fundo. Veja:

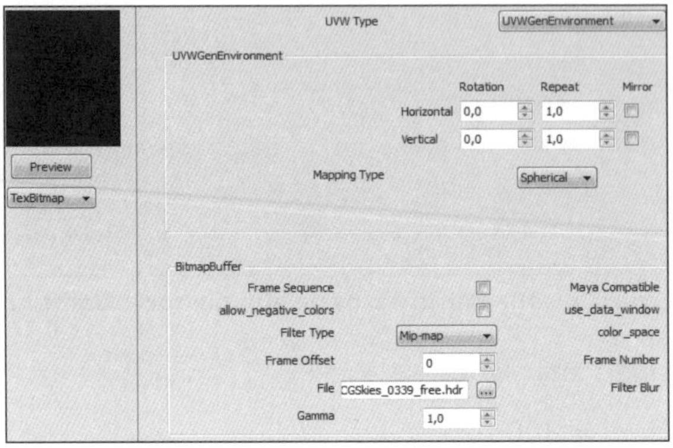

Figura 12.34 - Parâmetro do BG Color.

- **Reflection Color** = intensidade de **2,0** e cor RGB = **31,49,86**. Não há mapa configurado nesse parâmetro.

3. Vamos configurar desta vez a aba **Image Sampler**, Figura 12.35.

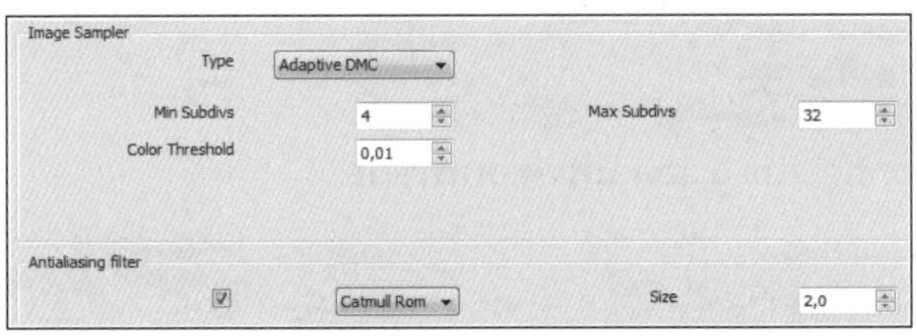

Figura 12.35 - Parâmetros da aba Image Sampler.

4. Agora, vamos configurar a aba **Color Mapping**. Veja os parâmetros na Figura 12.36.

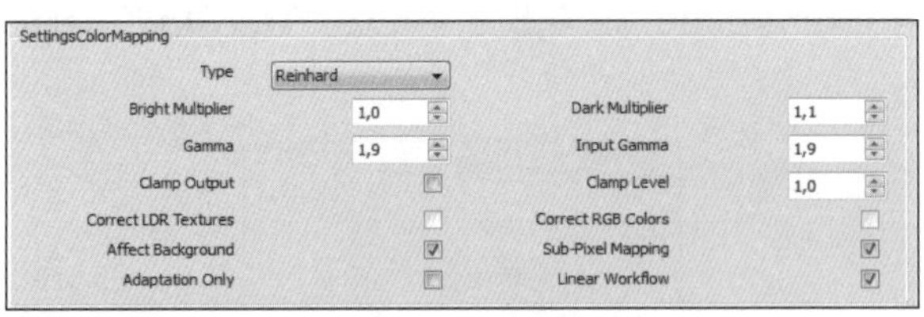

Figura 12.36 - Aba Color Mapping.

- **Type** = Reinhard
- **Bright Multiplier** = 1,0
- **Dark Multiplier** = 1,1
- **Gamma** = 1,9
- **Input Gamma** = 1,9

5. Configuramos em seguida os parâmetros da aba **Indirect Illumination**.

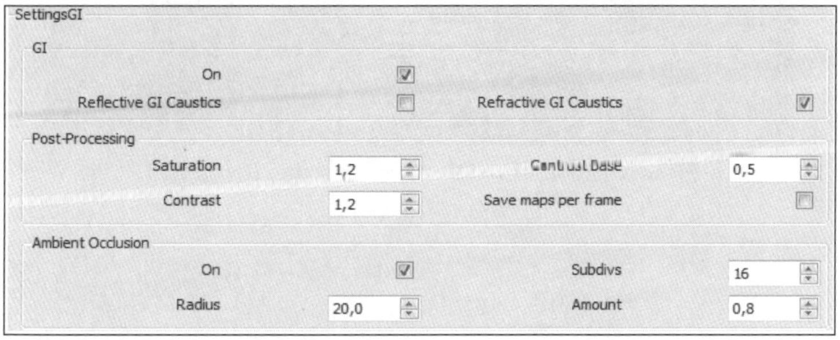

Figura 12.37 - Parâmetros da aba Indirect Illumination.

6. Por fim, vamos configurar as luzes da cena.

- Vamos configurar a luz do poste de rua. A luz do tipo **Rectangle Light** foi posicionada bem abaixo, com 1 cm de distância do box modelado representante da luz. Veja:

Figura 12.38 - Rectangle Light para a luz do poste de rua.

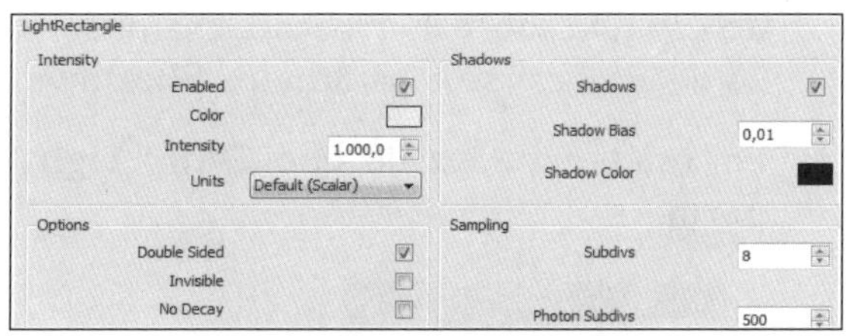

Figura 12.39 - Parâmetros da luz do poste de rua.

Na Figura 12.39 estão os parâmetros da Rectangle Light do poste de rua. Repare na **intensidade** de valor = **1.000 (um mil)** e na opção **Double Sided** ligada.

- Vamos configurar desta vez as lâmpadas dicroicas, situadas no piso do quintal da maquete, Figura 12.40.

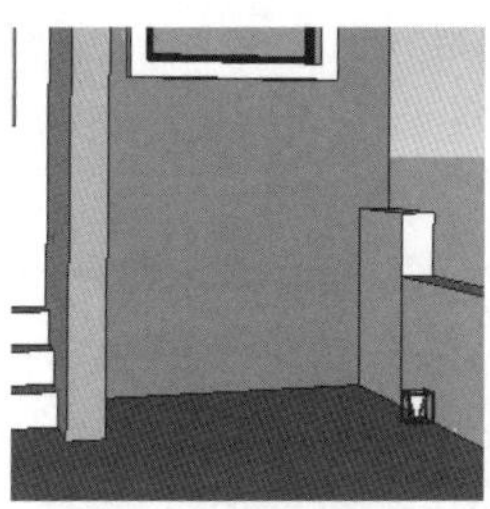

Figura 12.40 - Luz IES no chão da maquete eletrônica.

- Foi utilizado o tipo de luz do V-Ray **IES Light**. Para cada uma das luzes, foram usados os mesmos valores nos seus respectivos parâmetros. Veja seu posicionamento e seus parâmetros:

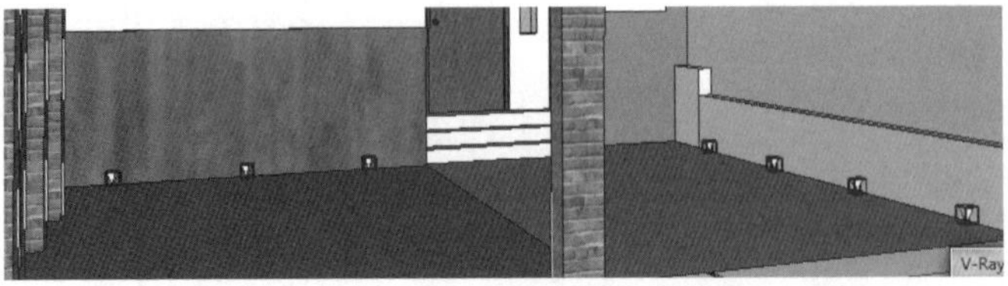

Figura 12.41 - Posicionamento das luzes IES.

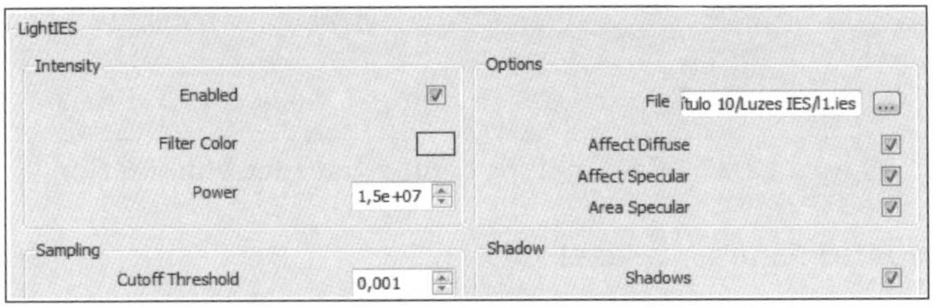

Figura 12.42 - Parâmetros IES.

- Em **Power** foi inserido o valor de **15.000.000 (quinze milhões)**. Em **Filer Color**, foi usada a cor RGB **255,252,152**. Também foi utilizado o arquivo **.IES**, do capítulo sobre iluminação, chamado *"L1.IES"*, visto anteriormente. Não deixe de verificar se o parâmetro **Shadows** está ativado.
- Foi usada uma luz do tipo **Omni Light** para iluminar a arandela próximo à porta.

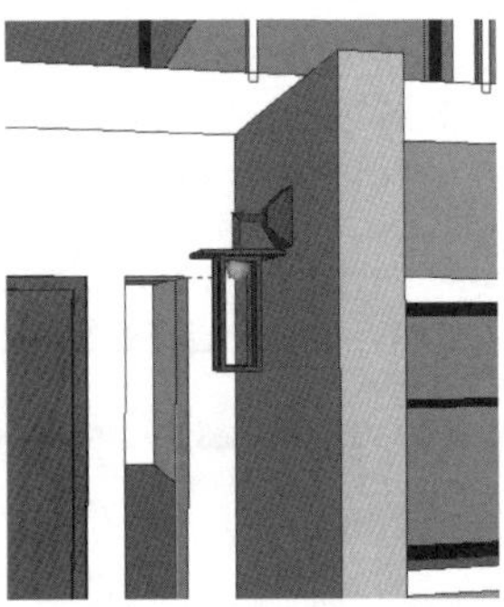

Figura 12.43 - Lâmpada na entrada da casa.

Figura 12.44 - Zoom para verificar o posicionamento.

- Acessando seus parâmetros, vejamos como devemos configurar:

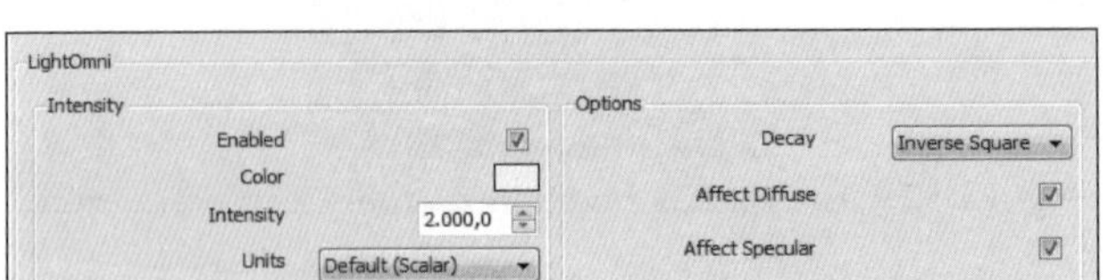

Figura 12.45 - Parâmetros da luz Omni.

- Veja que o valor de **intensidade (Intensity)** foi configurado para **2.000 (dois mil)**. Foi mantido no parâmetro **Decay** o valor **Inverse Square**; coloque o tom de cor que achar ideal.
- Coloque luzes para iluminar o interior da maquete tanto no pavimento superior quanto no inferior. Veja o resultado:

Figura 12.46 - Cena externa noturna com acabamento e iluminação V-Ray.

O efeito do plano de fundo utiliza o parâmetro **BG Color** da aba **Environment**. É perfeitamente cabível utilizar a técnica de modelagem do plano de fundo, como visto no tópico anterior.

12.5 Vídeo sobre passeio virtual

Este é o último tópico do livro, para fechar bem. Muitos arquitetos e designers utilizam um método bem eficaz de apresentação de projetos que é gerar um vídeo de um passeio virtual na maquete eletrônica. Tem um apelo muito bom e os clientes adoram!

O V-Ray possui parâmetros de renderização de vídeo que se adaptam à animação feita em cenas (scenes) do SketchUp, tanto que o procedimento de criação de animação (animation) será o mesmo que você provavelmente já conhece. A diferença é que precisamos aplicar o V-Ray nesse processo.

Procedimento

- Primeiramente, é necessário criar a animação no SketchUp através de cenas. Vá até o menu **Window**, opção **Scenes**.

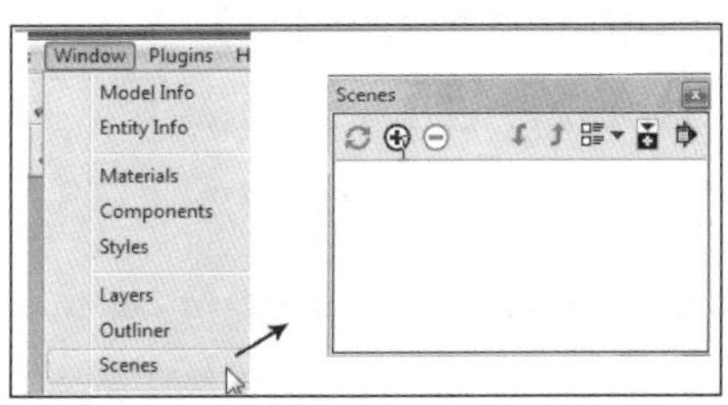

Figura 12.47 - Painel Scenes do SketchUp.

- A cada novo posicionamento de câmera do SketchUp é necessário clicar no botão com um sinal "positivo" do painel Scenes chamado **Add Scenes**. Resumindo:

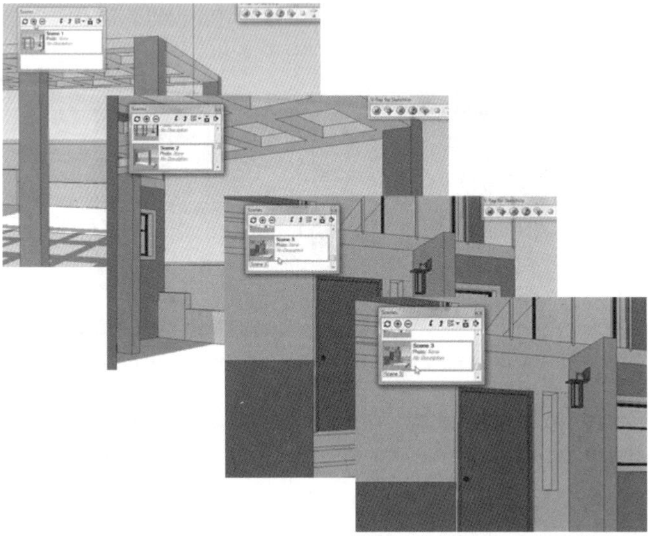

Figura 12.48 - Sequência de cenas no painel Scenes do SketchUp.

Quanto mais cenas e mais tempo de passeio, mais frames (ou quadros, em português) serão criados. Dependendo da configuração de hardware do seu computador, isso pode levar minutos, horas ou até mesmo dias.

Fique atento ao prazo de entrega e leve isso em consideração quando for planejar, estipular tempo de execução, orçamento, datas de finalização e apresentação ao seu cliente. Mesmo que o V-Ray demore alguns poucos minutos para uma única imagem ser renderizada, esse mesmo tempo será usado para cada quadro do vídeo. Geralmente, utilizamos uma média de **30 frames por segundo (30 fps)**, e um segundo precisa de 30 quadros. Faça as contas! Muita coisa, não é?

Após a realização da animação com cenas no SketchUp, precisamos configurar a renderização em vídeo. Para isso, acesse:

Barra V-Ray ➤ Botão Options Editor ( )

- Ao acessar o painel **Options**, clique para abrir a aba divisória **Output**.

Figura 12.49 - Aba divisória Output.

- Ajuste primeiramente o tamanho da imagem do vídeo conforme o seu gosto. Quanto maior a área, melhor para visualizar cada detalhe da cena, porém mais devagar será o processo de renderização.

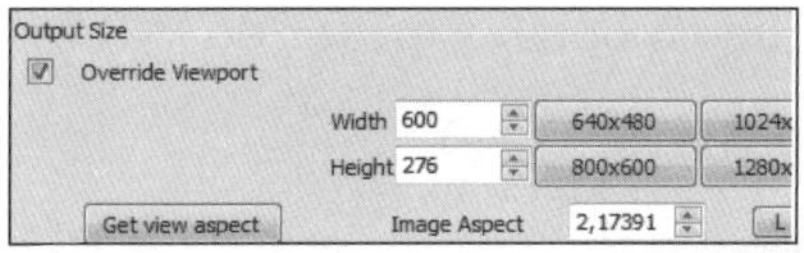

Figura 12.50 - Parâmetros de Output Size.

- Após o ajuste do tamanho da imagem do vídeo, clique abaixo na caixinha da opção **Save file**, que se encontra no grupo de parâmetros **SettingsOutput**. Isso permite que o vídeo seja salvo assim que concluir toda a sua renderização. Quando ativar, clique no botão de reticências para indicar um nome e um local. Veja as Figuras 12.51 e 12.52.

Figura 12.51 - SettingsOutput.

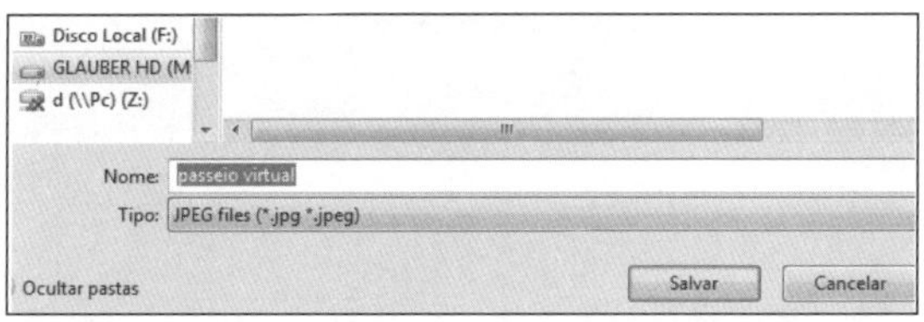

Figura 12.52 - Nome, local e extensão em jpg.

Observe que não há uma extensão de arquivo específica para vídeo, ou seja, assim que o V-Ray renderizar cada quadro, eles são salvos no diretório indicado separadamente, como uma sequência. **É necessário utilizar um editor de vídeo simples para juntar as imagens renderizadas e criar o vídeo final**.

- Por fim, clique para ativar, no grupo **Animation**, o parâmetro **Animation on**. Isso é necessário para que o V-Ray entenda que queremos renderizar todas as cenas montadas do SketchUp. Indique também o tipo de Frame Rate, sendo:
  - » **NTSC:** ajusta para o padrão de 30 FPS (frames per second).
  - » **PAL:** ajusta para 25 FPS.
  - » **Film:** ajusta para 24 FPS.
  - » **Custom:** ativa a possibilidade de configurar o FPS desejado, no parâmetro FPS, ao lado direito dele.

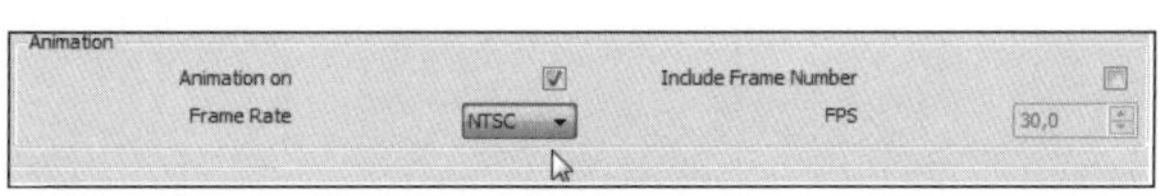

Figura 12.53 - Grupo de parâmetros Animation.

- Feche o painel. Clique no botão **Render** do V-Ray:

Barra V-Ray ➤ Botão Render (®)

Saia para tomar um café, um suco na padaria ou lanchonete; enfim, será um bom tempo de espera, mas compensador no final.

12.6 Exercícios

E lá vamos nós pela última vez!

a. Quais valores respectivos foram utilizados para criação da cena externa noturna nos parâmetros Shutter Speed, F Number e Film Speed(ISO)?

b. Qual layer do Material Editor permitiu configurar o IOR da água da piscina?

c. Qual tipo de Frame Rate para animação e vídeo é utilizado para setar um padrão de 25 FPS?

Bibliografia

http://www.vray.com/vray_for_sketchup/manual/

http://www.chaosgroup.com/en/2/vrayforsketchup.html

www.allanbrito.com

Sugestão de leitura

BALDAM, R; COSTA, L e OLIVEIRA, A. **AutoCAD 2012.** *Utilizando Totalmente*. São Paulo: Érica, 2011.

BROOKER, D. **Essential CG Lightning Techniques with 3ds Max**. 3. ed. Focal Press.

CALCIOLARI, F. **3ds Max 2012.** *Modelagem, Render, Efeitos* e *Animação*. São Paulo: Érica, 2011.

CHIANG, C. F; ALOMAR, D; BARRERO, J . **V-Ray for SketchUp.** ASGVIS.

GASPAR, J. **Google SketchUp Pro Avançado**. Editora VectorPro.

LIMA, C. C. **Estudo Dirigido de AutoCAD 2012 para Windows**. São Paulo: Érica, 2011.

_____ . **Autodesk Revit Architecture 2012**. *Conceitos* e *Aplicações*. São Paulo: Érica, 2011.

Marcas registradas

V-Ray é marca registrada da Chaos Software Ltd.

SketchUp é marca registrada da Google.

Todos os demais nomes registrados, marcas registradas ou direitos de uso citados neste livro pertencem aos seus respectivos proprietários.

Índice remissivo

L

M

N

O

P

R

S

Diagramação com InDesign CS5

Autor: João Fidalgo
Código: 3400 • 304 páginas • Formato: 17,5 x 24,5 cm • ISBN: 978-85-365-0340 • EAN: 9788536503400

Didaticamente organizado, este livro apresenta os principais recursos dessa ferramenta para criação de páginas interativas com botões, vínculos, exportação em formato SWF, animações e inserção de vídeos nas páginas diagramadas. Segue a estrutura dos livros Diagramação com InDesign CS3 e CS4, adaptando as mudanças em relação à versão CS5.
Aborda diagramação modular, tipologia, tipometria, cálculo de texto, imagens bitmap e vetor, a interface do programa, objetos simples e preenchimentos. Explica como criar o primeiro documento no InDesign, formatar e editar textos, contornos, estilos, caixas de imagens, modos de mesclagem etc.
Mostra etapas da criação de página para revista e jornal, páginas mestres, numeração automática, bibliotecas, fluxo de texto automático, prismagem e fontes especiais. Elabora um livro simples, com determinação de formato, estilos e bibliotecas, índice, modelos, fechamento de arquivo, arte-final, lineatura e inclinações, arquivos em PostScript e PDF.
Apesar de o livro ser desenvolvido na versão em português do Adobe InDesign CS5 para plataforma Windows, alguns comandos e ferramentas apresentam referência em inglês, bem como pode ser utilizado para a plataforma Macintosh com algumas adaptações.

Adobe Photoshop CS5 em português - Imagens profissionais e técnicas para finalização e impressão

Autor: João Fidalgo
Código: 2878 • 256 páginas • Formato: 17 x 24 cm • ISBN: 978-85-365-0287-8 • EAN: 9788536502878

Este livro esclarece por que preocupar-se com vários ajustes antes de finalizar uma imagem para a mídia impressa, indo além de questões operacionais. Enfatiza técnicas para resolução ou prevenção de problemas de impressão. Apesar de o livro ser desenvolvido na versão em português, alguns comandos e ferramentas apresentam referência em inglês, bem como pode ser utilizado para plataforma Macintosh com algumas adaptações.
Aborda ganho e quebra de ponto na impressão, separação de cores pelos processos GCR e UCR, ajuste dos tons neutros com o modelo Lab, resolução e interpolação, balanceamento de canais, ajuste de sombras, meios-tons e luzes, seleções complexas como cabelos, formato RAW, ações programadas, retoque por preenchimento, distorção de áreas originais da imagem e seleções refinadas.
Segue a mesma estrutura didática do livro Adobe Photoshop CS4 - Técnicas Avançadas e Finalização.

Autodesk Inventor Professional 2012

Teoria de Projetos, Modelagem, Simulação e Prática

Autora: Michele David da Cruz
Código: 3684 • 416 páginas • Formato: 17,5 x 24,5 cm • ISBN: 978-85-365-0368-4 • EAN: 9788536503684

Ensina didaticamente os comandos e recursos do Autodesk Inventor 2012 com explicações passo a passo, exemplos ilustrativos e exercícios para facilitar o aprendizado de estudantes e profissionais da área.
Apresenta detalhes da interface do software, menus de comandos, minibarras de ferramentas, criação de projetos, bibliotecas de perfis, superfícies, modelagem avançada, ferramentas 3D para gerar tubulações e aplicação de imagens e gravações em alto e baixo-relevo, desenvolvimento de chapas, simulação de movimentos mecânicos e gravação de vídeos, aplicação de features, modelagem pela técnica Skeleton, vistas explodidas, desenho 2D paramétrico, módulos de análise dinâmica de mecanismos, análises de elementos finitos, criação de tubos e mangueiras com o módulo Tube and Pipe.
Abrange a criação de moldes com Mold Design e de peças com lógica básica de programação para definição de regras e a ferramenta Inventor Studio para criação de animações e renderização.

Adobe Illustrator CS5 - Descobrindo e Conquistando

Autor: William Pereira Alves
Código: 314A • 216 páginas • Formato: 17,5 x 24,5 cm • ISBN: 978-85-365-0314-1 • EAN: 9788536503141

Por meio de exemplos de peças mecânicas e ferramentas, logotipos, cartões de visita, catálogos e rótulos de produtos, este livro ensina passo a passo os principais recursos do programa Adobe Illustrator CS5, versão em inglês e para plataforma Windows.
Didático e objetivo, trata da criação de ilustrações, fundamentos de cores, manipulação de objetos gráficos e textos, preenchimentos com cores sólidas e gradientes, manipulação avançada de objetos da ilustração, mistura de objetos, perspectiva e extrusão, aplicação de transparência, transparência, uso de ferramentas de distorção e da ferramenta Live Paint, ilustração vetorial a partir de uma imagem mapeada a bit, elaboração de desenhos para uso em softwares de modelagem em 3D, como 3ds Max, Maya, Cinema4D, Modo 401 ou Blender e muito mais.

Autodesk Revit Architecture 2012 - Conceitos e Aplicações

Autora: Claudia Campos Lima
Código: 3769 • 384 páginas • Formato: 17,5 x 24,5 cm • ISBN: 978-85-365-0376-9 • EAN: 9788536503769

As principais ferramentas do Revit 2012 (versão em inglês) são tratadas neste livro, incluindo elementos construtivos, como paredes, esquadrias, estrutura, telhado e terreno, cortes e elevações, vistas 2D, visualização em 3D, montagem de folhas de impressão, tabelas de quantitativo e de material. Traz um tutorial da criação de um projeto passo a passo.
Introduz o conceito de BIM (Building Information Modeling), ou seja, modelagem da informação da construção, fundamento principal do software e que propicia o ingresso nessa nova forma de projetar e manipular as ferramentas paramétricas de projeto e dados simultaneamente.
Indicado a estudantes, arquitetos, projetistas de arquitetura e engenharia civil e profissionais da área.

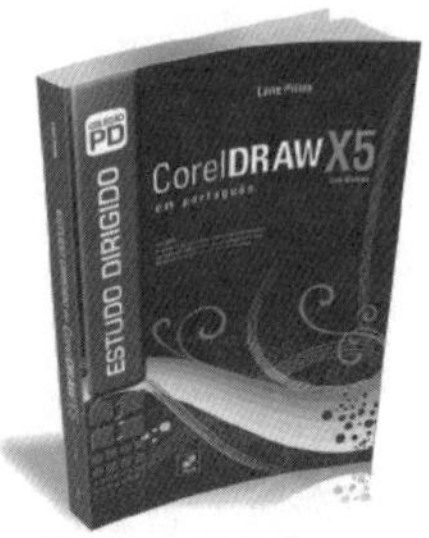

Estudo Dirigido de CorelDRAW X5 em português

Autora: Lane Primo
Código: 2922 • 256 páginas • Formato: 17 x 24 cm • ISBN: 978-85-365-0292-2 • EAN: 9788536502922

Destinado a estudantes, designers e profissionais que querem desenvolver suas habilidades artísticas e de produção na elaboração de trabalhos gráficos impressos, para dispositivos móveis ou para a web. Com didática e praticidade, apresenta algumas novidades da versão X5 na plataforma Windows 7, os elementos e conceitos básicos do programa, importação, exportação e publicação de arquivos para impressão, além de ferramentas e recursos essenciais para o desenvolvimento de diversas peças ao longo das atividades propostas. Inclui abordagem sobre o Corel PHOTO-PAINT que mostra a transferência de imagens de dispositivos digitais e as correções mais comuns.

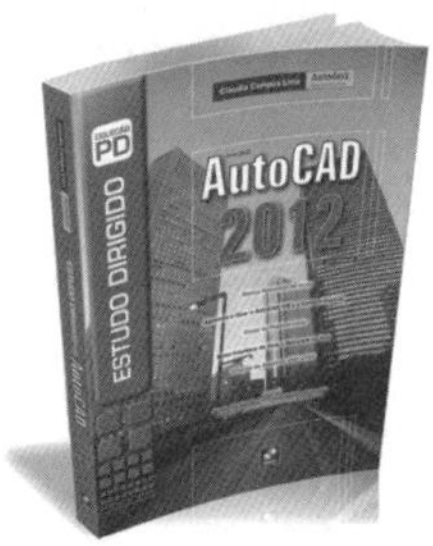

Estudo Dirigido de AutoCAD 2012 para Windows

Autora: Claudia Campos Lima
Código: 3639 • 304 páginas • Formato: 17,5 x 24,5 cm • ISBN: 978-85-365-0363-9 • EAN: 9788536503639

Estudantes, projetistas, arquitetos e engenheiros que estejam iniciando o estudo de desenho no AutoCAD ou que já utilizam o software encontram nesta obra explicações passo a passo sobre seus principais recursos, com exemplos e exercícios para facilitar o aprendizado.
Aborda as ferramentas de desenho em 2D, edição, estilos de texto, visualização, criação de bibliotecas, propriedades dos objetos, transparência, bibliotecas e atributos, desenhos paramétricos, tabelas e links com planilhas, dimensionamento, impressão, criação de arquivos DWF e PDF e recursos de produtividade.

AutoCAD 2012 - Utilizando Totalmente

Autores: Roquemar Baldam e Lourenço Costa
Colaborador: Adriano de Oliveira

Código: 3653 • 560 páginas • Formato: 20,5 x 27,5 cm • ISBN: 978-85-365-0365-3 • EAN: 9788536503653

Com inúmeros novos recursos e melhorias, o AutoCAD 2012 permite desenvolver desenhos de projeto tanto em 2D como em 3D, com ferramentas que otimizam o trabalho diário. Por exemplo, a linha de comandos agora usa autopreenchimento, ou seja, ao começar a digitar o nome de um comando, uma lista de sugestões é exibida.
Com o objetivo de ajudar estudantes, profissionais e professores a se tornarem usuários avançados do AutoCAD, o livro está estruturado de forma didática, facilitando o aprendizado. Estuda desde comandos 2D e customização até modelagem 3D, por meio de manipulação de sólidos, aplicação do Plug-in Autodesk Inventor Fusion para gerar modelagens de forma mais dinâmica, geração de vistas a partir do modelo 3D ou de arquivos do Inventor. Trabalha também com superfícies e Free-form.

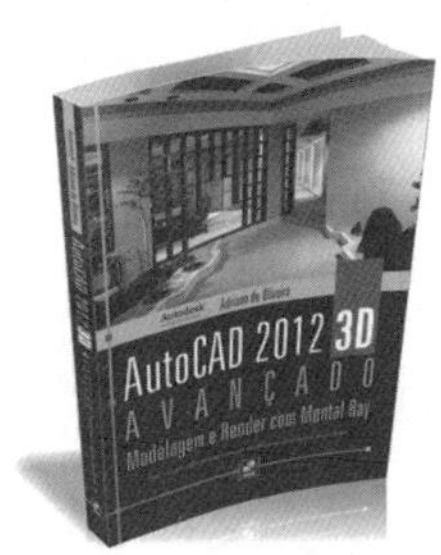

AutoCAD 2012 3D Avançado - Modelagem e Render com Mental Ray

Autor: Adriano de Oliveira
Código: 3844 • 360 páginas • Formato: 17,5 x 24,5 cm • ISBN: 978-85-365-0384-4 • EAN: 9788536503844

Modelagem e construção 3D com o AutoCAD 2012, geração de imagens realísticas e animações são as bases deste livro, que traz vários exercícios para fixação dos conceitos. É indicado a estudantes e profissionais das áreas de arquitetura, engenharias elétrica, civil e mecânica, entre outras.
Apresenta uma revisão de conteúdo 2D, a interface de trabalho, o controle de vistas e estilos visuais. Descreve objetos 3D, sólidos complexos, desenho interativo, variáveis 3D e superfícies.
Explica objeto Mesh, Free Form, UCS (sistema de coordenadas) e operações boolianas, além da conexão com o Inventor Fusion. Traz ferramentas de edição e posição no espaço 3D.
Mostra cortes e vistas, ajuste do render, aplicação de materiais, mapeamento, imagens de fundo e vários aspectos das luzes. Abrange efeitos de névoa e animação, importação e exportação de dados e a impressão dos trabalhos.

Estudo Dirigido de 3ds Max 2012

Autor: Adriano de Oliveira
Código: 3707 • 328 páginas • Formato: 17,5 x 24,5 cm • ISBN: 978-85-365-0370-7 • EAN: 9788536503707

De forma prática e objetiva, ensina a criar e editar objetos ou componentes com o 3ds Max 2012, trabalhar com modificadores de malha e deformadores paramétricos, controlar objetos, determinar formas de apresentação e configurações de viewports e de sistema, ferramentas de precisão, modelagem por união, subtração e interseção.
Aborda as principais diferenças entre os renderizadores iray, mental ray e Scanline, iluminação Daylight baseada no mental ray, criação, modificação e ajuste de materiais, conceitos e aplicações de mapeamento, criação de luz e inclusão de câmeras para facilitar a visualização das cenas.
Destinado a estudantes, arquitetos, designers, publicitários e demais profissionais que necessitam apresentar seus estudos e ideias de forma clara e com qualidade de imagem.

Guia Prático de Informática - Terminologia, Microsoft Windows 7 (Internet e Segurança), Microsoft Office Word 2010, Microsoft Office Excel 2010, Microsoft Office PowerPoint 2010 e Microsoft Office Access 2010

Autor: José Augusto N. G. Manzano
Código: 3349 • 376 páginas • Formato: 20,5 x 27,5 cm • ISBN: 978-85-365-0334-9 • EAN: 9788536503349

Esta obra apresenta os conceitos essenciais de informática para o dia a dia, principalmente para leitores nos primeiros estágios de aprendizagem. Mostra a terminologia da área, como computadores, sistemas operacionais, programas aplicativos e periféricos, bem como os recursos do Microsoft Windows 7, Internet e princípios de segurança. Abrange as principais ferramentas do Microsoft Office 2010: Word (processador de textos), Excel (planilha eletrônica), PowerPoint (gerenciador de apresentações) e Access (gerenciador de banco de dados).

Estudo Dirigido de Microsoft Office Word 2010

Autores: André Luiz N. G. Manzano e Maria Izabel N. G. Manzano
Código: 2908 • 160 páginas • Formato: 17 x 24 cm • ISBN: 978-85-365-0290-8 • EAN: 978853652908

Didático e objetivo, este livro fornece os conhecimentos essenciais para auxiliar a exploração das formas de edição e formatação de textos, correção ortográfica, opções para salvar arquivos, detalhes sobre alinhamentos, recuos de parágrafos, marcadores e numeração de tópicos, tabulação, cabeçalho e rodapé, numeração de páginas, criação de tabelas e gráficos, uso de colunas e linhas de grade, inserção de figuras, bordas, definição de margens e configurações para impressão.
Mostra como criar malas diretas, textos automáticos, gerar etiquetas, obter ajuda, utilizar atalhos, personalizar a barra de status e de revisão do texto, opções de autocorreção, além de dicas indispensáveis.

Estudo Dirigido de Microsoft Office Word 2007 - Avançado

Autores: André Luiz N. G. Manzano e Carlos Eduardo M. Taka
Código: 3165 • 144 páginas • Formato: 17 x 24 cm • ISBN: 978-85-365-0316-5 • EAN: 9788536503165

Didaticamente elaborado, este livro traz os principais recursos avançados desse poderoso processador de textos. Aborda criação de mala direta com dados de outros aplicativos, exemplos de rotinas comuns para a criação e/ou manipulação de documentos extensos, preparação de um arquivo, elaboração de capa com o WordArt, edição e formatação de textos, notas de rodapé, indicadores, estilos, índices e referência cruzada.
Mostra como trabalhar com modelos personalizados, fazer revisão detalhada de documentos, macros, caixa de mensagem MsgBox, tomada de decisões, funções If/Then/End If, UserForm e personalização, configuração avançada e algumas ações para otimização do tempo.

Estudo Dirigido de Microsoft Office Excel 2010

Autor: André Luiz N. G. Manzano
Código: 2977 • 192 páginas • Formato: 17 x 24 cm • ISBN: 978-85-365-0297-7 • EAN: 9788536502977

De forma simples e didática, esta publicação aborda os principais recursos do Excel 2010. Fornece explicações passo a passo, exercícios e exemplos práticos para aprimorar o aprendizado de estudantes e profissionais da área.
Apresenta a nova interface do aplicativo, criação de planilhas, inserção de fórmulas, formatação, operadores relacionais, funções matemáticas, valores numéricos, base de dados, classificação de registros, criação de gráficos e relatórios, cores, tipos de escalas, impressão de relatórios, uso de janelas e muito mais.
Descreve também a criação de planilhas de consolidação e traz algumas dicas de comandos e teclas de atalho.

Estudo Dirigido de Microsoft Office Excel 2010 - Avançado

Autores: José Augusto N. G. Manzano e André Luiz N. G. Manzano
Código: 2885 • 272 páginas • Formato: 17 x 24 cm • ISBN: 978-85-365-0288-5 • EAN: 9788536502885

Os recursos avançados do Excel 2010 são o destaque desta obra, direcionada a estudantes e profissionais da área.
Estruturada em dez capítulos, abrange revisões de funções; elaboração simulada de folha de pagamento; base de dados; tabelas e gráficos dinâmicos; análise de dados; utilização de macros com recursos relacionados a atividades de programação, incluindo o estudo dos tipos de macro, execução de macros, cadastro para armazenamento de dados, elaboração de botões para disparo de macros, definição de mensagens para a barra de status, caixas de diálogo e barra de menus.

Estudo Dirigido de Microsoft Office PowerPoint 2010

Autor: André Luiz N. G. Manzano
Código: 2960 • 192 páginas • Formato: 17 x 24 cm • ISBN: 978-85-365-0296-0 • EAN: 9788536502960

A versão 2010 do PowerPoint proporciona mais criatividade e produtividade aos trabalhos desenvolvidos com essa ferramenta.
O livro apresenta de forma didática e objetiva as técnicas de oratória, conceitos de apresentação, etapas para criação de slides, formatação, alinhamentos, gráficos, aplicação de design e cores, padrões, indicação dos meios para obter ajuda, atalhos.
O conteúdo programático é útil a alunos e professores de instituições de ensino e também a profissionais da área.

Informática - Terminologia - Microsoft Windows 7 - Internet - Segurança - Microsoft Office Word 2010 - Microsoft Office Excel 2010 - Microsoft Office PowerPoint 2010 - Microsoft Office Access 2010

Autor: Mário Gomes da Silva
Código: 3103 • 360 páginas • Formato: 17,5 x 24,5 cm • ISBN: 978-85-365-0310-3 • EAN: 9788536503103

Embasamento fundamental sobre o uso do computador com Windows 7 e o conjunto de aplicativos Office 2010 é encontrado nesta obra.
Apresenta a história do computador, unidades de armazenamento, periféricos, funcionalidades e tarefas básicas do Windows 7, conexão com Internet, navegação, e-mails e ferramentas de segurança. Destaca os principais recursos do Word 2010 para criação e formatação de textos, ortografia, impressão e revisão, rodapés e tabelas. Explora a criação de planilhas com Excel 2010, navegação, edição e manipulação de arquivos, operações básicas, cópias e formatação de dados, fórmulas, funções e gráficos. Com o PowerPoint 2010 ensina como criar apresentações, estruturar tópicos, usar formas, animações, transição de slides e impressão. Mostra como criar banco de dados com Access 2010, terminologias, edição de tabelas, digitação de dados, consultas, formulários e relatórios. Traz uma série de exercícios de fixação que objetivam aprimorar o conhecimento transmitido na obra.

Informática - Conceitos e Aplicações

Autores: Marcelo Marçula e Pio Armando Benini Filho
Código: 0530 • 408 páginas • Formato: 17,5 x 24,5 cm • ISBN: 978-85-365-0053-9 • EAN: 9788536500539

Este livro é indicado como material de apoio aos cursos de Informática e disciplinas afins dos demais cursos. Pode ser utilizado por professores (como uma diretriz básica para a disciplina), alunos (fonte de pesquisa para os principais conceitos) e profissionais de todas as áreas, que necessitem adquirir conhecimentos sobre informática.
Aborda conceitos básicos de informática, características dos componentes que formam o hardware, definição e classificação dos softwares, redes, arquiteturas, infraestrutura e serviços de Internet, segurança de dados, autenticação, criptografia, antivírus e firewall.

Informática Fundamental - Introdução ao Processamento de Dados

Autor: William Pereira Alves
Código: 2724 • 224 páginas • Formato: 17,5 x 24,5 cm • ISBN: 978-85-365-0272-4 • EAN: 9788536502724

Muitas pessoas utilizam computadores no dia a dia sem ter a menor ideia de como eles e seus diversos componentes e periféricos trabalham. Pensando neste aspecto, o livro apresenta conceitos e fundamentos de um sistema computacional, explicando como funcionam monitores, impressoras, escâneres, leitores de CD/DVD etc.
Aborda os circuitos lógicos existentes em todos os processadores, como portas AND, OR e XOR, e estuda as bases numéricas e os tipos de memória mais utilizados em computação.
Divide-se em três partes, sendo a primeira referente à arquitetura dos computadores, a segunda sobre os periféricos e a terceira relacionada ao sistema operacional e softwares mais comuns.
Os capítulos possuem diversas questões para fixação do aprendizado.

Estudo Dirigido de Informática Básica

Autores: André Luiz N. G. Manzano e Maria Izabel N. G. Manzano
Código: 1284 • 256 páginas • Formato: 17 x 24 cm • ISBN: 978-85-365-0128-4 • EAN: 9788536501284

A sétima edição do livro foi revisada e ampliada, pois há grande preocupação de trazer informações mais atualizadas frente às novas tecnologias, além de muitas novidades.
A obra manteve sua estrutura original no que tange à história e sua cronologia, preservando a linguagem simples e acessível aos novos usuários da informática. Apresenta informações riquíssimas sobre novos recursos computacionais, como, por exemplo, as tecnologias Bluetooth e Wireless, possibilidades novas dentre muitos recursos oferecidos, além de contemplar um assunto muito importante, a segurança de dados, seja em uma simples página web ou em um inocente bate-papo em salas de chat ou, ainda, em mensagens instantâneas.